Contents

U0096046

注意事項

● 本書所刊登之資訊（營業時間、公休日、費用）為截至2023年3月31日所取得之訊息。

● 公休日可能會隨新年、黃金週、盆休、連假等假期而有所變動，建議在造訪前多加確認。

● 美術館、博物館、公園、庭園等設施，原則上會列出最晚入場時間。此外，本書所記載的門票為一般展期成人票乙張之費用。

● 餐飲店設置的最後點餐時間，會標註「LO」。

● 開放自由參拜的神社、寺廟等設施，不會特別規定入場時間，但建議於8點～17點造訪。

● 每條路線所記載之距離、時間、步數為粗估值，公園內與設施內不列入計算範圍，主要以起點至目標入口處的距離來估算。不過，若須經過公園或設施前往下一個景點時，會將地圖上紅色路線部分的距離、時間、步數一併列入計算。

● 步行時間以時速4公里，步數以1步75公分來進行計算。

● 各設施與店家可能會因故調整營業時間或公休日。建議於造訪前多加確認。

為漫遊者量身打造的
東京散步地圖
索引圖

上野公園的西鄉隆盛像

上野・阿美橫丁

博物館和美術館林立的公園與五花八門的商店街形成對比

在地特色知多少？

日本古老公園之一的上野恩賜公園，與百貨公司和餐飲店林立的阿美橫丁形成強烈對比。

整座上野恩賜公園在過去是屬於寬永寺腹地，直到明治時代後才被日本政府接收，並改建為公園。園內擁有博物館、美術館、大學等許多設施。

俗稱阿美橫並廣獲民眾喜愛的阿美橫丁，是從上野站延伸至御徒町站的商店街。舉凡販售鮪魚等海鮮的海產店、主打軍用品的店家等等，各種專賣店櫛比鱗次，熱鬧滾滾。這裡還有許多平價居酒屋，不少遊客會在購物途中順手來一杯，從白天就開喝。

在此區域能同時體驗到所謂的「聖」與「俗」的兩種風貌，這是在上野散步的獨特樂趣。

當地名人

勒・柯比意

國立西洋美術館榮登世界遺產之列

法文名為 Le Corbusier，是名法國建築師，享有現代主義建築大師的美譽。接受日本政府委託所操刀設計的「國立西洋美術本館」乃國家重要文化財，並於2016年被列入世界遺產。

↔ 約 4.5 公里

⧗ 約 1 小時 10 分

🚶 約 6000 步

Goal

御徒町站
JR山手線
從御徒町站搭乘JR山手線至東京站為6分鐘，150日圓；至池袋站為19分鐘，180日圓

⑬ 上野阿美橫丁
5分／0.3km

⑫ 不忍池辯天堂
8分／0.5km

⑪ 不忍池
1分／0.1km

⑩ 彰義隊戰死者碑
3分／0.2km

⑨ 清水觀音堂
1分／0.1km

⑧ 上野大佛（寶塔）
5分／0.3km

⑦ 上野東照宮
4分／0.3km

⑥ 舊東京音樂學校奏樂堂
8分／0.6km

⑤ 寬永寺
9分／0.5km

④ 東京國立博物館
17分／1.1km

③ 國立科學博物館
3分／0.2km

② 國立西洋美術館
2分／0.1km

① 上野恩賜公園
3分／0.2km

上野站
JR、地下鐵、私鐵
直達

Start

從東京站搭乘JR山手線至上野站為7分鐘，170日圓；從池袋站搭乘為17分鐘，180日圓。亦可搭乘京成本線、地下鐵日比谷線、銀座線

② 國立西洋美術館

全球知名畫作、雕刻與建築必看

在這裡能夠欣賞到中世紀至20世紀
的西洋繪畫，以及以羅丹（Auguste
Rodin）為中心的雕刻等作品。本館由
世界級建築大師勒・柯比意所設計，
亦被列入世界文化遺產。

🕐 9:30～17:00（週五、六～19:30） 🚫 週
一（遇假日為翌日休） 💴 常設展500日圓
（企劃展另外收費） 🏠 台東區上野公園
7-7 ☎ 050・5541・8600（委外客服專線）

上／本館於昭和34年（1959）竣工，亦為國家重要文化財
下／陳列著西洋繪畫名作的2樓展示廳

照片（上、下）／國立西洋美術館

① 上野恩賜公園

賞櫻勝地及日本最古老公園之一

明治6年（1873）開園、日本最古老
的公園之一。自江戶時代以來便是賞
櫻勝地，從2月下旬～4月下旬能飽覽
櫻花美景。園內有美術館與博物館等
設施分布。

🕐 自由入園
🏠 台東區上野公園・池之端3
☎ 03・3828・5644

照片／國立科學博物館

③ 國立科學博物館

多座恐龍全身骨骼標本齊聚一堂

這是日本唯一一家國立綜合科學博物
館，分為日本館與地球館2棟建築，
大約有2萬5千件珍貴文物在此展出。
千萬別錯過位於日本館3樓北側的鈴
木雙葉龍復原全身骨骼標本。

🕐 9:00～16:30 🚫 週一（遇假日為翌日
休） 💴 630日圓（特別展另外收費） 🏠
台東區上野公園7-20 ☎ 050・5541・8600
（委外客服專線）

④ 東京國立博物館

日本最大規模且歷史悠久的博物館

收藏及展示以日本為中心的東洋美術品與考
古文物。共分為本館、平成館、東洋館、法
隆寺寶物館等6座展示館，收藏品包含國寶
與重要文化財，總數量高達約12萬件。

🕐 9:30～16:30 🚫 週一（遇假日為翌日休）
💴 門票1000日圓 🏠 台東區上野公園13-9
☎ 050・5541・8600（委外客服專線）

左／本館二廳（國寶廳）。在本館2樓則依年代序列展示日本美術的演變
右／水面倒影也很雅致的本館

照片（左、右）／東京國立博物館

左／寺內所供奉的藥師琉璃光如來像，不對外公開
右／舊本坊表門與根本中堂的獸面瓦

❺ 寬永寺
由受家康尊崇的天海大僧正所創建

寬永2年（1625），為了祈求德川幕府的安定與百姓平安而創建於江戶城的東北角。從前上野公園一帶的土地隸屬於寬永寺，但在幕末上野戰爭後，大部分的腹地皆成為公園用地。

🕘 9:00～17:00　　㊡ 無休　　💴 免費參拜
🏠 台東区上野桜木1-14-11　　☎ 03·3821·4440

❻ 舊東京音樂學校奏樂堂
名列國家重要文化財的日本最古老音樂廳

明治23年（1890）由東京音樂學校（現為東京藝術大學音樂學院）所建造的日本最古老木造西式音樂廳。除了三浦環在此演出日本第一部歌劇外，還有許多知名音樂家曾登上舞台表演。

🕘 9:30～16:00
㊡ 週一（遇假日為翌日休）　💴 門票300日圓起
🏠 台東区上野公園8-43
☎ 03·3824·1988

❽ 上野大佛（寶塔）
吸引考生前往祈福的熱門景點

大佛建於寬永8年（1631），曾數度遭遇災害，目前僅剩臉部保存下來。因為這座臉部浮雕「不落地」而成為考生祈求考運的聖地。原本為佛身的地方則建有寶塔（Pagoda），供奉著藥師三尊像。

❼ 上野東照宮
供奉德川家康的金碧輝煌神社

寬永4年（1627）由築城技術高超的藤堂高虎主導興建。德川家光於慶安4年（1651）下令建造的唐門、拜殿、透塀至今仍在。牡丹苑會於冬季與春季開放。

🕘 9:00～17:30（10～2月到16:30）
㊡ 無休　　💴 免費參拜（社殿參觀500日圓、牡丹苑1000日圓）
🏠 台東区上野公園9-88
☎ 03·3822·3455

❾ 清水觀音堂
以清水舞台懸造法興建的本堂

天海大僧正仿效京都清水寺，建於寬永8年（1631）的佛寺，後於元祿7年（1694）遷移至現地。這是現存於上野恩賜公園裡，能明確釐清落成年份的設施中最古老的建築物，為國家指定重要文化財。

🕘 9:00～16:30　　㊡ 無休　　💴 免費參拜
🏠 台東区上野公園1-29　　☎ 03·3821·4749

⑪ 不忍池
種滿蓮花，被比擬為琵琶湖的水池

相傳創建寬永寺的天海大僧正將這座天然池比擬為琵琶湖。中央的中之島上坐落著不忍池辯天堂，據悉是仿照琵琶湖中的竹生島而建。不忍池以池堤劃分為一整面被蓮花覆蓋的蓮池、可以划船賞景的船池，以及鸕鷀繁殖地的鵜池。

⑩ 彰義隊戰死者碑
祭奠舊幕府軍武士之地

以護衛第15代將軍德川慶喜為目的所組成的部隊，在與明治新政府交戰過程中死傷慘重，為了祭弔不幸身亡的武士們，而於明治15年（1882）建造此碑。6.7公尺高的碑身上，僅有舊幕臣山岡鐵舟所題的「戰死之墓」字樣，未見「彰義隊」一詞。

🍴 鰻割烹 伊豆榮
眺望不忍池風景，大啖絕品鰻魚飯

擁有大約300年歷史的老字號商家。使用備長炭慢火烘烤的三河一色產鰻魚，口感綿軟厚實，與醬油和味醂調和而成的醬汁可謂絕配。鰻魚盒飯松套餐（附湯和醃漬小菜）3630日圓。

> 名店

🕐 11:00～20:30LO
🈳 無休
🏠 台東区上野2-12-22
☎ 03・3831・0954

⑫ 不忍池辯天堂
9月的巳成金大祭為求財吉日

創建於江戶時代初期的寬永年間。奉祀擁有8隻手、手持消滅煩惱之法器的八臂辯才天。此處為谷中七福神巡禮寺廟之一，是相當熱門的求財聖地。

🕐 7:00～17:00 🈳 無休
¥ 免費參拜 ☎ 03・3821・4638

☕ うさぎやCAFÉ
結合日式與西式美味的新型態銅鑼燒

由創設於大正2年（1913）的「うさぎや」所經營的餐飲店。以法式吐司風格賦予人氣銅鑼燒全新口感的「兔銅法式燒」售價900日圓。奶油的鹹香與紅豆餡融合成絕妙好滋味。

> 名產

🕐 9:00～18:00
🈳 週三 🏠 台東区上野1-17-5-1F
☎ 03・6240・1561

⑬ 上野阿美横丁
應有盡有，琳瑯滿目的商品

以JR高架橋為中心綿延500公尺的商店街。最初是戰後從海外歸來的人們開始販售美軍所釋出的物資而發跡的黑市。現在則有超過400家的商店匯聚於此。舉凡服飾、生鮮食品、餐飲店等應有盡有，可以邊逛邊吃，買個痛快。

上野阿美橫丁地圖

かるた屋

以蜂蜜蛋糕糕體包裹白豆沙餡的都饅頭，10個600日圓。

旋轉式的饅頭製造機

有些銀髮族遊客直呼「好懷念」而駐足觀看。

清水水產

大嗓門叫賣鮪魚的鮮魚店。

冷凍大目鮪中腹肉3000日圓

限時特賣只要1000圓喔。

標價3000日圓的商品，大多會下殺到1000日圓！！

中田商店

軍用品專賣店。蒐羅了美軍所釋出的真品，以及各國軍隊的飛行外套、靴子等仿製品。

這個是貨真價實的美國陸軍溯溪鞋

皮夾克的貨色也很齊全

JR上野駅

じゅらく(餐廳)
麺処つるや
ユニクロ
カレー専門店エース

浜屋食品(乾貨)
川辰商店(乾貨)
酒亭じゅらく
More(衣物)

ヨドバシカメラ

マスヤ(包包)

タツミ(鐘錶)
マリオンクレープ
マツモトキヨシ

月島もんじゃ もへじ

亜洲食品

サンドラック

君野園(茶葉)

かるた家(和菓子)
石山商店(鮮魚)
京和水産(鮮魚)
酒無量
小魏鴨脖店(中菜)
OSKAN KEBAB
とらや(登山、滑雪用品)
ABC-MART

マツモトキヨシ
新谷商店(海味、零食)
ABC-MART

ドヴステーラー
タワラ屋(乾貨)
カワチヤ食品
珍味堂
豆のダイマス

卍徳大寺

二木の菓子
浜屋食品
みなとや
(鯛魚燒、海鮮蓋飯)

靴のダイワ
ドン・キ ホーテ
一軒め酒場

串揚げ じゅらく
魚浜(居酒屋)
富屋商店(包包)
志村商店(零食)
ヤマサン(衣物)
本田海苔店

大統領(居酒屋)
昇龍(中菜)
ASLAN KEBAB
ダイワ靴店
もへじ(月島文字燒)
清水水産
アリラン(韓式泡菜)
Jalana(衣物)
FREAK MARKET(衣物)
平成福順(中菜)

MIYOSHI(彩妝)
三幸商店(乾貨)
アメリカ屋(服飾)
丸安商店(乾貨)
三香園商店(茶葉、海苔)

中田商店(軍用品)

伊勢音(柴魚片)
Cross Charm(包包)
ロンドンスポーツ
小島屋
(堅果、蜜餞)

二木ゴルフ
ロンドンスポーツ
マルセル店

賑わい像

アメ横センタービル

JR御徒町駅

AMEYAYOKOCHO
アメヤ横丁

志村商店

阿美橫丁在地奇景，巧克力大特賣。

巧克力塞進購物袋中。

能以1000日圓買到定價超過2000日圓的海內外知名巧克力

大統領

高架橋下的大眾居酒屋。

晚上用餐人潮總是高朋滿座！溢到馬路上

炖戸肺420日圓

從上午10點開始營業。

アメ横丁センタービル

地下為銷售中國、韓國、東南亞食材的食品市場。

也有賣豬頭

豬腳1袋400日圓

都心 2

谷中・根津・千駄木

各有千秋、各自精采的熱門老街區

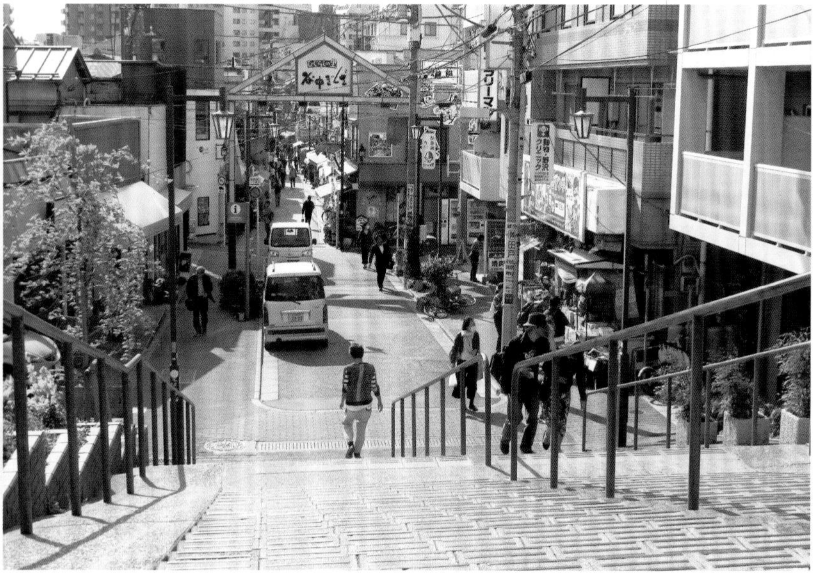

位於谷中銀座入口處的夕陽階梯

當地名人

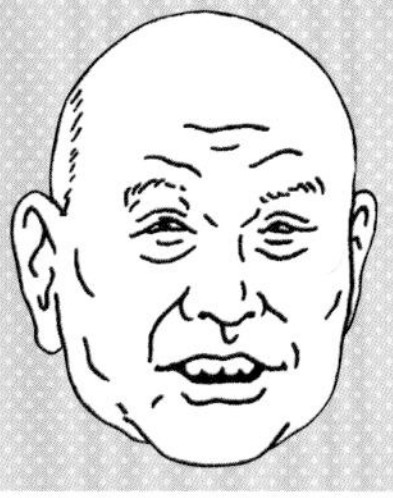

古今亭 志ん生

落語名家的居住地
商店街還有長女經營的店鋪

擁有名家美譽的落語表演者。他住了一輩子的家就位在離谷中銀座商店街不遠的住宅區內。商店街上的「多滿留」則是其長女所開的店，販售各種原創商品。

在地特色知多少？

一般通稱這個地區為谷根千。谷中是以谷中靈園為中心發展而成的寺廟城鎮，在夕陽美景遠近馳名的「夕陽階梯」下，有一條充滿昭和復古風情的谷中銀座商店街，是一處既寧靜又熱鬧的區域。

千駄木是位於坡地的住宅區，曾是夏目漱石、森鷗外、第5代古今亭志ん生等文人墨客以及許多實業家的居住地。

根津則是因為根津神社而繁榮起來的地區。在江戶時代還設有根津遊廓，據說明治時代的文豪坪內逍遙在學生時代頻頻光顧，後來娶了根津遊廓的遊女為妻。3座街區各自精采的這片土地是非常適合散步漫遊的熱門區域。

- 約6.0公里
- 約1小時35分
- 約7500步

Start

從東京站搭乘JR各路線電車至日暮里站為11分鐘，170日圓。從京成本線京成上野站搭乘為4分鐘，140日圓

JR、私鐵 日暮里站
← 4分／0.2km
1 朝倉雕塑館
← 4分／0.2km
夕陽階梯
← 2分／0.2km
2 岡倉天心紀念公園
← 2分／0.2km
3 谷中銀座
← 14分／0.8km
4 舊安田楠雄邸庭園
← 19分／1.3km
5 根津神社
← 18分／1.1km
6 菊壽堂伊勢辰谷中總店
← 7分／0.5km
7 觀音寺築地塀
← 2分／0.1km
8 谷中靈園
← 8分／0.5km
9 上野櫻木一帶
← 2分／0.2km
10 下町風俗資料館附設展示場
← 12分／0.7km
地下鐵千代田線 根津站

Goal

從根津站搭乘地下鐵千代田線至西日暮里站為4分鐘，180日圓；至明治神宮前站為21分鐘，210日圓

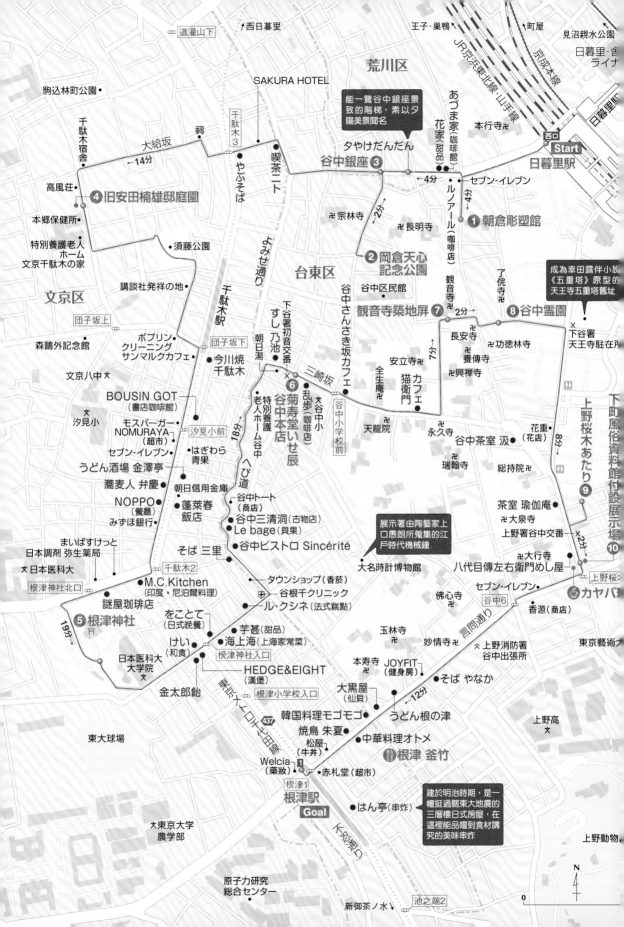

道灌山下
西日暮里
王子・巣鴨
町屋
見沼親水公園

荒川区
JR京浜東北線・山手線
京成本線
日暮里・舎ライナー

駒込林町公園
SAKURA HOTEL
能一覧谷中銀座景致的階梯，素以夕陽美景聞名
あづま家（咖啡館）
花家甜品
本行寺

千駄木宿舎
大給坂
14分
祠
千駄木3
夕やけだんだん
谷中銀座 ❸
4分
ルノアール（咖啡店）
セブン・イレブン
Start
西口

高風荘
喫茶ニト
4分
❶ 朝倉彫塑館
日暮里駅

本郷保健所
❹ 旧安田楠雄邸庭園
やぶそば
宗林寺
2分
長明寺
観音寺
了俒寺
成為幸田露伴小説《五重塔》原型的天王寺五重塔舊址

特別養護老人ホーム文京千駄木の家
須藤公園
よみせ通り
台東区
❷ 岡倉天心記念公園

文京区
講談社発祥の地
千駄木駅
谷中区民館
観音寺築地屏 ❼
2分
❽ 谷中霊園

団子坂上
森鷗外記念館
団子坂下
ポプリンクリーニングサンマルクカフェ
今川焼千駄木
下谷署初音交番
すし乃池
朝日湯
谷中さんさき坂カフェ
長安寺
功徳林寺
養傳寺
下谷署天王寺駐在所

文京八中
BOUSIN GOT（書店咖啡館）
汐見小前
三崎坂
谷中小
谷中小学校前
安立寺
全生庵
猫衛門
興禅寺
カフェ
上野桜木あたり ❾
下町風俗資料館付設展示場 ❿

汐見小
モスバーガーNOMURAYA（超市）
セブン・イレブン
はぎわら青果
菊寿堂いせ辰
谷中本店 ❻
乱歩（咖啡）
老人ホーム谷中
天龍院
永久寺
谷中茶室 汲
花重（花店）

うどん酒場 金澤亭
蕎麦人 弁慶
NOPPO（餐廳）
みずほ銀行
朝日信用金庫
蓬萊春飯店
へび道
谷中トート（商店）
谷中三清洞（古物店）
Le bage（貝果）
瑞輪寺
総持院
茶室 瑜伽庵
大泉寺
上野署谷中交番

そば 三里
谷中ビストロ Sincérité
大名時計博物館
展示著由陶藝家上口愚朗所蒐集的江戸時代機械鐘
八代目傳左右衛門めし屋
大行寺
セブン・イレブン
谷中桜木
カヤバ

まいばすけっと
日本調剤 弥生薬局
日本医科大
根津神社北口
千駄木2
M.C.Kitchen（印度・尼泊爾料理）
タウンショップ（香蕎）
谷中千クリニック
ル・クシネ（法式糕點）
佛心寺
谷中6
香源（商店）
東京藝術大

謎屋珈琲店
をことて（日式晩餐）
芋甚（甜品）
玉林寺
妙情寺
上野消防署谷中出張所

❺ 根津神社
19分
けい（和食）
海上海（上海家常菜）
根津神社入口
HEDGE&EIGHT（漢堡）
本寺寺
JOYFIT（健身房）
そば やなか
12分
上野高

日本医科大大学院
金太郎飴
根津小学校入口
大黒屋（仙貝）
うどん根の津

東大球場
東京メトロ千代田線
437
韓国料理モゴモゴ
焼鳥 朱夏
松屋（牛丼）
中華料理オトメ
根津 釜竹

Welcia（薬妝）
根津1
赤札堂（超市）
はん亭（串炸）
建於明治時期，是一幢挺過關東大地震的三層樓日式房屋，在這裡能品嚐到食材講究的美味串炸

根津1
根津駅
Goal
不忍通り
上野動物園

東京大学農学部
上野高

原子力研究総合センター
新御茶ノ水
池之端2
N
0

東大球場

左／1樓工作室現已成為展示廳
右／朝倉文夫親手設計的建築物被列為國家登錄有形文化財

❶ 朝倉雕塑館
欣賞精心設計的建築物與庭園

原本為雕刻家朝倉文夫工作室兼住家的此建物，包含土地在內被命名為「舊朝倉文夫氏庭園」並獲選為國家指定名勝。館內展示著「大隈重信像」、「守墓人」等代表作。

🕘 9:30～16:00　㊡ 週一、四（遇假日為翌日休）
💰 門票500日圓　🏠 台東区谷中7-18-10
☎ 03・3821・4549

❹ 舊安田楠雄邸庭園
大正、昭和時期的高級住宅與庭園

實業家藤田好三郎於大正8年（1919）所建造的近代和風宅邸。在關東大地震後，由舊安田財閥的安田家接管。在接待室與「殘月之房」、客房，都能見到如詩如畫的設計巧思。

🕘 10:30～15:00
㊡ 週三、六開館
💰 門票500日圓
文京区千駄木5-20-18
☎ 03・3822・2699（僅於開館日提供服務）

❷ 岡倉天心紀念公園
過去曾是日本美術重鎮

日本近代美術先驅岡倉天心的宅邸，此處也是他與橫山大觀共同設立的日本美術院舊址。園內建有紀念岡倉天心的六角堂，內有平櫛田中創作的天心坐像。

🕘 自由參觀　🏠 台東区谷中5-7-10
☎ 03・5246・1151（台東區觀光課）

❺ 根津神社
氣勢萬千的鮮豔朱紅色建築

大約創建於1900年之前，由德川第5代將軍綱吉在寶永3年（1706）下令建造的正殿、幣殿、拜殿、唐門等7棟建築被列為國家重要文化財。德川第6代將軍家宣捐款打造的3頂大神輿仍現存於世。

🕘 自由參拜（唐門6:00～17:00，開放時間隨季節調整）
🏠 文京区根津1-28-9
☎ 03・3822・0753

❸ 谷中銀座
散發著濃濃昭和情懷的商店街

全長約170公尺，由肉鋪、蔬果、服飾、雜貨店、咖啡館等約莫60間特色商店所構成的谷中銀座商店街。位於日暮里側入口處的「夕陽階梯」為欣賞晚霞的著名景點，乃谷中的地標風景。

⑧ 谷中靈園

貫穿墓園的櫻花隧道美不勝收

成為幸田露伴小說《五重塔》原型的天王寺五重塔過去即位於此處。園內的中央道路被暱稱為「櫻花大道」，是知名的賞櫻勝地。澀澤榮一以及「明治毒婦」高橋阿傳等人的墳墓皆位於此。

🕐 自由入園　🏠 台東区谷中 7-5-24
☎ 03‧3821‧4456

⑦ 觀音寺築地塀

呈現谷中昔日特色的景致

創建於慶長 16 年（1611），與赤穗浪士有不解之緣的寺院。築地塀是一面長約 38 公尺、位於境內南方的牆，由瓦片和泥土交替堆砌，並以灰泥粉刷而成，已被選為國家有形文化財。

🕐 自由參觀　🏠 台東区谷中 5-8-28
☎ 03‧3821‧4053

⑥ 菊壽堂伊勢辰谷中總店

散發著江戶雅趣的千代紙與雜貨

是創立於元治元年（1864）的江戶千代紙以及遊戲版畫專賣店，除了色彩繽紛、數量多達 1000 種的江戶千代紙與遊戲版畫外，亦販售帶有江戶典雅設計的和風文具與紙偶。

🕐 10:00～18:00　㊡ 無休
🏠 台東区谷中 2-18-9　☎ 03‧3823‧1453

熱門

🍴 根津 釜竹

銘酒與手打烏龍麵令人讚嘆

總店位於大阪的釜揚烏龍麵與日本酒餐館。店面建築是將建於明治 43 年（1910）的石造倉庫遷移至此，並由建築師隈研吾著手改造。釜揚烏龍麵售價 935 日圓，日本酒單杯 700 日圓起。

🕐 11:30～14:00LO‧17:30～20:30LO
㊡ 週一、日晚間　🏠 文京区根津 2-14-18
☎ 03‧5815‧4675

⑨ 上野櫻木一帶

在建於昭和初期的重生古厝歇息

將昭和 13 年（1938）落成的三連棟老屋翻新後所開設的複合設施。各種特色商店齊聚一堂，像是精釀啤酒、鹽與橄欖油專賣店等等，還一併設有可供租用的活動場地「大家的交誼廳」。

🕐 10:00～20:00（依店家而異）
㊡ 依店家而異
🏠 台東区上野桜木 2-15-6　依店家而異

☕ カヤバ珈琲

保留了昭和風情的谷中熱門咖啡廳

名店

以大正時代老宅作為店面的咖啡廳。昭和 13 年（1938）開業，雖然曾一度結束營業過，後於 2008 年重新開張。包夾厚煎蛋而且人氣滿點的雞蛋三明治售價 1200 日圓。咖啡 550 日圓。

🕐 8:00～17:30LO
㊡ 不定期公休
🏠 台東区谷中 6-1-29
☎ 03‧5832‧9896

⑩ 下町風俗資料館 附設展示場

亦公開展示酒類販賣工具與資料

將自江戶時代起代代經營酒類生意的吉田家店鋪，從谷中六丁目移建至此處。於明治 43 年（1910）以出桁造工法打造的這棟建築物，處處都能看到江戶中期至明治時代的商家建築特色。

🕐 9:30～16:30　㊡ 週一（遇假日為翌日休）　￥ 免費入館　🏠 台東区上野桜木 2-10-6　☎ 03‧3823‧4408

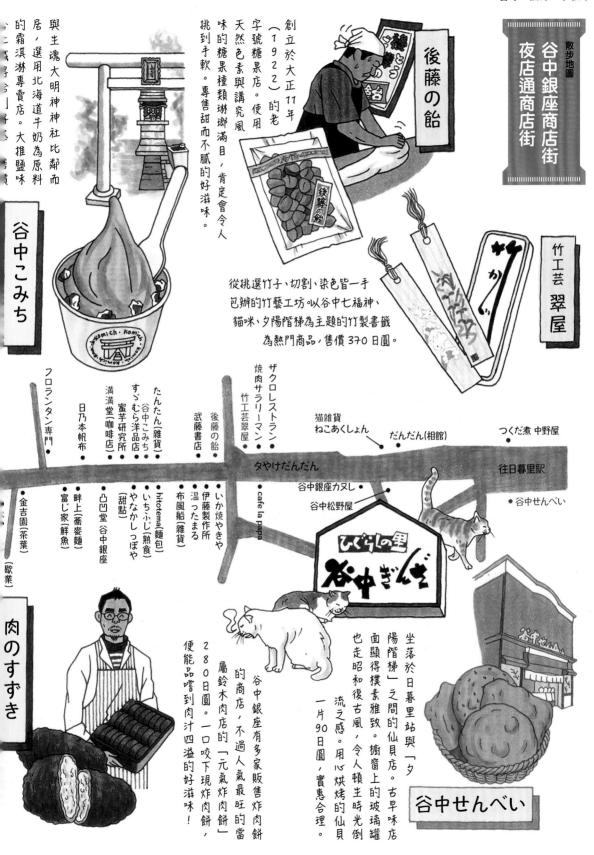

後藤の飴

創立於大正11年（1922）的老字號糖果店。使用天然色素與講究風味的糖果種類琳瑯滿目，肯定會令人挑到手軟。專售甜而不膩的好滋味。

竹工芸 翠屋

從挑選竹子、切割、染色皆一手包辦的竹藝工坊。以谷中七福神、貓咪、夕陽階梯為主題的竹製書籤為熱門商品，售價370日圓。

谷中こみち

與生魂大明神神社比鄰而居，選用北海道牛奶為原料的霜淇淋專賣店。大推鹽味〔二款各290日圓〕等實惠口味。

フロランタン専門
日乃本帆布
満満堂（咖啡店）
蜜芋研究所
すゞむら洋品店
たんたん（雑貨）
〔谷中こみち〕
武藤書店
後藤の飴
焼肉サラリーマン
ザクロレストラン
竹工芸翠屋

猫雑貨
ねこあくしょん
だんだん（相館）
つくだ煮 中野屋
往日暮里駅

金吉園（茶葉）
富じ家（鮮魚）
畔上（蕎麥麵）
凸凹堂 谷中銀座
やなかしっぽや
いちふじ（熟食）
hitotema（麵包）
布風船（雑貨）
伊藤製作所
温ったまる
いか焼きやきや
cafe la papa

夕やけだんだん
谷中銀座カヌレ
谷中松野屋

谷中せんべい

肉のすずき

谷中銀座有多家販售炸肉餅的商店，不過人氣最旺的當屬鈴木肉店的「元氣炸肉餅」，280日圓。一口咬下現炸肉餅，便能品嚐到肉汁四溢的好滋味！

谷中せんべい

坐落於日暮里站與「夕陽階梯」之間的仙貝店。古早味店面顯得樸素雅致。櫥窗上的玻璃罐也走昭和復古風，令人頓生時光倒流之感。用心烘烤的仙貝一片90日圓，實惠合理。

ひぐらしの里
谷中ぎんざ

よみせ通り 谷中 千駄木 よみせ通り

高橋屋米店

延命地蔵尊 卍

フラワーショップ小竹

リカーズのだや

道灌山通り
からあげ伊門店 千駄木屋
7-Eleven
狩野川(懐石)
JNAM (選品店)
カラオケクス
谷川文具店
呉服丸紅
よみせ通り
靴とインソールの店ルッチェ
Tokyo Kitsch(雑貨)
Agubovan！(咖啡館)
延命地蔵尊
テニスクラフト
藤倉生花店
MALESHERES(服飾)
谷中 和楽や(樂器)
ボンボン屋(雑貨)
マザーインディア(印式酒館)
リカーズのだや(咖啡專賣店)
ROBCO(西式酒館)
大沢製麺所
谷中のおやつ屋がようし
igmis(咖啡館)
麺やひだまり
コーヒーコロラド
二鷹(牛內臟)
谷中クリニック
お好み焼き処 小奈や
コシズカハム
鰻山ぎし
ラ・スールリマーレ(麵包)
喫茶ニト
鈴木商店(雑貨)
フラワーショップ小竹
福島商店(鮮魚)
初音家(天婦羅)
雑貨やなかなか
(谷中よし川)(什錦燒)
雑貨屋あん
肉のサトー
越後屋酒店
韓國食堂 チャン
大阪寿司 宝家
TENSUKE CAFE (2F)
谷中 冨じ家(和食)
小野陶苑
禅(甜甜圈)
おかずトーホー
立呑写楽
肉のすずき
和栗や(栗子甜點)
石川屋食品店
三陽食品
(歇業) キッチン マロ
季節料理 みさき
千葉歯科クリニック
マミーズ(蘋果派)
7-Eleven
やなか珈琲店
高橋屋米店
銀寿し
往団子坂下

約380年前，源自長野縣古刹黃蘗宗玉井山法城院的地藏王菩薩，在昭和8年被迎請分靈供奉於此。長期以來被視為夜店通商店街的守護神，備受許多民眾敬愛。

新潟縣南魚沼產越光米2公斤1550日圓起、佐賀縣七夕米2公斤1276日圓。這裡所銷售的稻米品種超過20種，老闆堅持選用糙米，在店內精白加工。

老闆親自前往批發市場參與競標採買，因此花卉售價約為市價的一半，而且每個月還有2~3次的不定期特賣。

玫瑰、康乃馨等切花，一枝100日圓起。

許多少見的商品，例如奈良縣的「睡龍生酛純米」1升3630日圓以及法國有機葡萄酒「Le Canon Rouge」750毫升2623日圓等等。

販售各種無農藥、天然、以真材實料釀造的純米酒以及日本國產葡萄酒等。在這裡可以找到

創立至今約70年的手工蒟蒻、蒟蒻絲專賣店，目前由第4代接班人經營。非常推薦售價200日圓，可以外帶，也很適合邊逛邊吃的店家自製涼粉！

緊鄰江戶城遺構，典雅洗鍊的辦公商圈

皇居・丸之內・東京車站

東京車站丸之內驛舍穹頂

太田 道灌

道灌所建的江戶城後來成為江戶幕府的最高決策機構

太田道灌擁有築城名將的美稱。他於長祿元年（1457）在原為江戶氏宅邸的領地興建江戶城。後來德川家康將此處作為居城，在接下來的265年歲月裡，其成為江戶幕府的最高決策機構。

在地特色知多少？

皇居昔日是德川將軍居所之江戶城的所在地。包含皇居外苑在內，占地230萬平方公尺，相當於49座東京巨蛋。人們在皇居一帶散步的樂趣，莫過於能欣賞到江戶城遺構，以及與其相互輝映的庭園和植栽之美。

丸之內是日本首屈一指的辦公商圈。精品店林立的丸之內仲通，整體風格典雅洗鍊，是很熱門的散步路線。會在中午出現的行動餐車則是丸之內的一大特色。在附近的商業大樓逛街購物或享用下午茶也是不錯的選擇。

排在行程終點的東京車站丸之內驛舍，光是建築物本身就值得一看。在「東京車站畫廊」的紅磚牆展示室裡，能緬懷驛舍的舊日時光。

- ↔ 約 6.0 公里
- ⧖ 約 1 小時 30 分
- 🚶 約 8000 步

Goal

內線

從東京站搭乘JR中央線至新宿站為14分鐘，210日圓；搭乘JR山手線至上野站為7分鐘，170日圓；至澀谷站為25分鐘。亦可搭乘地下鐵丸之內線

JR、地下鐵

↓

東京站

⑨ 東京車站畫廊
3分／0.2 km
↓

⑧ INTERMEDIATHEQUE
直通
↓

⑦ 丸之內仲通
10分／0.7 km
↓

⑥ 櫻田門
15分／1.0 km
↓

⑤ 二重橋
3分／0.3 km
↓

④ 大手門
17分／1.1 km
↓

③ 皇居東御苑
21分／1.4 km
↓

② 科學技術館
5分／0.4 km
↓

① 北之丸公園
11分／0.7 km
↓

昭和館
3分／0.2 km
↓

九段下站
直達

地下鐵東西線、半藏門線、新宿線

Start

從大手町站搭乘地下鐵東西線至九段下站為4分鐘，180日圓；從高田馬場站搭乘地下鐵東西線為9分鐘，180日圓。從澀谷站搭乘地下鐵半藏門線為12分鐘，210日圓；從新宿站搭乘地下鐵新宿線為8分鐘，220日圓

N

0   300m

飯田橋

目白通り

九段下駅

都営新宿線

東京メトロ
半蔵門線

市ケ谷

永田町

内堀通り

千鳥ケ淵
戦没者墓苑

管理事務所

千鳥ケ淵

九段下駅

Start

3分

❶ 昭和館

田安門

・日本武道館

・清水門

❷ 北の丸公園

❸ 科学技術館

11分

5分

乾門

北桔橋門

天守台

・桃華楽堂

本丸

千代田区

松の廊下跡

百人番所

大番所

皇居

宮内庁

皇居宮殿長和殿

宮中三殿

坂下門

17分

二重橋

石橋

皇居前広場

皇居外苑

❺ 二重橋

3分

❻ 桜田門

二重橋前

靖国通り

池袋線

首都高速5号

神保町駅

都営三田線

◎千代田区役所

神保町駅

・毎日新聞社

国立近代
美術館

竹橋

竹橋駅

・平川門

❹ 皇居東御苑

二の丸庭園

・三の丸
尚蔵館

大手門

21分

桔梗濠

・桔梗門

和田倉濠

和田倉噴水公園

・和田倉

二重橋前〈丸の内〉駅

馬場先門

馬場先門

明治生命館・

水道橋

湯島

御茶ノ

新御茶ノ水駅

・三省堂書店

小川町駅

淡路町駅

首都高速都心環状線

東京メトロ千代田線

内堀通り

大手町1

大手町駅

大手町

大手町駅

大手門

和田倉濠

❶

M&Cカフェ

東京駅ステーション
ギャラリー

新丸ビル

行幸通り

丸の内
オアゾ

東京駅

丸の内

Goal

東京
ステーション
ホテル

❼ 丸の内仲通り

10分

3分

丸ビル

❾

東京

ローソン

KITTE

❽ インターメディ
テク

東京駅

前往皇居東御苑的方式，
除了本路線所介紹的北桔
橋門和大手門外，亦可從
平川門進出

昔日從大手門進入江戶
城時，必須在此處接受
盤查，當時為了防範各
種危險，還配有百人火
槍部隊待命。乃少數江
戶時代遺構之一

昭和36年（1961），為
紀念明仁上皇大婚所建
造的大噴水池，後於平
成5年（1993）6月德仁
天皇大婚之際加以修繕

❷⓪

桜田濠

市ケ谷

国会議事堂前

赤坂

桜田門駅

東京メトロ有楽町線

警視庁

法務省

東京メトロ丸ノ内線

霞ケ関駅

東京メトロ千代田線

15分

東京メトロ日比谷線

日比谷濠

日比谷通り

楠公レストハウス・

日比谷公園

東京駅

日比谷駅

日比谷駅

ブルックス
ブラザーズ（服飾）

ティファニー
（珠寶）

スターバックス・

・ポールスミス
（服飾）

・帝国劇場

東京国際
フォーラム

有楽町駅

有楽町駅

東京ミッドタウン
日比谷

三田

表参道

新橋

❶

霞ケ関駅

東京メトロ日比谷線

銀座一

東京高速道路

夕顔通り

中央区

2 北之丸公園
能欣賞四季花草的散步好去處

此處曾為江戶城北之丸所在地，在明治時代則成為近衛師團的營地。於昭和44年（1969）以森林公園之姿對民眾開放，腹地內有武道館、科學技術館以及國立近代美術館等的設施。

🚶 自由入園
🏠 千代田区北の丸公園1-1
📞 03·3211·7878

1 昭和館
從實物史料理解戰時、戰後生活

向新世代宣導戰時、戰後生活上各種辛勞的日本國立設施。常設展示室則以昭和10年（1935）至30年左右的民眾生活為中心，展出大約500件的實物史料。

🕐 10:00～13:00·14:00～17:00　🚫 週一（遇假日為翌日休）　💴 常設展示室須付費
🏠 千代田区九段南1-6-1　📞 03·3222·2577

5 二重橋
拍攝紀念照的地標景點

架設於皇居正門的2座橋中，位於後方的正門鐵橋即為二重橋。由於護城河較深，為了支撐桁架而設計成雙重結構，故得此名。現在的這座橋梁則於昭和39年（1964）重建而成。

🏠 千代田区皇居外苑1-1
📞 03·3213·0095（皇居外苑管理事務所）

3 科學技術館
眼觀、手摸，實際感受科學技術

能接觸到現代至近未來科學技術的體驗型博物館。館內設有能源、電力、藥物、汽車、腳踏車、建築施工等各種主題區，可透過解說與實驗來解謎。

🕐 9:30～16:00
🚫 週三不定期休館
💴 門票950日圓
🏠 千代田区北の丸公園2-1
📞 03·3212·8544

6 櫻田門
亦為小田原街道的起點

建於江戶城內，完整保留了枡形結構的護城河城門之一，門扉的連結零件上還留有「寬文三年」的字樣。這裡也是安政7年（1860）「櫻田門外之變」的發生地點，幕府大老井伊直弼在此門外的護城河邊，遭到水戶浪士們的暗殺而身亡。現為國家指定重要文化財。

4 皇居東御苑
內有江戶城遺構的歷史庭園

將原為江戶本丸、二之丸、三之丸的腹地修建為公園。內有大番所、百人番所、松之廊下、天守台等江戶城遺跡。二之丸庭園則以杜鵑花和花菖蒲聞名。

🕐 9:00～17:30（3～4月14日、9月到16:30、10月到16:00、11～2月到15:30）
🚫 週一（遇假日為翌日休）、週五、天皇誕辰
💴 免費入園
🏠 千代田区千代田1
📞 03·3213·1111（宮內廳）

8 INTERMEDIATHEQUE
能近身接觸學術文化的好所在

由日本郵政股份有限公司與東京大學綜合研究博物館共同營運的博物館。館內展示著生物學與地理學等學術標本與研究資料，亦經常舉辦特別展。

照片／INTERMEDIATHEQUE

- 🕐 11:00～18:00（週五、六到20:00）
- ㊡ 週一（遇假日為翌日休），偶有臨時休館
- ¥ 免費入館
- 🏠 千代田区丸の内2-7-2 KITTE 2·3F
- ☎ 050·5541·8600（委外客服專線）

7 丸之內仲通
丸之內的精華地段

貫穿辦公商圈之行道樹美不勝收的這條大道，除了匯集了海內外知名品牌商店外，還有各種格調非凡的餐廳與咖啡館。在午餐時段，這條大道會變身為「Urban Terrace」露天用餐區，開放民眾使用。這裡也會因應節慶舉辦點燈等活動。

名產

☕ M&Cカフェ
元祖香雅飯是明治時代的洋食

創立於明治2年（1869）的書籍與文具連鎖店「丸善」，由該店直營的日式西餐廳。據悉創辦人早矢仕有的所發明之「早矢仕飯」乃香雅飯始祖。早矢仕飯售價1380日圓，加價700日圓可升級為附沙拉與咖啡的套餐。

- 🕐 9:00～20:30LO　㊡ 無休
- 🏠 千代田区丸の内1-6-4 丸の内オアゾ4F
- ☎ 03·3214·1013

9 東京車站畫廊
東京車站丸之內驛舍內的美術館

除了獨樹一幟的企劃展外，還能近距離欣賞被列為國家重要文化財的驛舍構造，諸如紅磚牆展示室的螺旋階梯、介紹車站建築歷史的2樓迴廊，以及穹頂石膏雕刻等等，相當引人入勝。

- 🕐 10:00～17:30（週五到19:30）
- ㊡ 週一（遇假日為翌日休）
- ¥ 依展覽而異
- 🏠 千代田区丸の内1-9-1
- ☎ 03·3212·2485

探險

歷經重建恢復開業時風貌的紅磚造丸之內驛舍

穹頂美不勝收的東京車站丸之內驛舍

東京車站於大正3年（1914）12月20日開業。負責操刀設計的是被譽為日本近代建築之父的辰野金吾。這是一棟3層樓高，總高度約達335公尺的西式建築，用於外牆的紅磚則透過鐵路從埼玉縣深谷市運送而來。這座以鋼筋建造的建築物十分堅固，甚至在關東大地震時也未出現太大的損壞。當時穹頂設於南北兩側，南口為乘車處、北口為下車處，中央的玄關則為皇室專用。

然而，東京車站在昭和20年（1945）的東京大空襲下嚴重毀損，戰後雖立即進行修復工程，但因建材不足，只得將原本的3層樓改為2層，並拆下位於南北兩側的穹頂，在外觀上做出大幅變動。

始於2007年4年的丸之內驛舍保存、復原工程於2012年10月竣工。消失的3樓部分與南北穹頂復原重建，裝設於八角形穹頂的8隻驚鷹與8座生肖浮雕也重新出現在世人眼前。

站前廣場為拍攝紀念照的著名景點

御茶水・神保町

書籍、美食、運動用品、樂器店林立，風貌多元的粉絲天堂

在地特色知多少？

御茶水站北邊有神田明神神社與湯島聖堂，整體氛圍顯得祥和寧靜。另一方面，南邊則是座落著明治大、日大、專修大的大學商圈，同時也是一條樂器街，年輕族群眾多，散發著青春活潑的氣息。南北區域隔著一座車站呈現出截然不同的風貌，著實有趣。

走過明大通的坡道後就會來到靖國通。靖國通南側則是令愛書人趨之若鶩的神保町古書店街，周邊也是擁有許多熱門餐飲店的美食街。

往神田站方向前進，便是一整排的運動用品店。這個地區的街景多變，每走幾步就會有新發現。

吃貨則不能錯過位於神田須田町一帶的老字號餐飲店。這些店家全都是美食雜誌的常客，可能會令人陷入選擇困難，拿不定主意要選哪間用餐才好。

神保町古書店街

- 約4.2公里
- 約1小時
- 約5600步

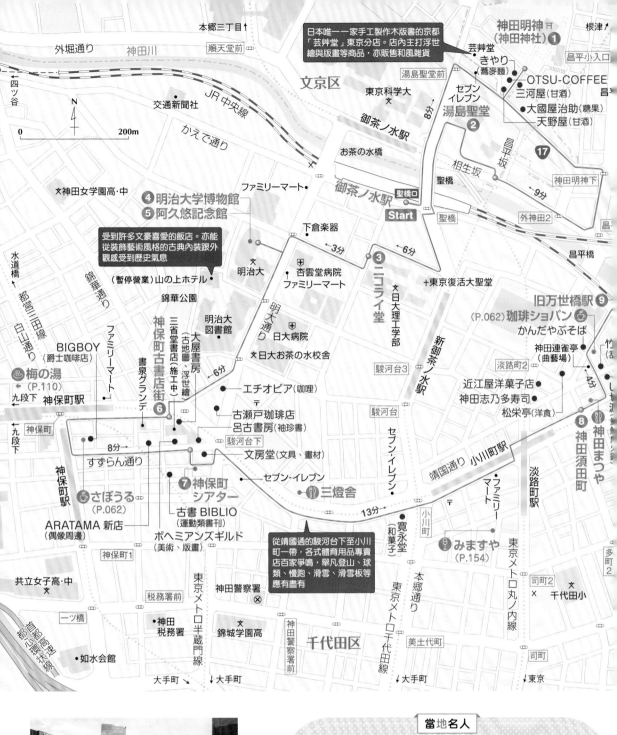

本郷三丁目↑

外堀通り

神田川

JR 中央線

かえで通り

四ツ谷

N

0　　　200m

交通新聞社

文京区

順天堂前

東京科学大 ×

御茶ノ水駅

お茶の水橋

日本唯一一家手工製作木版書的京都「芸艸堂」東京分店。店內主打浮世繪與版書等商品，亦販售和風雜貨

神田明神 ⛩
（神田神社）❶

根津

芸艸堂

きやり

蕎麥麵

セブンイレブン

湯島聖堂前

昌平小入口

昌

OTSU-COFFEE

三河屋（甘酒）

大國屋治助（糖果）

天野屋（甘酒）

昌平坂

昌平坂

聖橋

相生坂

⓱

神田明神下

9分

外神田2

昌

神田女学園高・中 ×

❹ 明治大学博物館
❺ 阿久悠記念館

ファミリーマート

御茶ノ水駅

聖橋口

Start

昌平橋

下倉楽器

3分

6分

旧万世橋駅 ❾

（P.062）珈琲ショパン

かんだやぶそば

受到許多文豪喜愛的飯店。亦能從裝飾藝術風格的古典內裝跟外觀感受到歷史氣息

（暫停營業）山の上ホテル

錦華通り

錦華公園

明治大 ×

明治大図書館

明治大

杏雲堂病院

ファミリーマート

❸ ニコライ堂

東京復活大聖堂

日大理工学部

新御茶ノ水駅

神田連雀亭（曲藝場）

近江屋洋菓子店

神田志乃多寿司

松栄亭（洋食）

淡路町2

水道橋

都営三田線

BIGBOY（爵士咖啡店）

ファミリーマート

梅の湯（P.110）

九段下

神保町駅

神保町

神保町古書店街 ❻

三省堂書店（施工中）（古地圖、浮世繪）

大屋書房（古地圖、浮世繪）

書泉グランデ

日大病院

日大お茶の水校舎 ×

6分

エチオピア（咖哩）

古瀬戸珈琲店

呂古書房（袖珍書）

文房堂（文具、畫材）

セブン・イレブン

三燈舍

駿河台3

駿河台

駿河台下

日大お茶の水校舎

セブン・イレブン

淡路町2

神田須田町

❽ 神田まつや

九段下

すずらん通り

8分

❼ 神保町シアター

古書 BIBLIO（運動類書刊）

ボヘミアンズギルド（美術、版畫）

ARATAMA 新店（偶像周邊）

さぼうる（P.062）

從靖國通的駿河台下至小川町一帶，各式體育用品專賣店百家爭鳴，舉凡登山、球類、慢跑、滑雪、滑雪板等應有盡有

靖国通り

小川町駅

ファミリーマート

寛永堂（和菓子）

みますや（P.154）

東京メトロ丸ノ内線

小川町

本郷通り

淡路町駅

司町2

千代田小 ×

多町2

神田警察署 ⊗

神保町1

共立女子高・中 ×

税務署前

神田税務署

如水会館

一ツ橋

東京メトロ半蔵門線

錦城学園高 ×

神田警察署前

千代田区

東京メトロ千代田線

美土代町

司町

大手町

大手町

東京

御茶水站與神田川

當地名人

樹木 希林

見過一次便難以忘記的獨特魅力

樹木希林的父母曾在神保町經營「東寶」咖啡廳。她在30歲時飾演《寺內貫太郎一家》的奶奶一角，並演活了各種角色，展現出獨一無二的魅力，後於2018年辭世。演員三宅裕司亦出身神保町。

❸ 尼古拉堂
明治中期竣工的東京復活大教堂

教堂取自在日本傳揚東正教的俄羅斯大主教尼古拉之名。此為日本規模最大的拜占庭復興風格建築，被列為國家重要文化財。

🕐 教堂參觀13:00～16:00（10～3月到15:30）㋭ 無休（事務所週一、假日休假）㊟ 參拜門票300日圓 🏠千代田区神田駿河台4-1-3 ☎ 03・3295・6879

❶ 神田明神（神田神社）
朱紅社殿被列為登錄有形文化財

於天平2年（730）建造，在江戶時代被人們視為把守江戶表鬼門的江戶總鎮守，深受民眾信仰。神田明神乃神田、日本橋、大手町、丸之內等東京都心的守護神。2年一度的神田祭為江戶三大祭之一。

🕐 自由參拜（神札所9:00～17:00，無休）🏠千代田区外神田2-16-2 ☎ 03・3254・0753

❺ 阿久悠紀念館
名留日本歌謠史的作詞家紀念館

身兼作詞家與作家的阿久悠為明治大學畢業生。館內以遺族所捐贈的手稿、唱片、書籍、影片等大約1萬件的資料為中心進行展示。

🕐 10:00～16:30（週六到15:30）㋭ 週日、假日 ㊟ 免費入館 🏠千代田区神田駿河台1-1 アカデミーコモンB1 ☎ 03・3296・4448

❷ 湯島聖堂
整體腹地被指定為國家史蹟

德川第5代將軍綱吉為了振興儒學，於元祿3年（1690）所設立的孔廟。後於寬政9年（1797）開設了幕府直轄的昌平坂學問所，成為近代教育的發祥地。

🕐 9:30～17:00（10～3月到16:00，大成殿內部週六、日、假日從10:00開放參觀）㋭ 無休 ㊟ 免費入場 🏠文京区湯島1-4-25 ☎ 03・3251・4606

❻ 神保町古書店街
書迷寶庫，世界第一的書店街

約莫始於明治10年（1877），為了服務附近法律學校學子所開設的書店，成為了書店街的起源。「岩波書店」創辦人岩波茂雄在大正時代於此地開設古書店後，逐漸發展成現在的規模。目前約有180家古書店，形成了世界罕見的書店街。

❹ 明治大學博物館
展示難得一見的拷問、刑求器具

在館內區分為以傳統工藝品為中心的「商品」、針對律法與刑罰加以解說的「刑事」，以及展示從舊石器時代至古墳時代出土文物的「考古」3個部門。

🕐 10:00～16:30（週六到15:30）㋭ 週日、假日 ㊟ 免費入館 🏠千代田区神田駿河台1-1 アカデミーコモンB1 ☎ 03・3296・4448

熱門

🍴 三燈舍

咖哩街上的南印度咖哩專賣店

提供主廚家鄉南印度喀拉拉邦風味套餐和輕食的南印度餐館。3種每日咖哩，附香料蔬菜湯（Rasam）、香料扁豆燉蔬菜（Sambar）的平日午間套餐，售價1200日圓。

🕐 11:00～15:00LO・17:30～21:00LO
🈺 週一 🏠 千代田区神田小川町3-2 古室ビル2F ☎ 050・3697・2547

⑧ 神田須田町

老字號店家林立的美食街

神田須田町未受到戰火波及，戰前的建築物因而得以留存下來。例如「かんだやぶそば」、「まつや（蕎麥麵）」、「珈琲ショパン」、「竹むら（甜品）」、「ぼたん（雞肉壽喜燒）」、「いせ源（鮟鱇魚火鍋）」、「松栄亭（洋食）」等，從江戶至昭和期開業的餐飲店皆分布於此地，形成了美食一級戰區。

⑦ 神保町劇院

專映經典電影的近未來感戲院

能觀賞以昭和時期作品等的懷舊電影。僅有99個座位，規模不大，但座椅呈斜角式排列且寬敞，提供舒適觀影體驗。眼光獨到的選片品味也是其一大魅力。

🏠 千代田区神田神保町1-23神保町シアタービルB1F ☎ 03・5281・5132

⑨ 舊萬世橋站

明治時代的舊國鐵驛舍遺構

舊萬世橋站是鄰接萬世橋的磚造建築。建於明治45年（1912）的月台和階梯被保留下來，館內亦展示著萬世橋站的全景模型。

🕐 11:00～22:00（週日、假日到20:30。LIBRARY到21:00，週日、假日到20:00）
🏠 千代田区神田須田町1-25-4 マーチエキュート 神田万世橋内 ☎ 03・5334・0623（東日本鐵道文化財團）

🍴 神田まつや

文壇饕客池波正太郎也熱愛不已的手工蕎麥麵

於明治17年（1884）創業的老店。店面是關東大地震後的和風建築。蕎麥麵是將帶殼日本產蕎麥以石臼磨粉製成，有芬芳香氣。以柴魚高湯提味的濃郁醬汁有道地風味。蕎麥麵（不附海苔）售價770日圓。

名產

🕐 11:00～20:00LO（週六、假日到19:00LO）
🈺 週日 🏠 千代田区神田須田町1-13 ☎ 03・3251・1556

探險

逛逛神田古書店街

休閒娛樂類與專業書籍百家爭鳴的書迷聖地

神保町是全世界規模最大的古書店街。這裡的古書店特色為每家店各有其專業領域。上至大學教授以及專家所尋求的專業書籍，下至偶像周邊、漫畫，甚至是18禁系列，類型豐富多元。

「大屋書房」創辦人專攻古地圖、浮世繪，店內商品媲美資料館。「呂古書房」則是罕見的袖珍書專賣店。「古書BIBLIO」主打運動類書刊，店內亦展示著明星選手的簽名板。「ボヘミアンズギルド」以美術、版畫等商品為中心，店內設有椅子，顧客可以坐下來精挑細選一番。「ARATAMA新店」專售偶像商品，80年代偶像寫真集等圖冊也很齊全。

此外，每年秋天也會舉辦神保町書籍嘉年華與神田舊書節。神保町對於書迷來說無疑是魅力無窮的聖地，值得一再前來挖寶。

古書BIBLIO

找書跟尋寶其實很相似

神保町古書店街地圖

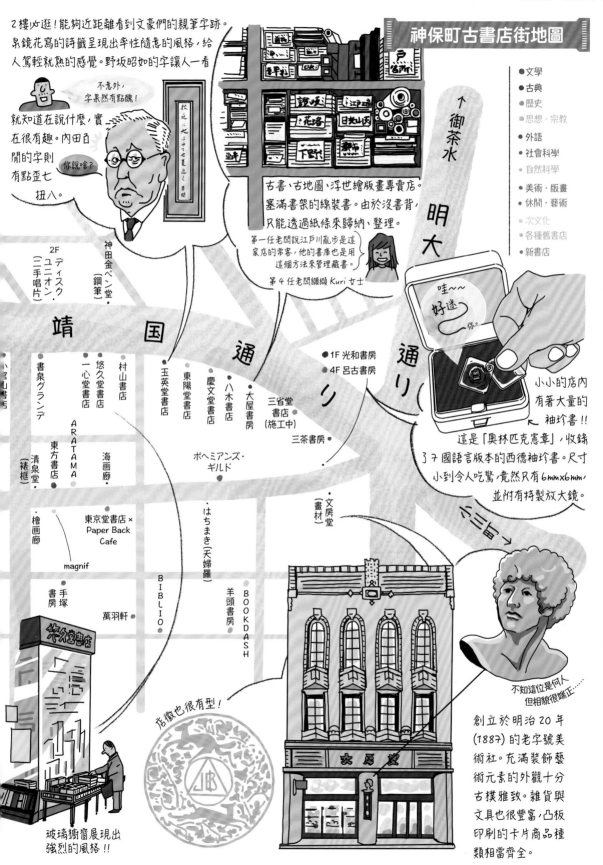

2樓必逛！能夠近距離看到文豪們的親筆字跡。泉鏡花寫的詩籤呈現出率性隨意的風格，給人駕輕就熟的感覺。野坂昭如的字讓人一看

不意外，字果然有點醜！

就知道在說什麼，實在很有趣。內田百閒的字則有點歪七扭八。

你說啥？

2F ディスク・ユニオン（二手唱片）

神田金ペン堂（鋼筆）

古書、古地圖、浮世繪版畫專賣店。塞滿書架的線裝書。由於沒書背，只能透過紙條來歸納、整理。

第一任老闆說江戶川亂步是這家店的常客，他的書庫也是用這個方法來管理藏書。

第4任老闆纘纉 Kuri 女士

- ●文學
- ●古典
- ●歷史
- ●思想・宗教
- ●外語
- ●社會科學
- ●自然科學
- ●美術・版畫
- ●休閒・藝術
- ●次文化
- ●各種舊書店
- ●新書店

↑御茶水

明大通り

哇~~ 好迷 你

小小的店內有著大量的袖珍書!!

這是「奧林匹克憲章」，收錄了7國語言版本的西德袖珍書。尺寸小到令人吃驚，竟然只有 6mm×6mm，並附有特製放大鏡。

靖国通り

1F 光和書房
4F 呂古書房

書泉グランデ
一心書店
悠久堂書店
村山書店
玉英堂書店
東陽堂書店
慶文堂書店
八木書店
大屋書房
三省堂書店（施工中）
三茶書房

ARATAMA
東方書店
清泉堂（裱框）
海画廊
ボヘミアンズ・ギルド

文房堂（書材）

← 三田 →

檜画廊
東京堂書店×Paper Back Cafe
magnif
書房手塚
萬羽軒
BIBLIO
はちまき（天婦羅）
BOOKDASH
羊頭書房

店徽也很有型！

玻璃櫥窗展現出強烈的風格!!

不知這位是何人……但相貌很端正

創立於明治20年(1887)的老字號美術社。充滿裝飾藝術元素的外觀十分古樸雅致。雜貨與文具也很豐富，凸板印刷的卡片商品種類相當齊全。

韓文書籍專賣店。商品類型多元，含括文學、漫畫、電影等領域，能掌握韓國當前的趨勢。韓日文對照的「韓國文學短篇集」系列很受歡迎。

店內亦販售韓文印章

CHEKCCORI

← 水道橋

入口處的彩繪玻璃無敵漂亮。建築物古色古香，很有格調。

山田書店

ランチョン（餐廳）

東洲斎

← 九段下

神保町駅

神保町ブックセンター

神田古書センター

SUIT SELECT

廣文館書店

明倫館書店

一誠堂書店

2F CHEKCCORI

澤口書店

澤口書店

十字屋

大久保書店

田村書店

認真翻找書籍的書迷

書学

2F 叢文閣書店

・さぼうる2（輕食）
・さぼうる（咖）

1F 大雲堂書店

信画堂（畫材）・

アルカサール（漢堡）

SANKOUEN（中菜）

川府（四川料理）・

小学館ギャラリー

内山書店

白山通り

すずらん通り

郵便局

房子很可愛

湘南堂書店

虔十書林

PASSAGE

可以租用書櫃來經營個人書店。大部分都是販售自己想推薦的書，但也有人是純展示，全部標示「非賣品」。3樓則設有咖啡廳。

在地特色知多少？

日本橋是江戶時代五街道的起點，乃江戶的商業、物流據點而熱鬧非凡。周邊之所以有日本銀行總部、東京證券交易所等許多金融機構分布，正因為這裡從前是經濟中心之故。

「日本橋三越總店」、「日本橋高島屋S.C.」等百貨公司皆創立於江戶時代。除此之外，中央通一帶遍布著江戶、明治時代開業的老字號商店。這裡有許多海苔、柴魚片、佃煮、魚漿製品等與水產品相關的商家，與此地曾是魚市場發祥地不無關聯。

人形町這個地名的由來，則是由於傳統表演藝術淨琉璃與人偶劇場，在明曆大火後於此地重起爐灶，許多人偶師紛紛遷居此地，才得此名。造訪水天宮與甘酒橫丁後，不妨掀起老字號餐館的暖簾，祭祭五臟廟。

設於日本橋上的日本國道路元標

都心 5
日本橋・人形町

來一趟江戶時代老店巡禮，還能順便了解當地歷史

- ↔ 約2.9公里
- ⧗ 約50分
- 🚶 約3900步

Start

從上野站搭乘地下鐵銀座線至日本橋站為8分鐘，210日圓；從澀谷站搭乘為19分鐘，210日圓。從大手町站搭乘地下鐵東西線為1分鐘，180日圓。

地下鐵銀座線、東西線　日本橋站　直達

1 日本橋高島屋S.C.／直達
2 日本橋／7分・0.4km
3 貨幣博物館／5分・0.3km
4 日本銀行總行／3分・0.2km
5 日本橋三越總店／3分・0.2km
6 福德神社／3分・0.2km
7 猿屋／直達
8 HARIO Lampwork Factory 室町店／13分・0.7km
9 東諳Arrows／11分・0.6km
10 水天宮／4分・0.3km
甘酒橫丁／直達

人形町站　地下鐵日比谷線、淺草線　直達

Goal

從人形町站搭乘地下鐵日比谷線至上野站為7分鐘，180日圓；至銀座站為9分鐘，180日圓；搭乘地下鐵淺草線至新橋站為7分鐘，180日圓。

神田　←錦糸町

江戸通り

JR総武快速線

新日本橋駅

⑰ 中央通り

COREDO 室町テラス

室町3南

三重テラス

福徳神社

福徳の森

スターバックスコーヒー

三越前駅

日銀通り

⑥ 船橋屋・甜品

本町出口

本町2

本町入口

COREDO 室町1

COREDO 室町2

⑩ レストラン桂

バイロンベイコーヒー

首都高速1号

上野線

堀留公園

中央区

外堀通り

日本銀行本店 ④

三井本館　室町2

3分

ヤマザキデイリーストア

3分

和食 秀峰

⑦ さるや

3分

⑤

COREDO 室町3

神茂(魚漿製品)

かつ平(炸豬排)

大手町

3分

日本橋三越本店

③ 貨幣博物館

5分

⑧ HARIO Lampwork Factory 室町店

元祖紙やきホルモサ(成吉思汗烤肉)

東京メトロ半蔵門

奈良まほろば館

日本橋三越新館

ファミリーマート

セブン-イレブン

小舟町

小網神社

本石町1

三越前駅

日本橋北詰

スターバックスコーヒー

味道楽(B1)

喰代川(鰻魚飯)

日本橋とやま館

江戸橋北

創建於明治11年（1878）的兜神社，被喻為證券界的守護神。神社內供奉著兜岩，相傳源義家曾對著這塊岩石祈求戰事告捷

首都高速都心環状線

② 日本橋

セブン-イレブン

呉服橋

道路元標

江戸橋Jct

13分

江戸橋南

兜神社

永代通り

焼肉処 バッテン

江戸橋1

大手町

とらや

中央通り

日本橋郵便局

⑨ 東証アローズ

レストラン東洋

日本橋駅

八重洲1

うさぎや(和菓子)

日本橋 長崎館

日本橋駅

COREDO 日本橋

東京メトロ東西線

日本橋郵便局是在明治4年（1871），日本首度展開新式郵政制度時所設立的郵政機構，乃郵務發祥地

セブン-イレブン

出光

証券取引所前

ここ滋賀

東京日本橋タワー

江戸橋1

日本橋南郵便局

日本橋2第二

富士の国やまなし館

おいでませ山口館

丸善

B1 Start

① 日本橋髙島屋S.C.

髙島屋新館

首都高速6号線向島

據悉香雅飯是在日本人尚不熟悉西式料理的明治時代初期，由丸善創辦人早矢仕有的所發明

首都高速心環状線

茅場町

茅場町駅

東京メトロ銀座線

中央警察署

日本橋消防署

茅場町1

昭和通り

都営浅草線

城東小

阪本小

築地

門前

銀座

東銀座

日本橋中央大道

植草 甚一

紳士風格的代名詞
散步達人始祖

歐美文學、爵士、電影評論家。出生於日本橋區（現為中央區）小網町。著有《我喜歡散步和雜學》、《通宵達旦寫推理》（皆為暫譯）等書。

❷ 日本橋
國道道路橋為國家重要文化財

建於慶長8年（1603），過去為五街道的起始點，至今依然是日本道路網的起點。建造當時為木製拱橋，幾經改建、修繕後，於明治44年（1911）翻修為現在的石造二連拱橋。設於橋柱，寫有「日本橋」字樣的銘牌，乃出自江戶幕府最後一任將軍德川慶喜之手。

❶ 日本橋高島屋 S.C.
日本首座被列為國家重要文化財的百貨建築

於昭和8年（1933）建造的本館，為國家重要文化財。氣勢雄偉的文藝復興樣式，融合和風元素的外觀，以及大廳梁柱的石膏雕刻、水晶燈、復古電梯等，皆不容錯過。

🕐 10:30～19:30（依專櫃而異）
🈺 無休　🏠 中央区日本橋2-4-1（本館）
☎ 03·3211·4111

❻ 福德神社
鎮守於辦公商圈的古老神社

相傳創設於貞觀年間（859～877），深受太田道灌、德川家康等武將崇敬。在江戶時代曾發行過類似彩券的富籤，至今依然有許多民眾前來祈求財富與福運。

🕐 自由參拜
🏠 中央区日本橋室町 2-4-14
☎ 03·3276·3550

❹ 日本銀行總行
古典主義風格的石造建築

由辰野金吾操刀設計，於明治29年（1896）竣工。據悉是參考比利時國家銀行與英格蘭銀行等建築設計而成。地下金庫可在導覽員的帶領下入內參觀。為國家重要文化財。

🕐 9:30～16:15有4梯次導覽　🈺 週六、日、假日　🉐 免費參觀（須預約）　🏠 中央区日本橋本石町2-1-1　☎ 03·3277·2815

❸ 貨幣博物館
展示珍貴的大判、小判金幣

介紹日本的貨幣歷史，以及展示相關文物的博物館。在這裡能看到據悉為日本第一款貨幣的和同開珎與天正大判等實物，還能實際感受金幣的重量。

🕐 9:30～16:00　🈺 週一（遇假日開館）
🉐 免費
🏠 中央区日本橋本石町 1-3-1
☎ 03·327/·3037

名店

🍴 レストラン桂
在懷舊風情的店內品嚐洋食

昭和37年（1962）開幕的餐廳。人氣歷久不衰的餐點為特製絞肉排，售價1050日圓。吃得到和牛的鮮味與豬肉的甘甜，與店家自製的多蜜醬汁可謂絕配。

🕐 11:00～14:00LO·17:00～20:30LO（週六僅午間營業）　🈺 週日、假日　🏠 中央区日本橋室町 1-13-7　☎ 03·3241·4922

❺ 日本橋三越總店
風格莊重沉穩的國家重要文化財

本館是於昭和10年（1935）完工，採用西洋古典樣式的建築，為國家重要文化財。入口處有三越的守護神獅子像坐鎮，中央大廳則有天女像迎賓。

🕐 10:00～19:00（依樓層而異）　🈺 不定期公休　🏠 中央区日本橋室町 1-4-1
☎ 03·3241·3311

⑧ HARIO Lampwork Factory 室町店

可愛迷人的原創玻璃飾品

此為耐熱玻璃製造商HARIO的直營門市。店內售有職人手工製作的玻璃飾品。室町櫻穿式耳環6600日圓、水引繩結項鍊6050日圓等室町店限定商品也很熱門。

🕐 11:00～19:00
🈳 無休
🏠 中央区日本橋室町 1-12-15
☎ 03·3516·0525

⑦ 猿屋

日本唯一的牙籤專賣店

創立於寶永元年（1704）的牙籤專賣店。由經驗老到的師傅選用烏樟木，一根一根手工製作而成。繪有猿猴的包裝盒為桐箱三番叟，售價1320日圓。

🕐 10:00～17:00（週六12:00開始）
🈳 週日、假日　🏠 中央区日本橋室町 1-12-5　☎ 03·5542·1905

⑩ 水天宮

求子與保佑順產靈驗的神社

源於文政元年（1818）第9代久留米藩主有馬賴德求取分靈並請至江戶藩邸，後於明治5年（1872）遷移至現址。在戌之日會有民眾前來祈願，購買保佑順產的托腹帶或守護胎兒的小布帛。

🕐 神札所8:00～18:00　🈳 無休　💴 免費參拜　🏠 中央区日本橋蛎殻町 2-4-1　☎ 不公開

名店

🍴 小春軒

色彩繽紛的特色豬排蓋飯

創立於明治45年（1912）的店家。小春軒特製豬排蓋飯，售價1300日圓，使用添加了多蜜醬汁的調味醬來燉煮炸豬排、馬鈴薯等食材，還會搭配一顆荷包蛋。

🕐 11:00～14:00·17:00～20:00（週六11:00～售罄即打烊）
🈳 週日、假日　🏠 中央区日本橋人形町 1-7-9　☎ 03·3661·8830

⑨ 東證 Arrows

能學習股票投資的好所在

位於東京證券交易所內，即時提供各項市場資訊。1天4梯次附導覽的參觀行程（須預約）能學習證券市場的歷史，有興趣者還能進行股票投資模擬體驗。

🕐 9:00～16:00　🈳 週六、日、假日　💴 免費參觀　🏠 中央区日本橋兜町 2-1　☎ 050·3377·7254（預約參觀專線）

探險

甘酒橫丁

不只有老字號，新店家也一字排開，洋溢懷舊風情的商店街

甘酒橫丁是從地下鐵人形町站出口道路往明治座延伸約400公尺的小型商店街。相傳在明治時代初期，位於道路入口處的「尾張屋」為販售甘酒的商家，才得此名。當時這裡便因為從明治座以及附近的小劇場散去的人潮而熱鬧非凡。現在「尾張屋」雖已歇業，但商店街仍有好幾間販售甘酒的店家營業。

這裡有很多老字號店鋪。於大正5年（1916）開業的「柳屋」，是一家總是大排長龍的鯛魚燒。柳屋享有東京三大鯛魚燒之一的盛名，以單剪刀式烤具一枝枝在火爐上烘烤製作的鯛魚燒甚至被喻為「天然鯛」。其他還有以巨無霸什錦炸豆腐餅聞名的

「とうふの双葉」、豆皮壽司名店「志乃多寿司總本店」、製作日式傳統衣箱的「岩井つづら店」等店家分布。

甘酒橫丁的魅力不僅限於老店。主打真皮皮夾「ウォレテリア YAMATOU」、販售拿坡里披薩的「PIZZA DA BABBO」都為此地注入新氣息。

柳屋

入口處矗立著甘酒橫丁的標柱與直立旗

北の味紀行と地酒北海道

設有「江戶歌舞伎發祥之地」紀念碑。相傳寬永元年（1624）猿若座在此展演而成為開端

「江戸歌舞伎発祥之地」碑

京橋エドグラン

はなまるうどん

国立映画アーカイブ❷

東京スクエア・ガーデン

ドトール

高速道路

❸ポリスミュージアム（警察博物館）

コージーコーナー

三菱 UFJ 銀行

銀座湯（P.110）

銀座アスター（中國料理）

GINZA TANAKA（貴金屬）

銀座発祥の地碑

銀座 伊東屋 本店

公屋銀座

東京メトロ有楽町線

堂（鐵道模型）

中央区

三原橋

フロント

❼歌舞伎座

文明堂

ローソン

いわて銀河プラザ

東京メトロ日比谷線

0　　200m

N

6 銀座・有樂町・日比谷

近代以降的商業與文化中心。還有很多地方特產店

在地特色知多少?

銀座是日本首屈一指的熱鬧街區。慶長17年（1612），幕府在此設置了銀幣鑄造所，當時稱之為銀座，因而成為此地的地名。原本的地名為兩替町（後來改為新兩替町），因商業交易而繁榮起來後，開始被稱為銀座。這裡也是文化重鎮，精品店林立，近年也開設了許多地方特產館。

而有樂町則是由於織田信長的弟弟，亦為大名鼎鼎的茶人織田有樂齋（長益）的宅邸座落之處，因而被稱為有樂原，據悉於明治時代還被命名為有樂町。

日比谷公園一帶則有許多江戶時代領主的宅邸分布。在明治時代，除了興建各式劇場、飯店作為近代化的象徵外，還建造了法務省紅磚棟這類的西式建築。

成為銀座四丁目新地標的銀座Place

↔	約5.5公里
⧖	約1小時30分
🚶	約7400步

Goal

從櫻田門站搭乘地下鐵有樂町線至有樂町站為1分鐘，180日圓；至飯田橋站為7分鐘，180日圓

地下鐵有樂町線
櫻田門站

11 法務省紅磚棟
2分／0.1 km

10 日比谷公園
23分／1.5 km

9 月光莊畫材店
12分／0.8 km

8 豐岩稻荷神社
直達

7 歌舞伎座
14分／0.9 km

6 和光
5分／0.3 km

5 精工博物館
2分／0.2 km

4 銀座 伊東屋 總店
6分／0.4 km

3 國立電影資料館
4分／0.3 km

2 Police Museum（警察博物館）
3分／0.2 km

1 相田光男美術館
9分／0.6 km

JR、地下鐵有樂町線
有樂町站

Start

從東京站搭乘JR山手線至有樂町站為2分鐘，150日圓；從品川站搭乘為11分鐘，170日圓。從池袋站搭乘地下鐵有樂町線為19分鐘，210日圓

千代田区

馬場先通り

神保町↑ ↑新御茶ノ水

KITTE

•明治生命館

皇居外苑

馬場先門

三菱一号館美術館•

東京駅

JR横須賀線

法曹会館 マロニエ(餐廳)

桜田門駅

Goal

桜田門駅 5

相田みつを美術館• 1

凱旋濠

祝田橋

日比谷濠

↑永田町

警視庁

2分

11 法務省
赤れんが棟

帝国劇場
•出光美術館

東京国際
フォーラム

丸の内

IBARAKI se

日比谷駅

西銀座JCT

建於明治43年（1910）
的舊管理事務所，是明
治時期所留存下來的珍
貴西式建築，被列為東
京都有形文化財

23分

銀座わしたショップ

まるごと高知

桜田通り

1

赤坂見附↑

桜田通り

祝田橋

旧日比谷公園事務所

日比谷サロー ×

第一生命館

有楽町駅

ビックカメラ•

国際フォーラム口

ザ・ペニンシュラ

北海道
どさんこプラザ
秋田ふるさと館
兵庫わくわく館
徳島・香川
トモニ市場

百万石
物語

いしかわ

東京メトロ丸ノ内線

サービスセンター

日比谷パレス
（法式料理）

日比谷公園駅

東京

ドトール

有楽町駅

Start

東京交通会館

国際フォーラム口

霞ケ関駅

松本楼（洋食）

大噴水

日比谷駅

かごしま遊楽館

•東京
ミッドタウン日比谷

有楽町
マリオン

三州屋 銀座本

（P.15

タリーズ

日生劇場

銀座駅

セイコーミュージアム 5

煉瓦亭

日比谷公園 10

東京
宝塚劇場

銀座

和光 6

銀座

大音楽堂

霞ケ関駅

西幸門前

文
泰明小

数寄屋橋

教文館
（書店）

東京メトロ千代田線

帝国ホテル
日比谷シャンテ

銀座熊本館

並木通り口

空也
（和菓子）

銀座

銀座木村
総本店

表参道

日比谷
公会堂

日比谷図書文化館

内幸町

位於日比谷Chanter內的日
比谷廣場，有著一座以正
宗哥吉拉為原型，高約3
公尺的哥吉拉像

Mon Loire
（巧克力）

セブン
イレブン

明月庵ぎんざ田中屋本店

銀座西6

ソフトバンク銀座

銀座4

銀座

Namery Roasted
（咖啡店）

銀座ウエスト 銀座本店

とらふぐ亭
和蘭豆（咖啡店）

ユニクロ•

銀座5

GINZA
SIX

銀座プレイス

銀座コア

トリコロール

（P.062）

本

都営三田線

内幸町線

西新橋1

すしの美登利

割烹 汁八

プロント

ナチュラル
ローソン

銀座6

15 •銀座ライオン
（啤酒屋）

東京メトロ銀座線

虎ノ門

月光荘画材店 9

ポンパドウル
（麵包）

椿屋珈琲

•ぐんまちゃん家

銀座梅林（炸豬排）

8 豊岩稲荷神社

JR山手線 京浜東北線

東京高速道路

新橋駅

港区

みゆ

新橋演

↑三田

新橋駅

當地名人

藤山 一郎

以一曲～花開花謝銀座～
令銀座成為熱門街區的歌手

出身日本橋區（現為中央區）蠣殼町。因
〈酒是淚水抑或嘆息〉、〈青色山脈〉等歌
曲而打響知名度的歌手、作曲家。有多首以
銀座為背景的暢銷歌曲，諸如〈東京狂想
曲〉、〈魂牽夢縈東京〉（歌名皆為暫譯）等。

② 國立電影資料館

電影愛好者必訪之地

日本唯一的國立電影機構。7樓展示室的常設展以日本電影為中心，展示相關資料。2座放映廳一天會有2、3個場次播放海內外電影。

🕐 11:00～18:30（圖書室12:30開始） 🛑 週一、上映準備期間、換展期間

💴 門票250日圓、觀影票價隨企劃而異

🏠 中央区京橋3-7-6

☎ 050・5541・8600（委外客服專線）

① 相田光男美術館

用「心」感受的作品

館內展示著書法家暨詩人相田光男的作品。以「度過人生2小時的地方」作為主題概念，引導訪客細細品味作品。參觀完後還可前往咖啡廳小憩。

🕐 10:00～16:30 🛑 週一（遇假日開館）

💴 門票1000日圓 🏠 千代田区丸の内3-5-1 東京国際フォーラム B1F

☎ 03・6212・3200

名店

🍴 煉瓦亭

據悉為洋食始祖的老店

創立於明治28年（1895），據悉許多日式西餐都是由這家店研發而成。售價2600日圓，從天婦羅獲得靈感而問世的炸豬排也是其中一項。酥脆外皮與香甜多汁的里肌肉令人口齒留香。

🕐 11:15～14:30LO・16:40～20:30LO

🛑 週日 🏠 中央区銀座3-5-16

☎ 03・3561・3882

④ 銀座 伊東屋 總店

肯定能找到心頭好的文具店

創立於明治37年（1904），以「領先一步的新價值」為訴求，販售各種原創商品與直接從海外採購進口的文具。鋼筆的種類豐富多元，有些還提供客製化服務。

🕐 10:00～20:00（週日、假日到19:00）

🛑 無休 🏠 中央区銀座2-7-15

☎ 03・3561・8311

③ Police Museum（警察博物館）

了解、學習、體驗警視廳工作

館內展示著日本警察制度的起源，以及發展至現代的各項歷史資料。「PIPO君展廳」展示著巡邏車、警用重機等車輛。在5樓則能回顧各年代的重大事件。

🕐 9:30～16:00（最後入場到15:30）

🛑 週一（遇假日為翌日休） 💴 免費參觀

🏠 中央区京橋3-5-1 ☎ 03・3581・4321

⑦ 歌舞伎座

欣賞傳統表演藝術歌舞伎

為歌舞伎量身打造的劇場。除了欣賞戲劇之外，還可以在餐飲店和商店用餐購物。3樓「お食事処 花篭」的午餐、地下2樓木挽町廣場所販售的歌舞伎聯名商品，以及和菓子與雜貨等伴手禮也很值得推薦。

🏠 中央区銀座4-12-15

☎ 03・3545・6800

⑥ 和光

鐘塔為銀座地標

和光現為「SEIKO HOUSE GINZA」，面對著銀座中心，亦即銀座四丁目十字路口。建築物為圓弧形的新文藝復興樣式，B1至4樓銷售著各式一流名品。

🕐 11:00～19:00 🛑 無休

🏠 中央区銀座4-5-11 セイコーハウス銀座

☎ 03・3562・2111

⑤ 精工博物館 銀座

能一睹稀有的鐘錶

館內介紹各種有關「時間與時鐘」的資料和鐘錶。這是在2020年8月，於SEIKO發祥地銀座全新開幕的博物館。除了可欣賞SEIKO各款經典鐘錶外，還能了解鐘錶的歷史。

🕐 10:30～18:00 🛑 週一 💴 免費入館

🏠 中央区銀座4-3-13 セイコー並木通りビル ☎ 03・5159・1881

名店

☕ 銀座ウエスト 銀座本店

老派講究的氛圍令人如沐春風

創立於昭和22年（1947）的老店。售價1100日圓的特調咖啡，以藍山咖啡豆為主體，口感溫潤，可免費續杯。甜度適中、售價440日圓的泡芙也很熱門。

🕐 9:00～22:00（週六、日、假日11:00～20:00） ㊡ 無休 🏠 中央区銀座7-3-6
☎ 03·3571·1554

⑨ 月光莊畫材店

藝術家也愛用的顏料

日本首家製造純國產顏料的畫材行，只銷售原創商品。柔美又具有透明感的各色顏料，吸引一票死忠粉絲。除了顏料之外，亦販售筆、美工刀、素描簿等商品。

🕐 11:00～19:00 ㊡ 無休
🏠 中央区銀座8-7-2 永寿ビル 1F·B1
☎ 03·3572·5605

⑧ 豐岩稻荷神社

夾在大樓之間的能量景點

這座小神社位在鈴蘭通巷弄內，座落於朱紅色牆壁前，並有2隻狐狸鎮守左右。創建年份不詳，相傳是由明智光秀的家臣所設立，在防火與求姻緣方面據說相當靈驗。

🕐 自由參拜 🏠 中央区銀座7-8-14
㊡ 不公開

⑪ 法務省紅磚棟

位於官廳街的搶眼紅磚建築

明治28年（1895）竣工當時為司法省辦公處。曾在戰火摧殘下，除了紅磚牆外的其他部分皆付之一炬，後於1994年復原為創建當時的模樣。館內亦展示著與司法和紅磚棟建築相關的資料。

🕐 10:00～17:30 ㊡ 週六、日、假日
¥ 免費入館 🏠 千代田区霞が関1-1-1
☎ 03·3592·7911

⑩ 日比谷公園

鮮花與綠意環繞的都會綠洲

在幕末時期，毛利家與鍋島家等藩邸皆座落於此，後來又演變為陸軍練兵場，接著在明治36年（1903）成為日本首座西式近代化公園。園內種有鬱金香等四季花卉。

🕐 自由入園
🏠 千代田区日比谷公園1
☎ 03·3501·6428

探險

銀座地方特產館

彷彿去到當地般，能接觸到在地食材、料理與各式名產

以銀座為中心的這塊區域，集結了超過20家的地方特產館，即使人在東京，也能買到日本全國各地的美食與名產。有些店亦設有餐飲部，還能品嚐到當地的知名料理。

JR有樂町站前的交通會館是地方特產店大本營。「北海道どさんこプラザ」網羅「ROYCE'」暢銷巧克力以及最新商品，種類十分齊全。其他像是「秋田ふるさと館」、「兵庫わくわく館」（已於2023年歇業）、「德島·香川トモニ市場」等，總計超過10家的特產店聚集於此。

沿著外堀通有「銀座わしたショップ」，除了銷售金楚糕、海葡萄、泡盛等沖繩商品外，還販售三味線，令人覺得彷若置身於沖繩。附近還有石川的「いしかわ百万石物語」以及茨城的「IBARAKI Sense」。

日比谷站附近有鹿兒島「かごしま遊樂館」，歌舞伎座附近則有岩手「いわて銀河プラザ」等店。

各種沖繩食材與糖果餅乾等商品
一應俱全的「銀座わしたショップ」

充滿吸引力的地方特產館齊聚一堂，一次逛個夠應該也是個不錯的選擇。

7

芝・濱松町・竹芝

東京鐵塔與增上寺為兩大地標。從竹芝碼頭一覽東京港美景

東銀座 ↗

銀座郵便局 〒

築地5

中央区

浜離宮恩賜庭園

フォーターズ竹芝

・アトレ

竹芝栈橋入口

❾ 竹芝客船ターミナル

ファミリーマート

竹芝埠頭

インターコンチネンタル東京ベイ

隅田川

築地川

在地特色知多少？

出發地點為2023年10月正式開幕的虎之門之丘，地上共有49層樓的虎之門之丘車站大樓，據悉規模與六本木之丘不相上下。此前施工期間的起重機風景、各種作業聲響，在在都能令人感受到東京不斷進化升級的城市魅力。

芝最具代表性的景點，非東京鐵塔莫屬。落成至今雖已經過65年的歲月，卻依然是東京的地標建築。後來成為德川家宗祠的增上寺，擁有三解脫門與大殿等大規模建築，十分壯觀。

濱松町車站一帶也正在進行再開發。走上舊芝離宮恩賜庭園旁的行人步道，便能看見彩虹大橋，由此可知此地鄰近大海。從竹芝客船航運中心所見的東京港景色可謂絕美。

氣勢雄偉的東京鐵塔

⬌ 約 5.4 公里
⏳ 約 1 小時 25 分
🚶 約 7200 步

Goal

從濱松町站搭乘JR山手線至東京站為4分鐘，170日圓；至品川站為7分鐘，170日圓。濱松町站緊鄰地下鐵淺草線、大江戶線大門站

JR山手線、東京單軌電車

濱松町站

❾ 竹芝客船航運中心
17分／1.1 km

❽ WATERS竹芝
4分／0.2 km

❼ 舊芝離宮恩賜庭園
8分／0.5 km

❻ 芝大神宮
8分／0.5 km

❺ 增上寺
6分／0.4 km

❹ 芝公園
9分／0.6 km

❸ 東京鐵塔
10分／0.7 km

❷ NHK放送博物館
14分／0.9 km

❶ 愛宕神社
6分／0.4 km

地下鐵日比谷線
虎之門之丘站
2分／0.1 km

Start

從銀座站搭乘地下鐵日比谷線至虎之門之丘站為6分鐘，180日圓；從惠比壽站搭乘為11分鐘，180日圓

オークラ
プレステージタワー

日比谷↗

虎ノ門ヒルズ駅
A1 Start

日比谷↗

赤坂見附↗

新橋駅

西新橋2西

西新橋2

新橋駅

東京メトロ
銀座線

新橋駅

日本刀剣

虎ノ門ヒルズ

石田琵琶店

6分

愛宕1

ミニストップ

愛宕神社車道

都営三田線

日比谷通り

JR山手線・京浜東北線

東海道新幹線

JR横須賀線

汐留↗

汐留駅

愛宕神社 1

愛宕小西（酒）

座落著愛宕神社與「NHK放送博物館」的愛宕山山頂・設有愛宕山電梯

愛宕山

テレビ東京

愛宕トンネル 2

NHK放送博物館

神谷町

青松寺

醍醐（素食）

愛宕神社前

慈恵医大病院

芝郵便局

都営浅草線

第一京浜

汐留駅

浜松町駅

港区

芝学園下

TACOR!CO（塔可餅）

正則高

東京慈恵会医科大

御成門小

以コ字型方式走過人行天橋・往芝公園方向前進

14分

御成門駅

愛宕警察署

15

愛宕警察前

ゆりかもめ

イタリア公園

六本木↗

飯倉

文芝高・中

御成門

東京プリンスホテル

とんかつ穂久斗

走入芝大神宮前的巷子裡・就會看到「とんかつ穂久斗」・居酒屋「よござんす」・主打三菜一湯套餐的「YOSHIZANE」等小店林立的長屋

搭乘手扶梯前往人行道。從這裡可以眺望芝離宮恩賜庭園與彩虹大橋等風景・一路走至竹芝碼頭公園

東京タワー 3

1

芝公園

東京タワー前

増上寺 5

6分

港区役所

芝大神宮

芝大門

更科布屋

大門駅

ローソン

タリーズ

竹芝通り

とうふ屋 うかい

東京タワー下

増上寺前

9分

ファミリーマート

ファミリーマート

メルパルクホール

スターバックスコーヒー

芝大門

マクドナルド

大門

6

大門駅

秋田屋（居酒屋）

8分

ファミリーマート

歩行者デッキ

赤羽橋

ザ・プリンス・パークタワー東京

10分

芝東照宮

都営大江戸線

浜松町駅 北口
Goal

7 旧芝離宮恩賜庭園

六本木↗

赤羽橋駅

芝公園

区立芝公園

4

芝公園駅

妙定院

芝公園ランプ出口

芝公園出口

浜松町2

洋食や シェ・ノブ

浜松町駅

東京モノレール

将監橋

古川

浜崎橋Jct

N

0   300m

↓目黒   ↓三田   品川↗   ↓羽田空港

水上巴士的對側即為彩虹大橋

當地名人

北方 謙三先生

描寫男人處世之道的
冷硬派小說家之青澀時代

冷硬派歷史小說家。母校為芝國中、芝高中。據悉其在學生時代最愛泡在位於學校附近的「時尾書店」博覽群書。代表作有《遠方弔鐘》、《朋友，安息吧》（以上皆為暫譯）、《三國志》、《水滸傳》等。

② NHK放送博物館

全球首座專門介紹廣播的博物館

博物館位於東京放送局（NHK前身）於大正時代首度進行廣播的場所。透過各項資料與實物展示，介紹從廣播問世至今的變遷史。

🕐 10:00～16:00　㊡ 週一（遇假日為翌日休）　💴 免費入館　🏠 港区愛宕2-1-1
☎ 03‧5400‧6900

① 愛宕神社

東京都地勢最高、標高約26公尺的山頂神社

慶長8年（1603）奉德川家康之命所創建，供奉江戶防火、防災守護神的寺廟。這裡也是襲擊井伊大老的水戶藩士集結之地，山門旁設有「櫻田烈士愛宕山遺蹟」碑。腹地內還有德川家光的出世石階與梅樹。

🕐 自由參拜
🏠 港区愛宕1-5-3
☎ 03‧3431‧0327

④ 芝公園

環繞增上寺的日本最古老公園

於明治6年（1873）開園的日本最古老公園之一。整座公園呈環狀，圈圍著增上寺與2家飯店，南邊則有丸山古墳與伊能忠敬測地遺功表、東照宮等景點。

🕐 自由入園　🏠 港区芝公園1～4丁目
☎ 03‧3431‧4359

③ 東京鐵塔

從以前到現在始終為東京的象徵

於昭和33年（1958）完工的綜合電波塔。在150公尺的位置設有大展望台（Main Deck），250公尺處則有特別瞭望台（Top Deck），後者還搭配了預約制的體驗型觀景之旅「Top Deck Tour」。

🕐 9:00～22:30（Top Deck Tour最終場次21:30）
㊡ 無休（須事先確認）
💴 Main Deck 1200日圓、Top Deck Tour 3000日圓（網路預約2800日圓）
🏠 港区芝公園4-2-8
☎ 03‧3433‧5111

⑥ 芝大神宮

長達11天的「拖拖拉拉祭」

創建於寬弘2年（1005），深受源賴朝與德川幕府信奉，亦被歌川廣重畫成浮世繪。每年9月11日～21日所舉行的大祭，被稱為「拖拖拉拉祭（だらだら祭）」，神社會發放有祝福之意的薑。

🕐 自由參拜　🏠 港区芝大門1-12-7
☎ 03‧3431‧4802

⑤ 增上寺

舉行家康喪禮的寺廟

於明德4年（1393）創建，之後又於慶長3年（1598）遷移至現址，乃德川家宗祠，墓園則有第2代秀忠、第6代家宣、第7代家繼、第9代家重、第12代家慶以及第14代家茂，共6名德川將軍長眠。寺廟境內還有源自德川第14代將軍家茂之正室，公主和宮的茶室「貞恭庵」。

🕐 自由參拜
🏠 港区芝公園4-7-35
☎ 03‧3432‧1431

⑧ WATERS 竹芝
融合自然與藝術的複合設施

是座落於海邊，內有「劇團四季」劇場、「atre竹芝」商場、「梅斯姆東京」飯店的複合設施。能眺望濱離宮恩賜公園與汐留川的草地廣場，是一處令人感到放鬆的休憩空間。碼頭與泥灘則盡顯海濱地區的獨特魅力。

🕐 依設施而異 　㊡ 無休
🏠 港区海岸 1-10-30 　💰 依設施而異

⑦ 舊芝離宮恩賜庭園
庭園以石組建構，可謂一絕

前身為德川第4代將軍家綱的老中大久保忠朝，於延寶6年（1678）建於宅邸內的迴遊式泉水庭園「樂壽園」。曾隸屬宮內廳管轄的離宮，後於大正13年（1924）以都立庭園之姿對外開放。

🕐 9:00～16:30 　㊡ 無休 　💰 門票 150 日圓 　🏠 港区海岸 1-4-1 　☎ 03・3434・4029

🍴 とんかつ穂久斗
建築留有過往花街歷史風貌

店面位於從前日式高級餐廳林立的花街巷弄裡。以百分百純豬油炸成的里肌豬排，附味噌湯、白飯，售價1000日圓。漢堡排附奶油可樂餅的HANKORO套餐售價1000日圓，也是熱門餐點。

🕐 11:30～13:30・17:00～23:00
㊡ 週六、日、假日 　🏠 港区芝大門 1-8-4
☎ 03・3434・1686

⑨ 竹芝客船航運中心
180度東京港美景盡收眼底

這裡是往來伊豆、小笠原諸島的上下船港口。航運中心結合了飯店、餐廳、辦公大樓，從3樓的木棧道可以遠眺彩虹大橋、御台場、晴海等景點。

🕐 7:00～22:00（依設施、季節而異）
㊡ 無休 　🏠 港区海岸 1-16-1
☎ 03・6721・5888

🍴 洋食や シェ・ノブ
用筷子享用的日式西餐

餐點皆為手工製作，而且只有老闆一人張羅，因此午餐每日僅供應一種菜色。造訪這天的午餐為歐姆蛋香雅飯，1000日圓。隱藏在軟綿綿歐姆蛋中的香濃起司與濃稠的香雅醬汁可謂絕配。

🕐 11:30～14:00・18:00～22:30 　㊡ 週日、假日 　🏠 港区浜松町 2-7-2 大塚ビル 2F
☎ 03・3431・7943

東京鐵塔的道地玩法

爬著樓高 150 公尺，約 600 階的戶外樓梯，一路攻頂⁉

可從145公尺處俯瞰風景的天空漫步之窗

東京鐵塔戶外樓梯

東京鐵塔於**昭和 33 年（1958）** 12月落成。當時日本正值高度成長期，東京鐵塔成為戰後復興的象徵，立刻躍升為東京的一大觀光景點。**高達 333 公尺**的規模，在彼時乃**全球最高的自立式鐵塔**。

東京鐵塔在 2012 年東京晴空塔竣工後，依然保有無線數位電視廣播訊號的備援功能，仍舊持續發送部分 FM 廣播訊號。

此外，觀景台的人氣歷久不衰，由於地處東京中心，能一覽都會區櫛比鱗次的高樓大廈與灣外地區的絕美景致。尤其在傍晚入夜的時段，還能欣賞到獨特又夢幻的風景。

若欲更加徜徉在這片高空景色裡，還可以選擇「**露天樓梯爬爬走**」方案（須購買觀景台入場券）沿著**大約600階**的戶外樓梯來到大瞭望台。一階一階地拾級而上，就能深刻體會到隨著高度而有所變化的景觀。

原宿・青山・神宮外苑

被茂密森林環抱的神宮與年輕族群的購物天堂

都心 **8**

在地特色知多少？

原本為東京都內最古老的木造車站建築，經拆除改建後，脫胎換骨變得時髦有型的原宿車站，是此地區的門面。西口通往明治神宮，東口則連接著櫸木成排的美麗表參道。

青山原本是首任將軍德川家康的家臣青山家之超大坪數的別墅所在地，現與表參道同為東京最具代表性的精品店一級戰區。從占地廣闊的青山靈園轉入巷弄內，高級住宅區便赫然出現在眼前，其中還有設立於藝術家岡本太郎、實業家根津嘉一郎宅邸的美術館。

至於建於青山練兵場舊址的明治神宮外苑，則以全新完工的「國立競技場」為中心，匯集了各種運動設施，在這裡能看到漫步於銀杏大道或運動健身的民眾。

表參道的櫸木大道

| ↔ 約 8.2 公里 |
| ⧖ 約 2 小時 20 分 |
| 🚶 約 1 萬 1000 步 |

地圖標示

Goal
信濃町駅
JR 中央線
新宿区
四ツ谷
にこにこパーク
明治記念館
仙洞御所
習町交番
權田原
外苑東通り
都營大江戶線
赤坂御用地
❶ 明治神宮外苑
いちょう並木
銀杏大道左右兩側皆等間隔地設有長凳，能坐下來歇歇腳
青山通り
永田町
青山一丁目駅
新橋
Royal Garden Cafe 青山
Itochu Garden
SHAKE SHACK
小
ローソン（漢堡店）
まる山（和食）
Ciuri Ciuri（義式料理）
赤坂消防署
東京都青山靈園事務所
16分
青山葬儀所
乃木坂駅
青山墓地中央
国立新美術館
6分
❻ 青山靈園
N
0　300m
六本木通り

Goal
信濃町駅 — JR 中央線 — 聖德紀念繪畫館 ←7分／0.4km — 國立競技場 ←2分／0.1km — 日本奧林匹克博物館 ←3分／0.3km — 銀杏大道 ←15分／1.0km — 明治神宮外苑 ←16分／1.0km — 青山靈園 ←6分／0.4km — 根津美術館 ←3分／0.2km — 岡本太郎紀念館 ←33分／1.8km — 華達琉美術館 ←31分／1.7km — 明治神宮博物館 ←7分／0.5km — 明治神宮 ←12分／0.8km — 原宿站 — JR 山手線 — Start

⑩聖德紀念繪畫館　⑨國立競技場　⑧日本奧林匹克博物館　⑦銀杏大道　⑥明治神宮外苑　⑤青山靈園　④根津美術館　③岡本太郎紀念館　②華達琉美術館　①明治神宮博物館　明治神宮

從信濃町站搭乘 JR 總武線至新宿站為6分鐘，150日圓；至秋葉原站為14分鐘，180日圓

從新宿站搭乘 JR 山手線至原宿站為5分鐘，150日圓；從品川站搭乘為15分

038

新宿　新宿

首都高速4号新宿線

北参道

国立能楽堂•

東京体育館•

国立競技場駅

明治神宮宝物殿•

東京体育館前

聖徳記念絵画館

鳩森八幡神社前

明治神宮外苑

西参道

JR山手線・埼京線

北参道駅

鳩森八幡神社

⑨ 国立競技場

明治神宮　①

明治神宮ミュージアム

•将棋会館

清正井•

←12分

正参道

千駄ヶ谷小

仙寿院

3分

15分

日本オリンピックミュージアム ⑧

神宮

位於明治神宮御苑內的清正井，相傳是加藤清正於江戶時代初期挖鑿的水井。是人氣很旺的能量景點

明治神宮御苑

7分

南参道

明治神宮ミュージアム ②

原宿警察署

東郷神社

外苑西通り

神宮前3

原宿幼稚園

原宿駅

CAFÉ 杜のテラス

西口

猿田彦珈琲

マツモトキヨシ

原宿QUEST

ワタリウム美術館 ③

幼稚園前

THE AOYAMA GRAND HOTEL

代々木公園

東京メトロ千代田線

Start

明治神宮前駅

竹下口

太田記念美術館

京橋千疋屋

東急プラザ表参道原宿

ローソン

神宮前小

パンとエスプレッソとラーイマーイ（泰式料理）

〒南青山1

代々木上原

コープオリンピアビル

明治神宮前駅

表参道

31分

表参道ヒルズ

赤坂署
表参道交番
ファミリーマート
セブン-イレブン

東京メトロ半蔵門線

東京メトロ銀座線

南青山3

港区

国立代々木競技場

第一体育館

JUBILEE PLAZA ビル

表参道・新潟館ネスパス

南青山 清水
(P.110)

NHK ホール

ケンタッキー

ZARA HOME
青山店

青南小

岡本太郎記念館

根津美術館前•

NHK 放送センター

被建來作為明治神宮參拜道路的大道。約有160棵欅木成排分列，冬季會舉辦點燈活動

プロント•

カレーうどん
千吉

青山学院大

スターバックスコーヒー

ドトール
ローソン

美術館

渋谷区役所 ◎

246

the 3rd Burger

渋谷区

33分

岡本太郎記念館

宮下公園

ラウンジ1908
（法式料理）

青山通り

渋谷

渋谷

明治神宮外苑銀杏大道

左／歷經戰禍，於昭和33年（1958）復原的三間社流造正殿
右／位於原宿口的第一鳥居自創建以來於2022年首度進行重建

1 明治神宮
隱身森林的原宿守護神

創建於大正9年（1920），奉祀明治天皇與昭憲皇太后的神社。在約莫70萬平方公尺的腹地內，約有10萬棵樹繁茂生長。明治神宮御苑的菖蒲田自5月下旬起會陸續開滿花菖蒲。

🕐 5:00～18:00（隨月份而變動） 休 無休
⛩ 免費參拜　🏠 渋谷区代々木神園町1-1
☎ 03・3379・5511

2 明治神宮博物館
隈研吾設計的建築也很有看頭

令和元年開館，2樓的展覽廳展示著明治天皇、昭憲皇太后實際使用過的愛用品、美術工藝品等物。館內定期更換展示品，也會舉辦特別展與企劃展。

🕐 10:00～16:00　休 週四（遇假日開館）　門票1000日圓　🏠 渋谷区代々木神園町1-1　03・3379・5875

☕ CAFÉ 杜のテラス
以天然木材打造療癒空間的咖啡館

熱門

座落於南參道的入口處，館內利用了明治神宮的枯損木進行部分裝潢。在這裡能品嚐到使用古法製山番茶所調製而成的山茶拿鐵與蛋糕套餐。

🕐 9:00～打烊前30分鐘LO（隨月份而變動）　休 不定期公休　🏠 渋谷区代々木神園町1-1 フォレストテラス明治神宮
☎ 03・3379・9222

4 岡本太郎紀念館
用眼看、動手摸，體驗藝術

陪伴藝術家岡本太郎走過40多個年頭的工作室與住家，以紀念館的形式對外開放。無論是雕刻與植物融為一體的庭園，抑或是維持當年模樣的工作室等，都能令訪客感受到岡本太郎的氣息。

🕐 10:00～17:30
休 週二（遇假日開館）
門票650日圓
🏠 港区南青山6-1-19
☎ 03・3406・0801

3 華達琉美術館
介紹最尖端的現代藝術

以現代藝術為中心，展示著各種類型的作品。根據館方獨到的策展理念，舉辦享譽國際的藝術家企劃展。商店則售有原創商品與明信片。

🕐 11:00～19:00　休 週一（遇假日開館）
隨企劃展而異　🏠 渋谷区神宮前3-7-6
☎ 03・3402・3001

⑥ 青山靈園

日本首座公墓為賞櫻勝地

於明治7年（1874）開設的墓園。原本為美濃郡上藩（現為岐阜縣郡上市）青山家的別墅所在地，後來成為東京都心寶貴的綠蔭空間。大久保利通、志賀直哉、齋藤茂吉等人皆長眠於此。

🏠 港区南青山2-32-2

⑤ 根津美術館

位於都心，充滿深山幽谷風情的庭園相當引人入勝

館內收藏了實業家根津嘉一郎所蒐集的7600件日本、東洋古美術品。每年會舉辦7次展覽會，以對外公開介紹。

🕐 10:00～16:30
休 週一（遇假日為翌日休）、換展期間
¥ 門票1300日圓起（特別展1500日圓起）須上官網預約參觀日期與時段
🏠 港区南青山6-5-1
☎ 03・3400・2536

入口大廳

⑧ 日本奧林匹克博物館

令人重新認識運動的美好

能學習奧運精神的體驗型設施。除了可以瀏覽有關奧運歷史、賽事氣氛的影像，還有能夠體驗奧運參賽選手跑速與平衡能力的展示區。

🕐 10:00～16:30
休 週一（遇假日為翌日休）
¥ 門票500日圓
🏠 新宿区霞ヶ丘町4-2
☎ 03・6910・5561

照片／日本奧林匹克委員會

⑦ 明治神宮外苑銀杏大道

146棵金黃銀杏的壯觀景致

從青山通至外苑圓周道路，長達300公尺的成排銀杏樹。將樹木從「聖德紀念繪畫館」由低往高栽植，利用遠近法所呈現出的美景，深受海內外遊客讚賞。

🏠 港区北青山2

⑩ 聖德紀念繪畫館

根據史實創作的80幅名畫充滿張力

於大正15年（1926）建造，外牆以花崗岩打造的這座建築物，為日本國家重要文化財。館內展示著描繪明治天皇、昭憲皇太后2位陛下豐功偉業的「大政奉還」以及「江戶開城談判」等80幅壁畫。

🕐 10：00～16：00
休 週三（遇假日為翌日休）　¥ 門票500日圓
🏠 新宿区霞ヶ丘町1-1
☎ 03・3401・5179

⑨ 國立競技場

與神宮森林景觀調和的體育場

由隈研吾等建築師操刀，以「森林中的體育場」為核心概念所設計而成。場館屋簷使用來自47都道府縣，通過森林認證的木材打造，並對應各縣方位來設置。

🏠 新宿区霞ヶ丘町10-1　☎ 03・5843・1300（代表號）、☎ 0570・050800（競技場參觀行程專用）

澀谷・松濤

喧囂與寂靜交融，不斷進化的地區

在地特色知多少？

澀谷目前正如火如荼進行號稱百年一度的再開發，澀谷Stream與澀谷Scramble Square等摩天大樓相繼落成，車站以及其周邊每天都有不同的變化。

另一方面，絲毫不受新浪潮的影響，以「吞兵衛橫丁」為首、有「名曲喫茶LION」等老店分布的澀谷百軒店商店街仍保有濃濃的昭和風情。

與這些繁華熱鬧的景象呈現出截然不同風貌的松濤地區則是豪宅林立，屬於東京都內數一數二的高級住宅區。舊佐賀藩鍋島家在明治時代於此地開設茶園「松濤園」，培育高級茶種「松濤」。這個名稱後來被選用為此區的地名，鍋島松濤公園現今仍然保留著昔日的面貌。

高樓大廈林立的澀谷站前

⇔ 約4.6公里

⌛ 約1小時10分

🚶 約6200步

地圖標示

↑新宿

JR山手線・埼京線

東京メトロ副都心線

新宿三丁目↑

神宮前6

N

0　　　200m

●スターバックス（頂樓）

明治通り

宮下公園

「MIYASHITA PARK」頂樓為草地廣場，亦設有長凳，能讓訪客悠閒地休息

② MIYASHITA PARK
4分
🍴 のんべい横丁　宮益坂
渋谷郵便局〒
みずほ銀行

表參道

東京メトロ半蔵門線
東京メトロ銀座線

りそな銀行

表參道

渋谷駅

3分→

① 渋谷ヒカリエ　246

●渋谷スクランブルスクエア　首都高速 3号渋谷線
⑧ SHIBUYA SKY
Start & Goal

渋谷駅

六本木通り

東急東横線

路線圖

Goal ← 從澀谷站搭乘電車的交通資訊，請參閱右側Start內容

澀谷站
JR、地下鐵、私鐵
↑直達

⑧ SHIBUYA SKY
10分／0.7km

⑦ 澀谷百軒店
11分／0.8km

⑥ 澀谷區立松濤美術館
2分／0.2km

⑤ 鍋島松濤公園
3分／0.2km

④ 戶栗美術館
13分／0.9km

③ 奧澀谷
15分／1.0km

② 澀谷PARCO
4分／0.3km

① 澀谷Hikarie
4分／0.3km

澀谷站
JR、地下鐵、私鐵
3分／0.2km

MIYASHITA PARK
4分／0.3km

Start → 從新宿站搭乘JR山手線至澀谷站為7分鐘，170日圓。從品川站搭乘為13分鐘，180日圓。從自由之丘站搭乘東急東橫線為8分鐘，180日圓。搭乘地下鐵銀座線為16分鐘，210日圓。從銀座站搭乘地下鐵銀座線為16分鐘，210日圓

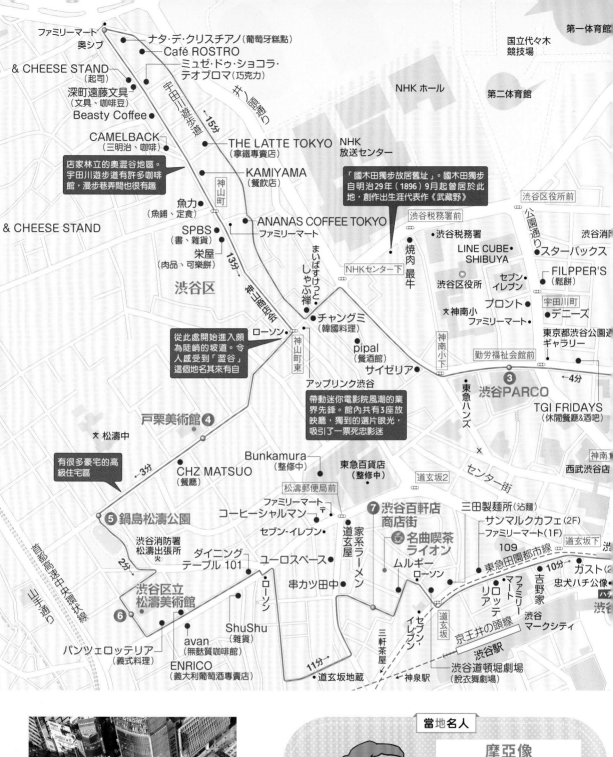

ファミリーマート 奥シブ

ナタ・デ・クリスチアノ（葡萄牙糕點）

Café ROSTRO

ミュゼ・ドゥ・ショコラ・テオブロマ（巧克力）

& CHEESE STAND（起司）

深町遠藤文具（文具、咖啡豆）

Beasty Coffee

CAMELBACK（三明治、咖啡）

宇田川遊步道

井ノ頭通り

15分

THE LATTE TOKYO（拿鐵專賣店）

NHK 放送センター

NHK ホール

第二体育館

第一体育館

国立代々木競技場

& CHEESE STAND

店家林立的奧涉谷地區。宇田川遊步道有許多咖啡館，漫步巷弄間也很有趣

KAMIYAMA（餐飲店）

神山町

魚力（魚鋪、定食）

SPBS（書、雜貨）

栄屋（肉品、可樂餅）

涉谷区

ANANAS COFFEE TOKYO

ファミリーマート

13分

まいばすけっとしゃぶ禅

「國木田獨步故居舊址」。國木田獨步自明治29年（1896）9月起曾居於此地，創作出生涯代表作《武藏野》

渋谷区役所前

渋谷税務署前

渋谷税務署

焼肉 最牛

NHKセンター下

LINE CUBE SHIBUYA

渋谷区役所

セブン-イレブン

プロント

ファミリーマート

神南小

スターバックス

公園通り

渋谷消防

宇田川町

FILPPER'S（鬆餅）

デニーズ

東京都渋谷公園通ギャラリー

從此處開始進入頗為陡峭的坡道。令人感受到「涉谷」這個地名其來有自

ローソン

神山町東

チャングミ（韓國料理）

pipal（餐酒館）

サイゼリア

アップリンク渋谷

帶動迷你電影院風潮的業界先鋒。館內共有3座放映廳，獨到的選片眼光，吸引了一票死忠影迷

神南小下

勤労福祉会館前

東急ハンズ

3

渋谷PARCO

TGI FRIDAYS（休閒餐廳&酒吧）

神南

西武渋谷店

戸栗美術館 4

松濤中

有很多豪宅的高級住宅區

3分

CHZ MATSUO（餐廳）

Bunkamura（整修中）

東急百貨店（整修中）

道玄坂2

センター街

首都高速中央環状線

山手通り

鍋島松濤公園 5

松濤郵便局前

ファミリーマート

コーヒーシャルマン

セブン-イレブン

渋谷消防署松濤出張所

ダイニングテーブル 101

ユーロスペース

道家系ラーメン

道玄坂

7 渋谷百軒店商店街

名曲喫茶ライオン

ムルギー

ローソン

三田製麺所（沾麺）

サンマルクカフェ（2F）

ファミリーマート（1F）

109

道玄坂下

渋谷

2分

渋谷区立松濤美術館

6

ローソン

串カツ田中

avan（無麩質咖啡館）

ShuShu（雜貨）

東急田園都市線

セブン-イレブン

道玄坂

京王井の頭線

ファミリーマート

リロッテ

吉野家

ガスト（2

10分

忠犬ハチ公像

ハチ

渋谷

渋谷マークシティ

パンツェロッテリア（義式料理）

ENRICO（義大利葡萄酒專賣店）

11分

道玄坂地蔵

三軒茶屋

渋谷駅

セブン-イレブン

神泉駅

渋谷道頓堀劇場（脫衣舞劇場）

從SHIBUYA SKY所見的涉谷十字路口景象

043

❸ 澀谷 PARCO
澀谷文化的發源地

有服飾店、劇場、畫廊等等進駐，令人感受到「最新流行」的複合式商業設施。環繞著建築物外圍螺旋而上的通道乃一大特色，途中還設有多座廣場與植栽區。

🕐 11:00～21:00（餐飲店 11:30～23:00。營業時間依店家而異） ㊡ 不定期公休
🏠 渋谷区宇田川町 15-1 📞 03・3464・5111

❶ 澀谷 Hikarie
連結澀谷站的高層複合設施

匯集了商場、劇場等蔚為話題的設施。其中又以免費開放的觀景樓層「Sky Lobby」，以及「川本喜八郎人偶藝廊」最有人氣。

🕐 依店家而異（Sky Lobby 7:00～24:00、川本喜八郎人偶藝廊 11:00～19:00）
㊡ 無休 ㊌ 免費
🏠 渋谷区渋谷 2-21-1
📞 03・5468・5892

❹ 戶栗美術館
收藏大量陶瓷器名品的美術館

館藏主要為創辦人戶栗亨所蒐集的伊萬里、鍋島等肥前瓷器，以及中國與朝鮮等東洋陶瓷器。每年會舉辦 4 次企劃展。

🕐 10:00～16:30（週五、六開館時段 17:00～19:30） ㊡ 週一、二（若同為假日則順延至翌日休館）、換展期間 ㊌ 依展覽而異 🏠 渋谷区松濤 1-11-3
📞 03・3465・0070

❷ MIYASHITA PARK
公園下方為商業設施與飯店

全長約 330 公尺的低樓層複合設施。包含首度於日本展店的商家在內，約莫有 90 間店家進駐的商業設施。頂樓為全新改造的澀谷區立宮下公園，並結合了飯店設施。

🕐 11:00～21:00（依設施、店家而異），公園 8:00～23:00 ㊡ 不定期公休 🏠 渋谷区神宮前 6-20-10
📞 03・6712・5630（商業設施） 📞 03・6712・5291（公園）

❻ 澀谷區立松濤美術館
帶有紅色調的花崗岩外觀極富特色

展示廳彷彿環繞著座落於館內中央挑高空間的噴水池般，呈環狀配置。除了推出企劃展外，還會舉辦以澀谷區通學、通勤者為對象的公開徵件等活動。

🕐 10:00～17:30（週五到 19:30。徵選展、沙龍展期間 9:00～16:30）
㊡ 週一（遇假日開館）、假日・假日翌日（遇週六、日開館） ㊌ 依展覽而異 🏠 渋谷区松濤 2-14-14 📞 03・3465・9421

❺ 鍋島松濤公園
留有珍貴天然湧泉池的公園

這裡曾建有紀州德川家別墅，後由鍋島家買下，於明治 9 年（1876 年）開設茶園「松濤園」。此地留有澀谷區內罕見的天然湧泉池，是一座草木茂盛，擁有豐富自然景觀的兒童公園。

🕐 自由入園 🏠 渋谷区松濤 2-10-7
📞 03・3463・2876
（澀谷區公園課公園維護管理組）

❼ 澀谷百軒店商店街

保有昭和風情的鬧區

最初是關東大地震不久後，以「百貨公司」為概念打造的商店街，但在東京大空襲時毀於祝融，並於戰後發展成電影院林立、人潮不斷的鬧區。儘管予人特種行業特別多的印象，但也不乏只有內行人才曉得的知名老店，以及推陳出新的新興文化商店，是相當獨特的區域。

☕🍩 名曲喫茶ライオン

為自己安排一段靜靜聆聽名曲的時光

在大正15年（1926）於惠比壽的並木橋開幕，後遷移至現址。這是一家古典樂迷雲集的名曲咖啡店，每天會定時舉行音樂會。熱咖啡售價650日圓、蛋奶咖啡820日圓。

🕐 13:00～20:00
㊡ 無休　🏠 渋谷区道玄坂2-19-13
☎ 03・3461・6858

❽ SHIBUYA SKY

標高229公尺的開闊景觀令人驚嘆

是位於澀谷Scramble Square的觀景設施。在它的頂樓觀景空間「SKY STAGE」，能看到澀谷十字路口與街道就在腳下展開，還能躺在吊床上，享受一下與天空融為一體的暢快感。

🕐 10:00～21:20
㊡ 不定期公休　💴門票2000日圓（現場購票）　🏠 渋谷区渋谷2-24-12
☎ 03・4221・0229

照片／澀谷 Scramble Square

🍷 のんべい横丁

誕生於戰後，洋溢人情味的餐飲街

沿著JR高架橋分布的昭和懷舊餐飲街。共有38家占地約2～3坪的小居酒屋林立。像是傳承3代的烤雞串店「並木」、由93歲資深媽媽桑經營的「会津」等，都是創立超過50年的店家。

🏠 渋谷区渋谷1-25

探訪奧澀谷

大人的天堂，人氣急升的「奧澀谷」。來這裡享用只此僅有的極品美食

近來在澀谷區最備受矚目的，莫過於通稱的「奧澀谷」了。這是指離NHK廣播電視中心不遠，從澀谷東急總店往井之頭通方向的神山町、宇田川町、富之谷一帶，此處以神山商店街道為中心，分布著許多充滿特色的商店。

例如，從昭和時期開業至今，亦曾在《孤獨的美食家》登場的鮮魚餐廳「魚力」、由日本首屈一指巧克力大師所開設的「ミュゼ・ドゥ・ショコラ・テオブロマ」、自製起司專賣店「＆CHEESE STAND」等等，

都是名聲響亮的熱門店。其中又以葡萄牙點專賣店「ナタ・デ・クリスチアノ」230日圓的「Pastel de Nata」葡式蛋塔最受歡迎，每逢出爐時間必定大排長龍，是即使得等待也想購入的好滋味。

此外，有許多特色咖啡屋也是這裡的一大特色，像是專攻拿鐵飲品的「THE LATTE TOKYO」；老闆原為壽司師傅，以厚蛋三明治引爆人氣的「CAMELBACK」等等。用料扎實，口味不馬虎的美食，全都令人想大快朵頤一番。

為了買剛出爐的葡式蛋塔而形成排隊人潮的「ナタ・デ・クリスチアノ」

好評的「魚力」

味噌燉鯖魚廣獲

新宿

西為辦公商圈，東為燈紅酒綠區。還有許多歷史悠久的景點

在地特色知多少？

新宿可大致分為摩天大樓林立的西口區域，以及擁有遼闊綠地空間的新宿御苑與熱鬧繁華歌舞伎町的東口區域，兩者呈現出截然不同的面貌。

位於西口的摩天大樓群，有些大樓內設有觀景台，其中尤以標高202公尺，能夠從各個方位眺望風景的東京都廳展望室最值得推薦。

東口則有奉祀江戶六地藏之一的太宗寺，以及供奉演藝之神的花園神社等。夾在高樓大廈之間的古老寺廟，別有一番風情。若時間充裕，還可以順道去每天都有傳統娛樂表演登台的「新宿末廣亭」曲藝場，欣賞一下現場演出的日式單口相聲——落語。

最後可選在「新宿西口回憶橫丁」或「新宿黃金街」等，令愛酒人士流連忘返的橫丁，作為新宿散步行程的結尾。

東京都廳的45樓設有免費觀景區

↔	約 5.9 公里
⧖	約 1 小時 30 分
🚶	約 7900 步

Goal

從新宿站搭乘電車的交通資訊，請參閱右側Start內容

新宿站
JR、地下鐵、私鐵
8分／0.5 km

⑧ 新宿黃金街
3分／0.2 km

⑦ 花園神社
6分／0.4 km

⑥ 空中庭園「Q-COURT」
3分／0.2 km

⑤ 新宿末廣亭
7分／0.5 km

④ 太宗寺
25分／1.7 km

③ 文化學園服飾博物館
9分／0.6 km

② 東京都廳展望室
5分／0.5 km

① 新宿中央公園
3分／0.2 km

和平祈願展示資料館
12分／0.8 km

新宿西口回憶橫丁
4分／0.2 km

新宿站
JR、地下鐵、私鐵

Start

從池袋站搭乘JR山手線至新宿站為9分鐘，170日圓；從澀谷站搭乘為7分鐘，170日圓；從東京站搭乘JR中央線為13分鐘，210日圓；從中野站搭乘JR中央線為4分鐘，170日圓

成子坂下
←荻窪　青梅街道
成子天神下
西新宿中交
西新宿駅
東京メトロ丸ノ内線
新宿警察署前
東京医大病院
新宿警察署
新宿西口思い出横丁（P.154）鰻 カブト
起源為戰後黑市的餐飲店街。大約有80間散發著昭和懷舊風情的店家林立
新宿西口駅
ぼるが（烤內臟）
LOVE の
モニュメント
SOMPO
美術館
損保ジャパン本社ビル
スターバックスコーヒー
むさしの森 Diner
走上天橋
公新宿北中央　都庁北
① 平和祈念展示資料館
－淀橋浄水場跡モニュメント
－新宿住友ビル
モード学園
←3分→
←16分→
熊野神社
←5分→
虹の橋
都庁前駅
工学院大
京王プラザホテル
東口 Goal
西口 Start
新宿駅
② 新宿中央公園
新宿ナイアガラの滝
富士見台
③ 東京都庁展望室
クラインヒュッテ（德式居酒屋）
新宿駅
ルミネ２
パスタ新宿
十二社通り
公園通り
公園
從新宿中央公園走上橫跨公園大道的虹橋，前往都廳2樓
新宿出入口
新宿駅
京王新線
20
京王線
ローソン
←9分→
←25分→
甲州街道
④ 文化学園服飾博物館
文化学園大
角筈区民センター前
西参道口
西参道
渋谷区
南新宿駅
代々木駅
高島屋
新宿4南
東京メトロ副都心線
レストランゆりのき
新宿御苑
母と子の森
新宿らんぶる（P.062）
日本庭園
西新宿Jct
山手通り
代々木1
小田急線
代々木3
首都高速4号新宿線
代々木上原→
明治神宮
渋谷↑　↓渋谷
JR 山手線・埼京線
都営大江戸線
千駄ケ谷5
明治通り
千駄ケ
JR 中央線
国立能楽堂

中野・池袋↑
飯田橋
↑高田馬場
池袋↑
西武新宿線
西武新宿駅
アカシア新宿本店
於昭和45年（1970）停用的都電車庫鐵軌舊址。後被改建為石板步道，是一座樹木與四季花草欣欣向榮的公園
歌舞伎町
四季の路
新宿区役所
前身為戰後黑市的吧街，木造長屋式建隔著窄巷一字排開。200間的店家中，大部分都僅有3〜4.5坪的規
新宿ゴールデン街
⑧ 花園神社
⑦ 屋上庭園Q-CO
⑥ 新宿末廣
どん！
新宿区役所前
アルタ
紀伊國屋書店
新宿マルイ 本館
伊勢丹
新宿三丁目駅
新宿三丁目駅
新宿高野（麵包、咖啡）
新宿中村屋（麵包、咖哩）
ビックカメラ
天龍寺
新宿高
新宿門
在江戶時代，因為趕走了夜宿內藤新宿通宵狂歡的遊客，所以被稱為「趕客鐘」
タカノフルーツパーラー
インフォメーションセンター

從歌舞伎町大樓上方探出頭來的哥吉拉

當地名人

三島 由紀夫

流傳於俄羅斯風格居酒屋的三島傳說

新宿三丁目最古老的居酒屋「どん底」，吸引了黑澤明、黑柳徹子等一票名人常客，三島也是其中之一。在店家的官網上還能看到三島寫給店家的留言。

熱門

むさしの森Diner

都廳腳下綠意盎然的療癒空間

位於新宿中央公園內,能在戶外雅座享用種類豐富的外帶餐點。人氣最旺的是口感軟綿綿的美式鬆餅,售價638日圓起。店內亦販售酒精類飲品。

🕐 7:00～22:00　🏠 無休　🏠 新宿区西新宿2-11-5　☎ 03·5909·0588

② 新宿中央公園

被高樓大廈包圍的綠蔭空間

過去為淀橋淨水場舊址,於昭和43年(1968)開園。在面對新宿尼加拉瓜瀑布的廣場上,會舉辦跳蚤市場與各式各樣的活動。西側部分則有熊野神社坐鎮。

🕐 自由入園　🏠 新宿区西新宿2-11　☎ 03·3342·4509

① 和平祈願展示資料館

傳達戰爭勞苦體驗的資料館

將第二次世界大戰中勞苦的戰爭體驗,分為士兵、戰後強制拘禁、自海外遣返回國三大主題進行解說。館內展出大量的實物資料、全景模型、影像等,相當簡明易懂。

🕐 9:30～17:30　🏠 週一(遇假日為翌日休)　💴 免費入館　🏠 新宿区西新宿2-6-1 新宿住友ビル33F　☎ 03·5323·8709

⑤ 太宗寺

內藤新宿的地藏像為江戶六地藏之一

約莫創建於慶長元年(1596)。閻魔堂內供奉著被稱為「內藤新宿閻魔大王」的閻魔像,以及被人稱為「葬頭河婆」的奪衣婆像。平時可隔著護網進行參拜。

🕐 7:00～18:00　🏠 無休　💴 免費參拜　🏠 新宿区新宿2-9-2　☎ 03·3356·7731

③ 東京都廳展望室

免費飽覽東京的絕美景致

※北展望室關閉中。請上官網確認最新資訊

規模高達243公尺、地上48層樓的東京都廳。標高202公尺的第一本廳舍45樓,設有北展望室與南展望室,能遠眺富士山,在眼前展開的街景宛如玩具模型。

🕐 南展望室9:30～22:00　🏠 南展望室第1、3週之週二公休(遇假日為翌日)※北展望室關閉中。請上官網確認最新資訊　💴 免費參觀　🏠 新宿区西新宿2-8-1　☎ 03·5320·7890

⑥ 新宿末廣亭

設有榻榻米席的古早曲藝場

落語表演劇場之一,建於昭和21年(1946)。每月1號～10號的公演稱為上席,11號～20號為中席,21號～30號為下席,晝夜各約有18組表演者登場演出。31號則為特別表演日。

🕐 日場12:00～16:15、夜場17:00～20:30(除了特別表演日外,日夜皆不清場)　🏠 無休　💴 門票3000日圓　🏠 新宿区新宿3-6-12　☎ 03·3351·2974

④ 文化學園服飾博物館

為數不多的服飾主題博物館。介紹世界各地的民族服飾

引領日本時尚界的文化學園所附設的博物館。館內的收藏有江戶時代的和服、18世紀的歐洲女裝、世界各地的民族服飾等多采多姿的服裝資料。

🕐 10:00～16:00　🏠 週日、假日、換展期間　💴 門票500日圓　🏠 渋谷区代々木3-22-7 新宿文化クイントビル1F　☎ 03·3299·2387

❼ 空中庭園「Q-COURT」

能隨興造訪的都會綠洲

位於新宿丸井百貨本館頂樓的英式庭園。占地遼闊的草地以及豐富的綠意，令人忘了這裡是新宿鬧區。「薔薇園」內有各種玫瑰綻放，能讓遊客沉浸在花香裡。此地可謂逛街散步的最佳休息處。

🕐 11:00～20:00 　休 無休 　¥ 免費入園
🏠 新宿区新宿3-30-13 　☎ 03‧3354‧0101

🍴 アカシア 新宿本店

從昭和30年代長紅至今的經典菜色

招牌料理燉高麗菜捲，是不使用乳製品，以雞高湯燉煮的白醬燉菜。激辣咖哩與燉高麗菜捲（附白飯）售價1450日圓。

🕐 11:00～19:30LO
休 無休
🏠 新宿区新宿3-22-10
☎ 03‧3354‧7511

名產

🍷 どん底

紀錄歲月痕跡的藤蔓爬滿整棟建築物

名店

在昭和26年（1951）開業，三島由紀夫、黑澤明等名人皆為常客的知名店家。不妨在這裡點一杯可受封為燒酎調酒始祖的DONZOKO雞尾酒（Doncock），並搭配售價1300日圓，起司滿滿的什錦披薩當下酒菜。

🕐 17:00～23:30LO
（週六、日11:30開始）
休 無休
🏠 新宿区新宿3-10-2
☎ 03‧3354‧7749

❽ 花園神社

週日有骨董市集，11月有酉之市

從江戶開府之前即為新宿的總鎮守。在江戶時代，為重建燒毀的社殿，而在境內舉辦戲劇與舞蹈等活動，因而吸引許多演藝業從業人員前來參拜。藝能淺間神社旁則設置著歌手藤圭子的紀念歌碑。

🕐 自由參拜
🏠 新宿区新宿5-17-3
☎ 03‧3209‧5265

探險

漫步新宿迷宮「黃金街」與「回憶橫丁」

兩大酒吧街

新宿最具代表性的酒吧街為「新宿黃金街」與「新宿西口回憶橫丁」。

位於新宿區公所東側的「黃金街」，據說起源為戰後曾短暫成為非法賣春區，而被稱為**青線**的地方。木造2層樓長屋建築一字排開的這一帶，座落著**大約290間**的店家，而且多半面積狹小，只有**3～4.5坪**。電影從業人員、作家、音樂產業人士等經常前來光顧，近年來則成為吸引外國觀光客的人氣景點而變得相當熱門。

沿著新宿站西口線路分布的「新宿西口回憶橫丁」的起源，可追溯至**戰後的黑市**。當初是以販賣日用雜貨的攤商占大宗，隨著牛內臟、豬內臟被排除在管制品名單外，利用這些食材販售料理的商店便逐漸增加，最後發展成餐飲街。

現在，這座橫丁有**大約80間**店家在此營

生，線路通中通以定食屋和小酒館為主，表通則有成排的金券行，販售各種二手折價票券。

11

赤坂・四谷

可感受到歷史氣息的神社與坡道，以及必訪的國寶宮殿建築！

都心的散心好去處，日枝神社

當地名人

阿岩

在與阿岩相關的2座寺社中虔誠祈禱參拜

講述遭夫婿伊右衛門出賣的阿岩化作冤魂向丈夫尋仇的「東海道四谷怪談」，便是以四谷左門町為背景所發展而成的故事。岩稻荷田宮神社與陽運寺這2座與阿岩傳說有關的神社、寺廟，則隔著道路相對。

在地特色知多少？

赤坂在東京是數一數二的鬧區，不過外堀通東側以及日枝神社周邊後方即為日本中央行政機關的大本營，因此整體氣氛顯得莊重沉穩。

清水谷公園一帶則位於紀尾井町。該地名源於過去紀州家、尾張家和井伊家的別院座落於此。走過紀尾井坂就會看見四谷舊城門石牆，令人感受到歷史氣息。

「迎賓館赤坂離宮」是用來接待國賓的場所，亦開放民眾參觀，建議讀者們一定要去探訪一番。新巴洛克樣式的宮殿建築以及館內華麗的裝飾，保證讓人嘆為觀止。

四谷寺町則是分布著與「東海道四谷怪談」相關的寺院神社，是一個有著彎曲巷弄與坡道的區域。「消防博物館」與「新宿歷史博物館」展出許多實物資料，相當有看頭。

↔ 約 5.4 公里

⧖ 約 1 小時 20 分

🚶 約 7200 步

Start

從表參道站搭乘地下鐵千代田線至赤坂站為5分鐘，180日圓；從西日暮里站搭乘之內線赤坂見附站與赤坂站的距離也很近為19分鐘，210日圓。地下鐵銀座線、丸

地下鐵千代田線
赤坂站
↑ 3分/0.2 km

1 日枝神社
← 4分/0.2 km

井慶橋
← 11分/0.7 km

2 清水谷公園
← 4分/0.3 km

3 新大谷飯店日本庭園
← 9分/0.6 km

4 迎賓館赤坂離宮
← 13分/0.9 km

5 西念寺
← 6分/0.4 km

6 須賀神社
← 6分/0.4 km

7 陽運寺
直達

8 四谷於岩稻荷田宮神社
← 6分/0.4 km

9 消防博物館
← 9分/0.6 km

10 新宿歷史博物館
← 11分/0.7 km

JR中央線、地下鐵丸之內線
四谷站

Goal

從四谷站搭乘JR中央線至新宿站為9分鐘，170日圓；至東京站為9分鐘，180日圓。亦可搭乘地下鐵丸之內線

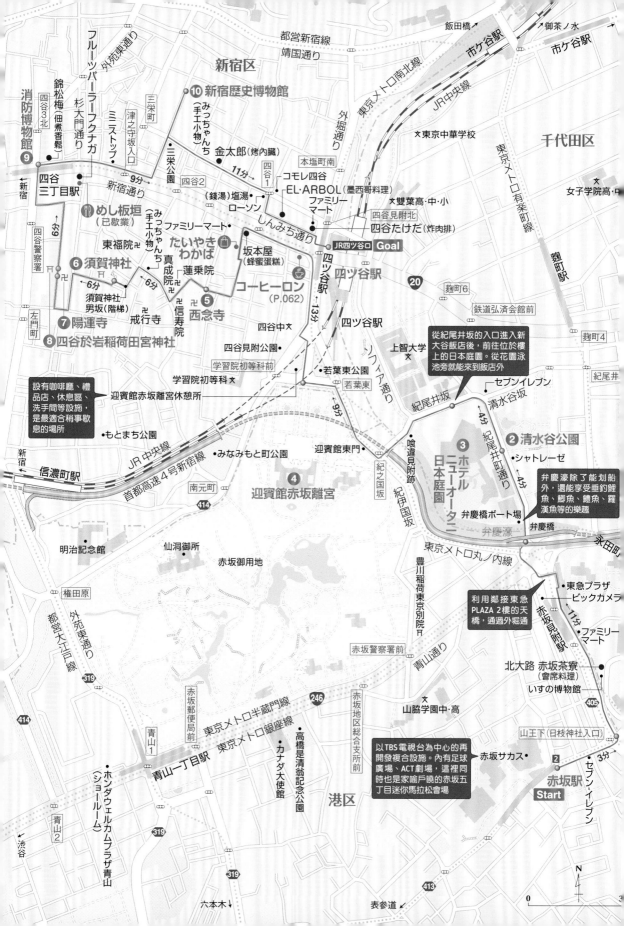

❶ 日枝神社
備受崇敬的江戶城內鎮守神社

太田道灌於文明10年（1478）江戶城築城之際，從川越山王社迎請分靈，乃日枝神社的起源。在德川家康移封江戶後，亦受到德川家的信奉。6月所舉行的山王祭為江戶三大祭之一。

🕐 6:00～17:00
🚫 無休　💴 免費參拜
🏠 千代田区永田町 2-10-5
☎ 03・3581・2471

❷ 清水谷公園
大久保利通遭暗殺之地

在江戶時代，紀伊家與井伊家的宅邸交界處有塊谷地，因紀伊家宅邸內有清泉湧出而得此名。附近的喰違城門為大久保利通遭暗殺之處，公園內設有大久保公哀悼碑。

🕐 自由入園　🏠 千代田区紀尾井町 2
☎ 03・5211・4243（千代田區道路公園課）

❹ 迎賓館赤坂離宮
被指定為國寶的宮殿建築

照片／內閣府迎賓館

新巴洛克樣式的本館於明治42年（1909）建造，原為供皇太子居住的東宮御所。庭園、本館、和風別館皆開放參觀。

🕐 10:00～16:00（庭園到16:30）　🚫 週三
💴 庭園300日圓、本館＋庭園1500日圓、本館＋庭園＋和風別館2000日圓
🏠 港区元赤坂 2-1-1
☎ 03・5728・7788（自動語音應答）

❸ 新大谷飯店日本庭園
有400多年歷史的日本庭園

這是一座以池塘為中心的池泉迴遊式庭園，在占地廣達1萬坪的腹地內，四季花卉爭相競豔。最大看點是高達6公尺的大瀑布，水勢洶湧澎拜，震撼力十足。鮮紅拱橋也是吸睛的拍照焦點。

🕐 6:00～22:00　🚫 無休　💴 免費入園
🏠 千代田区紀尾井町 4-1
☎ 03・3265・1111

❺ 西念寺
伊賀忍者服部半藏之墓所在地

西念寺源起於文祿3年（1594），為了祭拜德川家康的長子信康，家康的家臣、伊賀忍者出身的服部半藏在麴町興建祠堂。半藏是矛槍高手，立下許多汗馬功勞，還獲得家康欽賜矛槍。這把矛槍也就成為西念寺的鎮殿之寶。信康的供養塔位於正殿後方，半藏之墓則位於墓園裡。

🕐 自由參拜
🏠 新宿区若葉 2-9
☎ 03・3351・0662

❻ 須賀神社
裝飾社殿的三十六歌仙繪絕妙

奉祀四谷十八町守護神的這座神社，當地人暱稱其為「天王大人」，每年6月會舉辦年度祭典天王祭。石階參道亦成為動漫電影《你的名字。》之場景，至今依然吸引許多影迷造訪。

🕐 自由參拜
🏠 新宿区須賀町 5
☎ 03・3351・7023

名產

🛍 たいやき わかば
一尾尾單獨烤製的「天然鯛」

創立於昭和28年（1953）的店鋪。在店內能看到老闆動作流利卻不馬虎地烘烤鯛魚燒的過程。薄脆又香氣四溢的外皮之下有著滿滿的紅豆餡，1個190日圓。

🕐 9:30～18:30（假日到18:00）　🚫 週日
🏠 新宿区若葉 1-10　☎ 03・3351・4396

❾ 消防博物館

從實物資料了解消防的歷史

館內收藏了大約1萬4000件與消防相關的資料。實物資料豐富多元，舉凡江戶時代的民間消防隊滅火任務、明治至昭和初期的消防裝備、大正至平成的消防車等等，皆值得一看。

🕒 9:30～17:00　㊡ 週一（遇假日為翌日休）　¥ 免費入館　🏠 新宿区四谷3-10
☎ 03・3353・9119

❽ 四谷於岩稻荷田宮神社

供奉「四谷怪談」的阿岩

這裡是「東海道四谷怪談」的故事發生地，內容描述被丈夫田宮伊右衛門陷害，而悲慘喪命的阿岩化作冤魂現身復仇。建於田宮家舊址，用來祭拜阿岩的祠堂則是這座神社的起源。

🕒 自由參拜
🏠 新宿区左門町17
☎ 無

❼ 陽運寺

因阿岩而聞名的寺院

這裡曾設有祭拜「東海道四谷怪談」阿岩的祠堂，但在戰禍中燒毀，後從栃木縣栃木市沼和田移築了一座藥師堂，重建此寺院。寺內有相傳為阿岩投身的水井。

🕒 8:00～17:00　㊡ 無休
¥ 免費參拜　🏠 新宿区左門町18
☎ 03・3351・4812

名店

🍴 めし板垣

午餐可無限續白飯與味噌湯

位於小巷弄內，距離新宿通不遠的定食屋。午間套餐有5至6種菜色，招牌烤鯖魚套餐為1000日圓，薑燒豬肉套餐1100日圓。

🏠 現已歇業

❿ 新宿歷史博物館

你所不知道的新宿都在這裡

館內設有比照原始尺寸還原重現的石器時代石製品、江戶時代的內藤新宿街景、昭和時期的西式住宅解說區，以及東京市電5000型的複製品，從各層面來回顧新宿的歷史。

🕒 9:30～17:00　㊡ 第2、4週之週一（遇假日為翌日休）　¥ 門票300日圓　🏠 新宿区四谷三栄町12-16
☎ 03・3359・2131

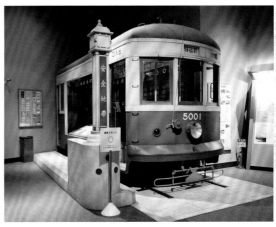

探險

絲毫不見繁華都心喧囂感的四谷寺町

坡道和巷弄串聯座落其中的寺社。別有一番風情的寺町散步

觀音坂

被西邊的外苑東通、北邊的新宿通圈圍起來的新宿區須賀町與若葉二丁目一帶，是約莫有25間寺院神社分布的寺社集中區。據悉，這是因為寬永年間（1624～44），為了建造江戶城外的護城河，而將位於麹町周邊的寺社遷移至四谷。

這一帶呈現出台地與谷地錯落的缽狀地形，坡道甚多，斜坡地也隨處可見。許多坡道名稱直接冠上寺廟名，例如東福院坂、戒行寺坂、觀音坂等等。

源自服部半藏的西念寺則被蓮乘院、信壽院、真成院等寺院環繞。這一帶的住宅就像跟隨著寺院排列般，分布於彎曲的巷弄內，簡直媲美迷宮。

因動畫電影《你的名字。》而成為影迷朝聖地的須賀神社，從該地到四谷於岩稻荷田宮神社一帶也有許多寺社分布。此地區相當安靜，鮮少車輛的噪音干擾，可謂絕佳的散步路線。

西念寺

12 都心

飯田橋・神樂坂

上坡下坡接著又是上坡……在媲美迷宮的巷弄內團團轉

在地特色知多少？

關於神樂坂這個擲地有聲的町名由來眾說紛紜，不過最有力的說法為，坡道途中有高田穴八幡的駐駕處所，而且在舉辦祭禮之際會於此地演奏獻神的樂曲才得此名。這裡在明治中期至昭和初期為東京數一數二的鬧區，亦是繁極一時的花街，每逢毘沙門天善國寺的廟會更是熱鬧非凡。

現在這裡已成為雜貨屋和咖啡館林立的時髦市鎮，但從成排的住宅中仍能窺見昔日的花街風貌，再加上橫丁與坡道，營造出別有韻味的景觀。

將視線轉向隔著外護城河的飯田橋側，則會看到被稱為「東京伊勢神宮」的東京大神宮。這是遠近馳名祈求良緣的廟宇，有許多和姻緣相關的護身符、繪馬和靈籤供香客求取。

擁有美麗石板路的兵庫橫丁

✛	約2.6公里
⌛	約40分
🚶	約3500步

Goal

從神樂坂站搭乘地下鐵東西線至飯田橋站為2分鐘，180日圓；至高田馬場站為4分鐘，180日圓

地下鐵東西線神樂坂站 — 直達 →

⑨ 海鷗書店 ← 5分／0.4km

⑧ jokogumo ← 5分／0.4km

⑦ 毘沙門天善國寺 ← 7分／0.4km

⑥ 兵庫橫丁 ← 2分／0.2km

⑤ 筑土八幡神社 ← 3分／0.3km

④ 捉迷藏橫丁 ← 5分／0.3km

③ 神樂坂通 ← 3分／0.2km

② 牛込城門遺跡 ← 2分／0.1km

① 東京大神宮 ← 4分／0.3km

飯田橋站 ← 7分／0.5km

JR中央線、地下鐵

Start

飯田橋站

從新宿站搭乘JR中央線至飯田橋站為12分鐘，170日圓；從秋葉原站搭乘地下鐵東西線至飯田橋站為7分鐘，150日圓；亦可搭乘地下鐵東西線、有樂町線、南北線、大江戶線至飯田

054

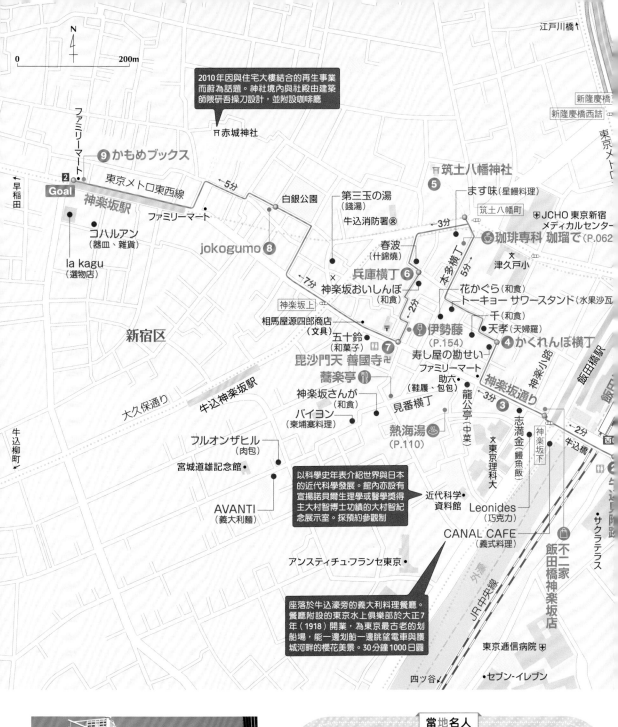

2010年因與住宅大樓結合的再生事業而蔚為話題。神社境內與社殿由建築師隈研吾操刀設計,並附設咖啡廳

赤城神社

N
0 ────── 200m

江戸川橋↑

新隆慶橋
新隆慶橋西詰

東京メトロ

⑨ かもめブックス

東京メトロ東西線

⑤ 筑土八幡神社

② Goal

神楽坂駅

ファミリーマート

←5分

←早稲田

コハルアン
(器皿、雑貨)

la kagu
(選物店)

白銀公園

第三玉の湯
(錢湯)

牛込消防署

jokogumo ⑧

ます味(星鰻料理)

筑土八幡町

JCHO 東京新宿
メディカルセンター

←3分

珈琲専科 珈瑠で (P.062)

春波
(什錦燒)

津久戸小

新宿区

←7分

兵庫横丁 ⑥

神楽坂おいしんぼ
(和食)

神楽坂上

相馬屋源四郎商店
(文具)

五十鈴
(和菓子)

伊勢藤
(P.154)

花かぐら(和食)

トーキョー サワースタンド(水果沙瓦)

千(和食)

天孝(天婦羅)

④ かくれんぼ横丁

寿し屋の勘せい

牛込神楽坂駅

大久保通り

毘沙門天 善國寺

蕎楽亭

神楽坂さんが
(和食)

バイヨン
(柬埔寨料理)

ファミリーマート

助六
(鞋履、包包)

見番横丁

龍公亭
(中菜)

③

神楽坂通り

神楽坂下

←2分

飯田橋駅

飯

フルオンザヒル
(肉包)

宮城道雄記念館

熱海湯
(P.110)

東京理科大

志満金
(鰻魚飯)

サクラテラス

以科學史年表介紹世界與日本的近代科學發展。館內亦設有宣揚諾貝爾生理學或醫學獎得主大村智博士功績的大村智紀念展示室。採預約參觀制

近代科學資料館

Leonides
(巧克力)

飯田橋神楽坂店

不二家

AVANTI
(義大利麵)

アンスティチュ・フランセ東京

CANAL CAFE
(義式料理)

JR中央線

座落於牛込濠旁的義大利料理餐廳。餐廳附設的東京水上俱樂部於大正7年(1918)開業,為東京最古老的划船場,能一邊划船一邊眺望電車與護城河畔的櫻花美景。30分鐘1000日圓

東京通信病院

四ツ谷

セブン-イレブン

位於牛込濠旁的CANAL CAFE

當地名人

夏目漱石

來此購物與散步的街道亦被寫進小說《從此以後》的場景裡

由於度過晚年的住家(弁天町/現為漱石山房紀念館)鄰近這個區域,神樂坂遂成為文豪經常造訪之地。其代表作《少爺》亦描寫了在此地景物,文中提到「去逛了毘沙門天廟會」。

❷ 牛込城門遺跡
隸屬江戶城遺構的石牆

為建於田安門通往上州道要衝的江戶城外郭門之一。寬永13年（1636）由德島藩首任藩主蜂須賀忠英（松平阿波守）建造，部分石牆上還刻有銘文。這是江戶城外護城河遺跡城門中，昔日風貌保留最完整的建物。

🏠 千代田区富士見2丁目

❸ 神樂坂通
熱門商店與餐飲店齊聚一堂

從外堀通神樂坂下十字路口經由神樂坂上十字路口綿延至地下鐵神樂坂站的這一帶，乃神樂坂的精華地段。這裡有許多自江戶、明治時代開業的老店，像是販售鞋履、包包的「助六」、文具專賣店「相馬屋源四郎商店」、中式料理「龍公亭」等。週一至週六上午時段，往神樂坂下方向為單向通行，下午時段則相反，往神樂坂車站方向為單向通行。

照片／東京大神宮

❶ 東京大神宮
祈求良緣的參拜者絡繹不絕

明治13年（1880），為了在東京設立伊勢神宮的遙拜殿而創建，擁有「東京伊勢神宮」的稱號，廣受民眾信奉。宮內亦一併供奉掌管姻緣的造化三神，乃日本神前式婚禮的創始神社，因為求姻緣相當靈驗而遠近馳名，吸引日本全國各地的善男信女來參拜。

🕙 自由參拜
🏠 千代田区富士見2-4-1
☎ 03·3262·3566

上／貴為「東京五社」之一，是地位崇高的神社
下／穿越神門後，便有莊嚴威武的正殿迎接香客的到來

❺ 筑土八幡神社
庚申塔的2隻猴子乃姻緣神

約1200年前，一名老翁夢到八幡神顯靈，並將神靈顯現的松樹奉為神祀，乃此神社的起源。神社內有雕著2隻猿猴與桃子的庚申塔，以及童謠〈金太郎〉作曲家田村虎藏的紀念碑。

🕙 自由參拜
🏠 新宿区筑土八幡町2-1
☎ 03·3260·2701

❹ 捉迷藏橫丁
位於古樸巷弄內的隱密餐飲店

座落於神樂坂仲通與本多橫丁之間的石板路巷弄。環繞著黑色木格柵的料亭，散發著往日花街風情。「偷偷來尋歡作樂的遊客只要彎進這條巷弄裡，就不會敗露行蹤」乃捉迷藏橫丁的名稱由來。割烹「和食 千」、天婦羅「天孝」等都是內行人才知道的隱密餐廳。

🛍 不二家飯田橋神楽坂店
日本僅此一家販售PEKO人形燒

以牛奶妹PEKO醬為造型的人形燒，一個售價190日圓起。除了有不二家超人氣牛奶餅、鄉村餅香草口味外，還固定有十勝紅豆餡、奶油起司等10種口味可供選擇。

🕙 10:00～20:00　㊡ 無休
🏠 新宿区神楽坂1-12
☎ 03·3269·1526

名店

🍴 蕎楽亭

老闆以故鄉會津的蕎麥自豪

主要選用福島縣柳津町產的帶殼蕎麥，在店內以石臼磨粉製麵。以純蕎麥粉製作的粗磨十割蕎麥麵，以及用帶殼蕎麥製成的田舍蕎麥麵所組成的雙色麵，售價1200日圓，能一次品嚐到2種口味。

🕐 11:30～14:30・17:00～20:30
㉁ 週一、日、假日 🏠 新宿区神楽坂3-6 神楽坂館1F ☎ 03·3269·3233

❼ 毘沙門天 善國寺

7月中～下旬酸漿花市熱鬧登場

文祿4年（1595），由德川家康欽賜寺院土地，創建於日本橋馬喰町。後來曾一度落腳麹町，並於寬政4年（1792）遷移至現址。毘沙門天像會在1月的初寅日與二寅日、5月與9月的初寅日對外公開。

🕐 7:00～19:00 ㉁ 無休
¥ 免費參拜 🏠 新宿区神楽坂5-36 ☎ 03·3269·0641

❻ 兵庫橫丁

黑柵欄與石板路的古樸景觀

有老字號料亭左右林立的巷弄。因黑柵欄與石板路連綿不絕的小徑，經常被選為電影與電視劇的外景地，還獲頒新宿區街道景觀獎。這是神樂坂中最古老的道路之一，過去為鎌倉古道的要衝，在戰國時代因為牛込城的武器庫（兵庫）位於此處而得此名。

❾ 海鷗書店

店員對書店充滿熱愛！

此為書籍校對、校閱公司所經營的書店。取名為「店頭特集」的櫃位，是店家為了讓讀者接觸新書所用心規劃的區域。在附設的咖啡廳看書也是一大享受。

🕐 11:00～20:00 ㉁ 週三
🏠 新宿区矢来町123 ☎ 03·5228·5490

❽ jokogumo

做工細膩的生活用具

販售久留米絣包包、印度手織布料、卡迪棉毛巾、櫻木器皿、竹編籃、五葉木通包包等，是一家使用天然素材手工製作生活用具的選物店。

🕐 12:00～17:30
㉁ 不定期公休（請上官網確認）
🏠 新宿区神楽坂6-22 ☎ 03·5228·3997

探險

橫丁與坡道之鄉

藉由橫丁和坡道名稱來遙想昔日景致

　　捉迷藏、路邊草、見番、兵庫、藝者小路、神樂小路……。這些別出心裁、感覺會出現在虛構故事裡的地名，其實都是神樂坂中的小街道與巷弄的稱呼。

　　除了主要街道**神樂坂**外，還有**輕子坂、地藏坂、逢坂、瓢簞坂、御殿坂**等許多坡道。換言之，神樂坂可說是由橫丁和坡道構成的區域。

　　從神樂坂通通往筑土八幡神社的街道為**本多橫丁**。從江戶時代後期至明治時代，由於福井

藩家臣本多對馬守的宅邸位於此處，而得此名。連結本多橫丁與神樂坂仲通的小徑為**捉迷藏橫丁**。由於這條路呈鑰匙型並連接料亭街，走在前頭的人只要一轉彎就不見人影。

　　位於毘沙門天善國寺前的石板路為**兵庫橫丁**。這裡有垂掛著繩暖簾的居酒屋，以及黑柵欄環繞的料亭等店家，營造出別有韻味的景觀。

　　從神樂坂通往**小栗橫丁**的下坡道為**藝者小路**。此小路連接見

藝者小路

番橫丁，從名稱便可得知從前這一帶為花街區。附近因為有家名叫熱海湯的大眾澡堂，因此這裡又被稱為**熱海坂、水龍頭坂**。

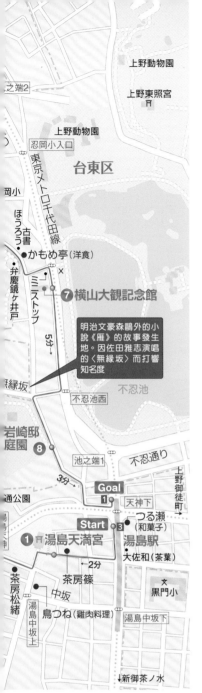

上野動物園
上野東照宮 ⛩
上野動物園
忍岡小入口
台東区
東京メトロ千代田線
岡小
ほうろう
古書
かもめ亭(洋食)
ミストップ
弁慶鏡ヶ井戸
⑦ 横山大觀記念館
5分
明治文豪森鷗外的小說《雁》的故事發生地。因佐田雅志演唱的〈無緣坂〉而打響知名度
隉緣坂
不忍池
不忍池西
岩崎邸庭園 ⑧
池之端1
不忍通り
上野御徒町
3分
Goal ①
天神下
通公園
つる瀬(和菓子)
Start ③
① 湯島天滿宮
湯島駅
大佐和(茶葉)
2分
茶房篠
中坂
文
黑門小
茶房松緒
鳥つね(雞肉料理)
湯島中坂
湯島中坂下
湯島中坂上
新御茶ノ水

在地特色知多少?

湯 島既是歷史悠久的餐飲店街,也是愛情賓館街。話雖如此,成為此地代名詞的卻是奉祀學問之神菅原道真公的湯島天滿宮。神社內掛滿了考生祈願的繪馬,能感受到學子們懇切的心情。

麟祥院內有德川家光乳母春日局之墓,也因此成為春日通命名的由來。路旁設有春日局像,守護人車往來。

春日通的北側為東京大學本鄉校區,沿著本鄉通有成排的舊書店分布,但只有寥寥幾家開店營業。由此可看出校園商圈的轉變。

從炭團坂前往菊坂,在緬懷樋口一葉的步道上,會看到深受文豪喜愛的旅館,悠哉悠哉地漫步探索也很有趣。

樋口一葉的故居與「一葉水井」

都心

13

湯島・本鄉

東大、學問之神與文人薈萃之地,令人萌生探究新知之心!

	約 4.8 公里
	約 1 小時 10 分
	約 6400 步

湯島天滿宮

Goal

從湯島站搭乘電車的交通資訊,請參閱右側Start內容

地下鐵千代田線
湯島站

⑧ 舊岩崎邸庭園 ←3分/0.2km
⑦ 橫山大觀紀念館 ←5分/0.4km
⑥ 竹久夢二美術館 ←9分/0.6km
⑤ 東大赤門 ←15分/1.0km
④ 樋口一葉故居 ←12分/0.8km
③ 文京鄉土歷史館 ←4分/0.3km
② 麟祥院 ←12分/0.8km
① 湯島天滿宮 ←6分/0.4km
地下鐵千代田線 湯島站 ←2分/0.3km

Start

從西日暮里站搭乘地下鐵千代田線至湯島站為5分鐘,180日圓;從大手町站搭乘為4分鐘,180日圓。地下鐵銀座線上野廣小路站與湯島站的距離也很近

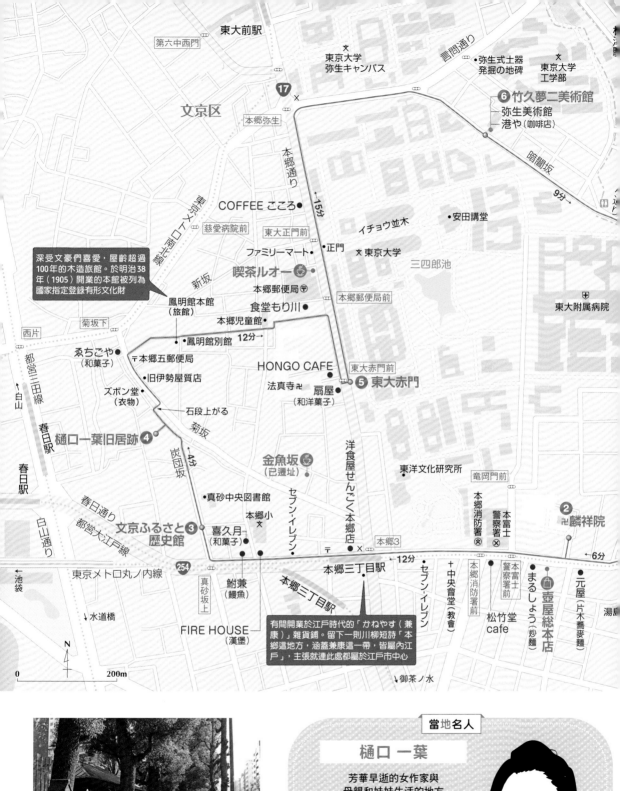

第六中西門　東大前駅

東京大学
弥生キャンパス

弥生式土器
発掘の地碑

東京大学
工学部

言問通り

文京区

⑥ 竹久夢二美術館

弥生美術館

港や（咖啡店）

17

本郷弥生

暗闇坂

9分

本郷通り

COFFEE こころ

慈愛病院前

東大正門前

イチョウ並木

・安田講堂

15分

ファミリーマート・

正門

東京大学

三四郎池

喫茶ルオー

深受文豪們喜愛，屋齡超過100年的木造旅館。於明治38年（1905）開業的本館被列為國家指定登錄有形文化財

新坂

本郷郵便局

本郷郵便局前

東大附属病院

鳳明館本館
（旅館）

食堂もり川

本郷児童館

菊坂下

西片

鳳明館別館

12分→

ゑちごや
（和菓子）

本郷五郵便局

HONGO CAFE

東大赤門前

⑤ 東大赤門

・旧伊勢屋質店

法真寺

扇屋
（和洋菓子）

ズボン堂
（衣物）

石段上がる

菊坂

春日駅

樋口一葉旧居跡 ④

炭団坂

45分

金魚坂
（已遷址）

洋食屋せんごく本郷店

東洋文化研究所

竜岡門前

春日駅

・真砂中央図書館

本郷小

本富士
警察署

② 麟祥院

白山駅

春日通り

文京ふるさと ③
歴史館

喜久月
（和菓子）

セブン-イレブン

本郷3

本郷消防署

本富士
警察署前

元屋
（片木蕎麥麵）

都営三田線
↑白山

都営大江戸線

東京メトロ丸ノ内線

254

鮒兼
（鰻魚）

本郷三丁目駅

本郷三丁目駅

12分→

セブン-イレブン

中央會堂
（教會）

本郷消防署前

松竹堂
cafe

まるしょう
（炒麵）

壺屋
総本店

湯島

←池袋

真砂坂上

↓水道橋

FIRE HOUSE
（漢堡）

有間開業於江戶時代的「かねやす（兼康）」雜貨鋪。留下一則川柳短詩「本鄉這地方，涵蓋兼康這一帶，皆屬內江戶」，主張就連此處都屬於江戶市中心

6分

N

0　　200m

御茶ノ水

東大前本鄉通

① 湯島天滿宮
梅花盛開時參拜考生絡繹不絕

相傳於雄略天皇2年（458），因奉祀天之手力雄命而創建的神社。於室町時代的正平10年（1355）迎入菅原道真公合祀。曾獲德川家康欽賜土地、德川綱吉捐贈500兩銀子等等，深受德川家崇敬。

🕐 6:00～20:00　休 無休　￥ 免費參拜
🏠 文京区湯島3-30-1　☎ 03‧3836‧0753

左／33段女坂兩側盛開的梅花
右／建於1995年，全由檜木打造而成的社殿

④ 樋口一葉故居
一探樋口一葉坎坷的人生

樋口一葉在24年的人生中留下《青梅竹馬》與《濁江》等名著。此處是她從明治23年（1890）起約4年間，與母親和妹妹居住的地方。至今仍留有當年她替人洗衣，貼補家用的共用水井。由於這裡是住宅區，參觀時請保持安靜。

🏠 文京区本鄉4-31-32

③ 文京鄉土歷史館
亦有樋口一葉與森鷗外的展示

文京區為彌生土器的名稱來源之地。此地在江戶時代發展為武士、寺社、商人工匠住家密布的區域，進入明治時代後隨著東京大學開校而成為文教區。館內則以資料和模型來介紹此地的歷史。

🕐 10:00～17:00　休 週一、第4週之週二
（遇假日為翌日休）　￥ 門票100日圓
🏠 文京区本鄉4-9-29　☎ 03‧3818‧7221

② 麟祥院
供奉家光乳母春日局的祠堂

身為德川第3代將軍家光乳母的春日局，離開集權勢於一身的大奧後，選擇在此地皈依佛門。麟祥院之名則源自春日局的法號。春日局之墓為橢圓形的無縫塔，位於寺院的墓地內。

🕐 自由參拜
🏠 文京区湯島4-1-8
☎ 03‧3811‧7648

🛍 壺屋総本店
江戶初期傳承至今的招牌最中餅

成立於寬永年間（1624～44），是第一家由江戶庶民開設的和菓子店。以糖罐為造型的壺形最中餅，分為紅豆泥餡240日圓及紅豆粒餡260日圓，香醇外皮與濃厚的紅豆餡風味超搭。

🕐 9:00～16:50　休 週日
🏠 文京区本鄉3-42-8　☎ 03‧3811‧4645

☕ 金魚坂
在金魚專賣店喝杯咖啡

曾為約莫擁有350年歷史的金魚批發商所附設的咖啡廳。搭配金魚造型杯盤的特調咖啡，售價800日圓起。店內招牌的牛肉黑咖哩，附生菜沙拉與咖啡，售價2000日圓。2024年3月遷址重開。

🕐 11:30～20:00LO
休 週二
🏠 文京区5-2-5
☎ 03‧3815‧7088

熱門

⑥ 竹久夢二美術館

如夢似幻又柔美的夢二美人畫

從散發著大正浪漫風情的美人畫到各種設計創作，固定展出200～250件竹久夢二作品。館內亦介紹昭和初期的抒情插畫家高畠華宵之作品，並附設彌生美術館，舉辦以美術出版品為主題之企劃展。

🕐 10:00～16:30　休 週一　¥ 門票（2館共用）1000日圓　🏠 文京区弥生2-4-2
☎ 03·5689·0462

⑤ 東大赤門

為國家指定重要文化財的紅門

赤門的正式名稱為「舊加賀屋敷御守殿門」。此地從前坐落著加賀藩宅邸，由於加賀藩第13代藩主前田齊泰迎娶德川第11代將軍家齊之女溶姬為正室，而於文政10年（1827）興建住所御守殿，同時建造了此門。

🏠 文京区本郷7-3-1

☕ 喫茶ルオー

今昔皆深受東大生喜愛的咖哩飯

昭和27年（1952）以畫廊咖啡館的型態開業。以店家用心自製的咖哩醬，搭配大塊雞肉與馬鈴薯燉煮而成的錫蘭風咖哩1000日圓（附濃縮咖啡）為店內招牌。

🕐 9:30～20:00　休 週日
🏠 文京区本郷6-1-14　☎ 03·3811·1808

⑧ 舊岩崎邸庭園

被列為國家指定重要文化財的明治時代建築傑作

於明治29年（1896）建成的三菱財閥第3任總裁岩崎久彌的舊宅邸。現存的建築有英國建築師喬塞亞·康德（Josiah Conder）所設計的洋樓與撞球室，以及木匠大師大河喜十郎所設計的日式樓房。

🕐 9:00～16:30
休 無休　¥ 門票400日圓　🏠 台東区池之端1-3-45
☎ 03·3823·8340

⑦ 橫山大觀紀念館

舊宅與庭園為國定史蹟與名勝

日本畫家橫山大觀從明治41年（1908）至昭和33年（1958），直到90歲逝世前所居住的宅邸。其作品在保留著昔日風貌的會客室、客廳、工作室等處展出。

🕐 10:00～15:30　休 週一、二、三、換展期間　¥ 門票800日圓　🏠 台東区池之端1-4-24　☎ 03·3821·1017　照片／遠藤 桂

樋口一葉所生活的地區

菊坂一帶留有見證一葉昔日生活的故居與當鋪

樋口一葉於明治5年（1872）生於東京。她與本鄉的緣分則始自搬遷到東大前法真寺隣接地的明治9年（1876）。寺內櫻花似乎令她留下深刻印象，後來還在日記上稱其為「櫻木之宿」。

她原本家境富裕，卻因為父親與長兄相繼離世而不得不擔起扶養母親與妹妹之責，並因此於明治23年（1890）舉家搬遷至房租便宜的菊坂，做著針線活與洗滌和服等工作來維持全家的生活。當年她所居住的房子仍留存至今，成為一葉迷的朝聖地。

翌年，其作品〈闇櫻〉登上雜誌《武藏野》，而正式成為作家出道，但生活依然艱辛，頻頻造訪住家附近的伊勢屋當鋪借款。

明治28年（1895）至29年這段期間，她相繼發表了《青梅竹馬》、《濁江》、《十三夜》等代表作，然而卻因染上肺結核在11月時撒手人寰，年僅24歲6個月。

舊伊勢屋當鋪

法真寺的一葉像

喫茶 古城 [上野]

隱身於地下的豪華宮殿!?

於昭和38年（1963）開業。擁有璀璨耀眼的彩繪玻璃和水晶吊燈的內部裝潢，據悉是仿效俄羅斯世界遺產埃爾米塔日博物館。特別推薦售價1300日圓的特製咖哩飯，以及各別為850日圓的香蕉、巧克力百匯等餐點。

🕐 9:00～20:00 ⓦ 週日、假日（偶有臨時公休）
🏠 台東区東上野3-39-10 光和ビルB1F
☎ 03・3832・5675
MAP P.005

トリコロール本店 [銀座]

以旋轉門和紅磚妝點門面的建築

創立於昭和11年（1936）。紅磚外牆以及覆蓋著入口與窗戶的鮮紅遮陽棚，都別有一番風情。追求輕柔細潤口感的古典特調咖啡，售價1070日圓、閃電泡芙650日圓。

🕐 8:00～17:30LO ⓦ 無休
🏠 中央区銀座5-9-17
☎ 03・3571・1811　MAP P.031

さぼうる [神保町]

磚牆上的塗鴉是一段段的歷史！

小木屋風的外觀十分搶眼。分為3層樓的店內宛如洞窟般，用餐座位則為半包廂式。750日圓的草莓鮮果汁，以及毗鄰之「さぼうる2」的拿波里義大利麵售價900日圓，皆值得一試。

🕐 11:00～18:30LO ⓦ 週日、假日不定期公休 🏠 千代田区神田神保町1-11
☎ 03・3291・8404　MAP P.021

珈琲ショパン [淡路町]

創立於昭和8年之都內極品老店

店內所播放的古典樂BGM悅耳動聽，彩繪玻璃與天鵝絨椅也散發著獨特的韻味。不妨點一杯售價550日圓的淺焙特調咖啡，搭配售價550日圓的招牌餐點紅豆熱壓三明治，好好享用一番。

🕐 8:00～20:00（週六11:00開始）
ⓦ 週日、假日 🏠 千代田区神田須田町1-19-9 ☎ 03・3251・8033　MAP P.021

珈琲専科 珈瑠で [神樂坂]

開業約50年，亦為年輕人的愛店

於昭和49年（1974）開幕。獨家調製的虹吸式咖啡，售價550日圓。任選一道義大利麵附咖啡、沙拉、果凍的午間套餐，售價980日圓，更是十分超值。

🕐 9:30～20:00（會有提早打烊的情形）
ⓦ 週日、假日 🏠 新宿区津久戸町3-17
☎ 03・3269・8424　MAP P.055

コーヒーロン [四谷]

父女合力經營的名建築咖啡館

由現代主義建築師高橋靗一與池田勝也聯手設計的咖啡館。選用巴西、哥倫比亞、瓜地馬拉咖啡豆調合而成的特調咖啡，售價700日圓。作家井上靖也熱愛的雞蛋三明治，售價750日圓。

🕐 11:00～18:30 ⓦ 週六、日、假日
🏠 新宿区四谷1-2
☎ 03・3341・1091　MAP P.051

新宿らんぶる [新宿]

至今仍保有名曲咖啡廳的風貌

在新宿丸井百貨本館後方，是熱門的排隊名店。擁有寬敞地下空間的店內為2層樓結構，採挑高設計開闊感十足。絲絨風座椅搭配水晶吊燈，裝潢豪華。特調咖啡售價800日圓。

🕐 9:30～17:00LO ⓦ 無休
🏠 新宿区新宿3-31-3
☎ 03・3352・3361　MAP P.047

千住宿 珈琲物語 [北千住]

精緻的有田燒器皿增添用餐樂趣

這是一家主打深焙風味的自家烘焙咖啡店，一整面的咖啡杯盤櫃是最先吸引訪客的亮點。店內共有6款原創特調咖啡，其中最推薦的是售價630日圓的物語特調。

🕐 8:00～20:00（週六、日9:00～17:00）
㉁ 週二　🏠 足立区千住3-6
☎ 03·3882·5524　MAP P.107

DEN [根岸]

震撼力滿點的咖啡餐點

於昭和45年（1970）開業，座位區與燈光照明皆為昭和時代的流行樣式。將焗烤料注入一整塊吐司烘烤而成的焗烤吐司980日圓，以及將霜淇淋倒插的漂浮咖啡600日圓，都是招牌餐點。

🕐 9:00～17:30LO　㉁ 週四
🏠 台東区根岸3-3-18 メゾン根岸1F
☎ 03·3875·3009　MAP P.071

珈琲天国 [浅草]

網羅許多令人懷念的咖啡廳簡餐

餐點有現點現做，以銅盤烹製的美式鬆餅套餐1200日圓、熱狗400日圓、咖啡650日圓等等。外帶用的天國銘菓檸檬蛋糕售價700日圓，很適合當伴手禮。

🕐 12:00～18:30　㉁ 週二（遇假日為翌日休）　🏠 台東区浅草1-41-9
☎ 03·5828·0591　MAP P.065

昔ながらの喫茶店 友路有 赤羽本店 [赤羽]

「經典菜色」齊全的家常咖啡館

在都內有4間店面的咖啡館。除了咖啡以外，還提供義大利麵、香料飯等簡餐，也有豐富的米飯類料理。友路有特調咖啡540日圓、義大利麵午間特餐900日圓。

🕐 5:30～22:00　㉁ 無休
🏠 北区赤羽1-1-5 大竹ビル2F
☎ 03·3903·5577　MAP P.131

珈琲 伴茶夢 [目白]

古典＆摩登並存的異空間

保留昭和52年（1977）創立時的古樸感，經翻修後重生為安靜舒適的咖啡館。招牌餐點吐司烤麵包咖哩880日圓、4款精品咖啡720日圓起、各式霜淇淋甜品480日圓起。亦設有室內吸菸區。

🕐 7:30～19:30LO　㉁ 無休
🏠 豊島区目白3-14-3 グロワルビルB1F
☎ 03·3950·6786　MAP P.122

珈琲專門館 伯爵 池袋東口店 [池袋]

池袋東口的知名咖啡廳

鮮紅的絲絨風座椅以及彩繪玻璃風照明的內部裝潢，宛如歐式飯店般豪華氣派。厚度約有2.5公分，分量感十足的吐司披薩（附飲料），售價850日圓，實在美味。

🕐 8:00～23:00　㉁ 無休　🏠 豊島区南池袋1-18-23 ルックハイツ池袋B棟2F
☎ 03·3988·2877　MAP P.113

COFFEE HALL くぐつ草 [吉祥寺]

位於地下的異空間寬廣咖啡館

由「江戶提線木偶劇團 結城座」團員所開設的咖啡館。宛如洞窟的店內，由團員們以玻璃瓶底或拳頭留下印痕的土牆，令人印象深刻。KUGUTSU草麵包布丁800日圓、特調咖啡850日圓。

🕐 10:00～22:00
㉁ 無休
🏠 武蔵野市吉祥寺本町1-7-7 島田ビルB1F
☎ 0422·21·8473
MAP P.168

カフェドゥー [目黒]

東京推出火腿起司三明治的先驅

據悉店內風格是老老闆以巴黎巷弄為概念所打造而成。售價530日圓的火腿起司三明治是老老闆從前造訪巴黎時大感驚豔的好味道，亦成為此店的招牌餐點。Deux特調咖啡530日圓。

🕐 13:00～19:00　㉁ 週五、六、日、假日
🏠 品川区上大崎2-15-14 高木ビル1F
☎ 03·3444·6609　MAP P.137

淺草

擁有娛樂殿堂美名的地區。復古懷舊的氛圍也令人著迷

地圖標示

⑥ 今戶神社

今戶神社前

寺卍 養禅寺卍 4分

リバーサイド スポーツセンター

山谷堀有小船往來吉原，是江戶時代的水路，在昭和初期被填平

桜橋

三田線

青開橋

小梅小

すみだ郷土文化資料館

水戸街道 ⑥

言問橋下

言問橋東

牛嶋神社

牛島神社前

319

田公園

十間川

田区

とうきょうスカイツリー→

在地特色知多少？

淺草是以淺草寺為中心發展而成的市鎮。進入江戶時代後，商人們在鄰近此地的藏前開店做生意，帶動了人流、金流與物流的發展。發生於明曆3年（1657）的明曆大火，令原本位於人形町的遊廓，以及歌舞伎、淨琉璃、木偶劇場等設施遷移至此，帶動淺草成為娛樂重鎮。明治以降，凌雲閣瞭望台、演藝廳、劇場、電影院等也如雨後春筍般出現，可謂熱鬧繁盛到極點。

最熱門的觀光地標為淺草寺。總門雷門，以及充滿日本風情的仲見世、重現江戶時代街區風貌的傳法院通等，擁有許多精采的景點。在三社祭與淺草森巴嘉年華等期間也熱鬧非凡。餐飲店亦相當豐富，包括受到饕客大讚的庶民美食，以及著名居酒屋等。每年吸引超過3000萬的觀光客來訪，並非浪得虛名。

一整年人潮滿滿的雷門

- 約4.0公里
- 約1小時
- 約5400步

路線

Start 從上野站搭乘地下鐵銀座線至淺草站為6分鐘，180日圓；從新橋站搭乘地下鐵淺草線為13分鐘，220日圓。也可搭乘筑波快線、東武晴空塔線

地下鐵銀座線、淺草線 淺草站
1分／0.1 km

雷門 直達

① 仲見世
6分／0.4 km

② 淺草寺
2分／0.1 km

③ 淺草神社
6分／0.4 km

④ 隅田公園
8分／0.5 km

⑤ 待乳山聖天
4分／0.3 km

⑥ 今戶神社
19分／1.3 km

⑦ 江戶台東傳統工藝館
2分／0.2 km

⑧ 淺草花屋敷 直達

⑨ Hoppy通
11分／0.7 km

地下鐵銀座線、淺草線 淺草站

Goal 從淺草站搭乘電車的交通資訊，請參閱右側Start內容

浅草4　ふるさと交流ショップ
能登屋　浅草じゅうろく（蕎麥麵）
千束小 文　　　　　　　19分　　　　魚誠
マルエツ・　しゃん（咖啡店）　　　　富士浅間神社
　　　　　　　　　　　手打角萬（蕎麥麵）　　浅草5
千束公園　　　　　　　富士公園　　　浅草おじま（江戸切子）
銅銀銅器店　福家（糕子）　　　浅草警察署　富士小　　　　小松橋通り　浅草7
浅草3　デンキヤホール（咖啡店）　　　　　　　　Cafe Reise
三楽（居酒屋）　　　　　　　　　　　　　　スマイルホテル浅草
Sweets Studio Bellnote　　　　　　浅草6
千束通り　とんかつ三好弥
THE BAURGER CRAFT　　　　　　台東区
ローソン・
麵屋まるいち　　　　　　　　　　馬道通り
taco44。（章魚燒）　　言問通り
江戸たいとう伝統工芸館 ⑦　　　　浅草観音堂裏　　　　PINCO PALLINO（咖啡館）
ひさご通り　2分　　浅草寺病院　　　馬道
浅草・ビューホテル　ファミリーマート　　　　　セブン-イレブン　言問橋西
らぁめん めん○（拉麵）　⑧ 浅草花やしき　③ 浅草神社　　らーめん弁慶
浅草 六区　　花やしき通り　　② 浅草寺　お濃茶スイーツ専門店　ちんや（壽喜燒）
浅草駅　ホッピー通り　御宿 野乃　雷一茶　　麵家ぶんすけ
ウインズ　正ちゃん（居酒屋）　二天門　区民会館　コーヒーショップ セリーヌ
⑨　木馬館　　　　花川戸公園
COFFEE WAFFLE　リッチモンドホテル浅草　五重塔　二天門前　6分
くじらの店 捕鯨船（P.154）　浅草公園　宝蔵門　二天門やぶ（蕎麥麵）　浅草茶房（咖啡館）④ 隅田公園
公園六区入口　三幸（居酒屋）　　　助六（江戸趣味小玩具）　浅草小 文　東参道
ヨシカミ　浅草演芸ホール　伝法院　　　　木村家人形焼本舗
ROX 珈琲天国（P.063）　赤とんぼ（居酒屋）　　大黒家本店（天婦羅）
国際通り・浅草1　伝法院通り　　梅園（甜品）浅草2
中清（天婦羅）　浅草公会堂　　浅草駅 ⑥ 隅田公園
オレンジ通り　かまわぬ（手拭巾）　① 仲見世　　松屋デパート
浅草満願堂　舟和（地瓜羊羹）　新仲通り入口　東武スカイツリーライン
オレンジ通り本店　　　浅草きびだんご あづま
雷門通り　浅草1　常盤堂（雷粔籹）　雷門
スターバックスコーヒー（餐具）やま吉　　Start & Goal ① 神谷バー
浅草局　　　浅草文化観光センター　銀座線　吾妻橋
秋葉原　　ファミリーマート　田原町・上野　浅草駅　アサヒビール
墨田区役所前　墨田区役所

令人遙想江戸街區景致的傳法院通。不妨尋找一下亦成為歌舞伎戲目的〈白浪五人男〉人偶。

大黑家總店最有名的料理為炸蝦蓋飯。排放在白飯上的巨無霸炸蝦大到超出碗公

可在淺草文化觀光中心收集淺草觀光資訊。8樓則有免費開放的觀景台

傳法院通

北野武先生

孕育鬼才的淺草
是其搞笑藝人之路的原點

演藝生涯從淺草的脫衣舞劇場「法蘭西座」起步的北野武。六區設有與淺草相關的搞笑藝人與文人大頭照看板。其中一處據悉是為了北野武而預留的。

3 淺草神社

三社祭為江戶三大祭之一

供奉的主神為發現淺草寺觀音像的檜前濱成、竹成兄弟,以及安置觀音像的土師真中知。此神社又被稱為三社大人,每年5月中旬會舉辦三社祭。由第3代將軍德川家光捐款打造的社殿是國家重要文化財。

🕐 自由參拜
🏠 台東区浅草2-3-1
☎ 03・3844・1575

1 仲見世

伴手禮店與美食店一字排開

從雷門至寶藏門,是位在淺草寺參道上長約250公尺的商店街。約莫創立於元祿至享保年間(1688~1735),據悉亦是日本最古老的商店街。與石板路風格巧妙搭配的燈箱招牌,呈現出濃濃的日本風情,深深吸引著外國遊客。大約有90間歷史悠久的伴手禮店與外帶美食等商家齊聚一堂。

左／供奉御本尊觀世音菩薩的正殿
右／成為淺草象徵的雷門

2 淺草寺

每天都人潮滾滾的都內最古老寺院

相傳在推古天皇36年(628)開創的都內最古老寺院。據說起源為檜前濱成、竹成兄弟在隅田川發現觀音像,並將之拾回奉祀。這座觀音像亦被稱為「淺草觀音」,每年吸引大約3000萬人前來參拜。

🕐 自由參拜(正殿6:00~17:00、10月~3月6:30開始) 🏠 台東区浅草2-3-1 ☎ 03・3842・0181

6 今戶神社

祈求良緣相當靈驗

在康平6年(1063)迎請京都石清水八幡主神的分靈,乃此神社的起源。相傳為招財貓的發祥地,供奉著許多招財貓雕像。這裡以祈求姻緣靈驗而聞名,也會舉辦尋求良緣的聯誼活動。

🕐 自由參拜
🏠 台東区今戶1-5-22
☎ 03・3872・2703

4 隅田公園

水戶藩別墅舊址的賞櫻勝地

在德川第8代將軍吉宗的安排下,沿著隅田川大約種植了700棵櫻花樹,每到花季就會呈現出美不勝收的景致。夏季的隅田川煙火大會,總是吸引大批民眾前來觀賞。

🕐 自由入園 🏠 墨田区向島1-2-5
☎ 03・5246・1324(墨田區公園課公園計畫組)

❾ Hoppy通

大白天就可以來此小酌一杯

位於淺草寺西側，平價酒館林立的區域，被稱為「Hoppy通」或「燉煮通」，是能從白天就大方喝酒的熱鬧餐飲街。不妨坐在店面外的餐桌來一杯Hoppy低酒精啤酒潤潤喉。以大塊豆腐搭配燉牛肉聞名的「正ちゃん」、主打美味滷內臟的「赤とんぼ」等店家，都是續攤吃喝的好選擇。

❼ 江戶台東傳統工藝館

展示職人精湛技藝的手工藝品

介紹孕育自淺草下町歷史與風俗的傳統工藝品。例如江戶竹簾、東京桐木櫃，以及不使用金屬配件的江戶指物木工製品等，約網羅了50業種、250件作品。亦售有價格實惠的工藝品。

🕐 10:00～18:00　㊡ 第2、4週之週二（遇假日為翌日休）　🏠 免費入館　🏠 台東區浅草2-22-13　☎ 03·3842·1990

❺ 待乳山聖天

供品的白蘿蔔與束口袋有點微妙

待乳山聖天的正式名稱為本龍院，因所奉祀的主神為歡喜天（聖天）而得此暱稱。在寺院內可看見象徵健康、良緣、夫婦好合的白蘿蔔，以及代表生意興隆的束口袋雕刻。寺院西側豎立有池波正太郎誕生地紀念碑。

🕐 自由參拜　🏠 台東區浅草7-4-1　☎ 03·3874·2030

左／最大賣點在於會上下左右晃動與旋轉的DISK'O（右）。園內還有許多遊樂設施
右／昭和28年（1953）製的雲霄飛車

❽ 淺草花屋敷

2023年喜迎開園170週年

於嘉永6年（1853）開幕的日本最古老遊樂園。日本現存最古老的雲霄飛車行銷標語為「最高時速只有42公里！掉下來的螺絲難以計數（←純為搏君一笑）」。

🕐 10:00～17:30（會隨季節、天候變動）　㊡ 會因維修保養而休園（須事先確認）　￥ 門票1000日圓起（遊樂設施另計）　🏠 台東區浅草2-28-1　☎ 03·3842·8780

名產

🛍 淺草滿願堂 オレンジ通り本店

店內也販售剛出爐的現做商品

嚴選優質地瓜製作而成的金鍔餅，1個152日圓，乃招牌商品。將烤地瓜磨成泥所製成的地瓜餡，口感鬆軟綿密卻不甜膩。

🕐 10:00～18:00（週六、日、假日到19:00）　㊡ 週二（遇假日營業）　🏠 台東區浅草1-21-5　☎ 03·5828·0548

🍴 ヨシカミ

深受淺草搞笑藝人們喜愛的洋食店

店家創立於昭和26年（1951），如同招牌所標示的「對不起實在太好吃了！」這句話，每道料理都是美味掛保證。由濃郁多蜜醬汁呈現出好風味的香雅飯，售價1400日圓，每日限量40份。

🕐 11:30～21:00　㊡ 週四　🏠 台東區浅草1-41-4　☎ 03·3841·1802

名店

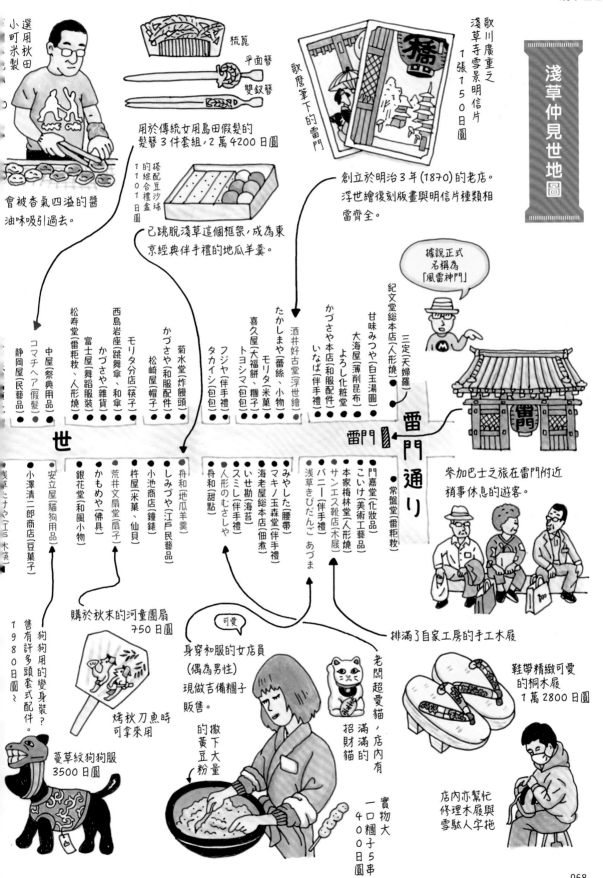

淺草仲見世地圖

選用秋田小町米製

會被香氣四溢的醬油味吸引過去。

梳篦
平面簪
雙釵簪

用於傳統女用島田假髮的髮簪3件套組，2萬4200日圓

塔配豆沙球的綜合禮盒1101日圓

已跳脫淺草這個框架，成為東京經典伴手禮的地瓜羊羹。

歌川廣重之淺草寺雪景明信片1張150日圓

歌麿筆下的雷門

創立於明治3年(1870)的老店。浮世繪復刻版畫與明信片種類相當齊全。

據說正式名稱為「風雷神門」

紀文堂総本店(人形燒) ●
甘味みつや(白玉湯圓) ●
大海屋(薄削昆布) ●
よろし化粧堂 ●
かづさや本店(和服配件) ●
いなば(伴手禮) ●
三定(天婦羅) ●

酒井好古堂(浮世繪) ●
たかしまや(蕾絲、小物) ●
喜久屋(大福餅、糰子) ●
モリタ(米菓) ●
トヨシマ(包包) ●
フジヤ(伴手禮) ●
タカイシ(包包) ●

菊水堂(炸饅頭) ●
かづさや(和服配件) ●
松崎屋(帽子) ●
モリタ分店(筷子) ●
かづさや(雜貨) ●
富士屋(舞蹈服裝) ●
西島岩座(跳舞傘、和傘) ●
松寿堂(雷粔籹、人形燒) ●
中屋(祭典用品) ●
コマチヘア(假髮) ●
靜岡屋(民藝品) ●

世

雷門

雷門通り

門嘉堂(化妝品) ●
こいけ美術工藝品 ●
本家梅林堂(人形燒) ●
サンエス靴店(木屐) ●
バニー(伴手禮) ●
淺草きびだんご あづま ●
常盤堂(雷粔籹) ●

舟和(地瓜羊羹) ●
しみづや(江戶民藝品) ●
小池商店(鐘錶) ●
杵屋(米菓、仙貝) ●
荒井文扇堂(扇子) ●
かもめや(佛具) ●
銀花堂(和風小物) ●

舟和(甜點) ●
人形のむさしや ●
スミレ(伴手禮) ●
いせ勘(海苔) ●
海老屋総本店(佃煮) ●
マキノ玉森堂(伴手禮) ●
みやした(腰帶) ●

安立屋(貓狗用品) ●
小澤清二郎商店(豆菓子) ●

淺草こけや（十三 木築）

爹加巴士之旅在雷門附近稍事休息的遊客。

購於秋末的河童團扇750日圓
烤秋刀魚時可拿來用

狗狗用的變身裝？售有許多頭套式配件。1980日圓～
蔓草紋狗狗服3500日圓

可愛

身穿和服的女店員(偶為男性)現做吉備糰子販售。

撒下大量的黃豆粉

實物大一口糰子5串400日圓

老闆超愛貓，店內有滿滿的招財貓

排滿了自家工房的手工木屐

鞋帶精緻可愛的桐木屐1萬2800日圓

店內亦幫忙修理木屐與雪駄人字拖

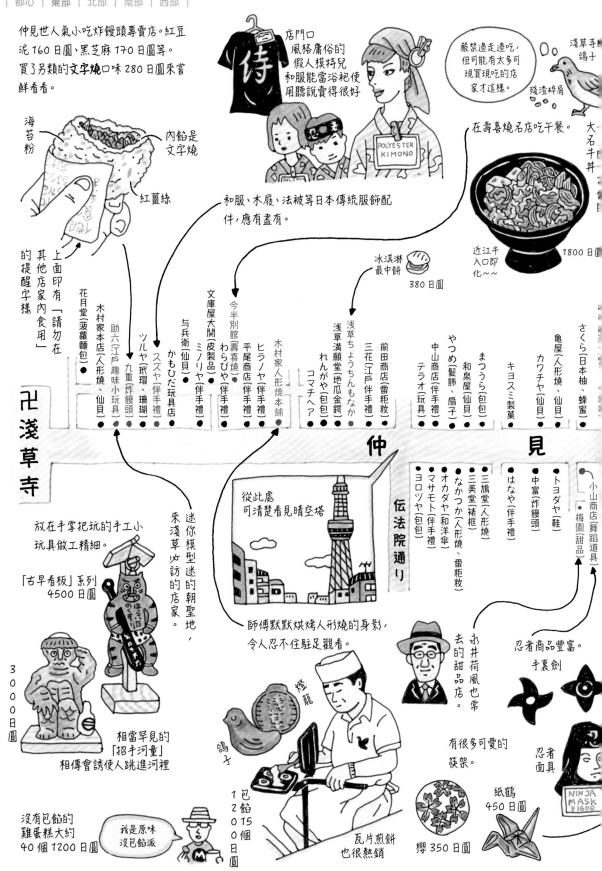

仲見世人氣小吃炸饅頭專賣店。紅豆泥 160 日圓、黑芝麻 170 日圓等。買了另類的**文字燒**口味 280 日圓來嘗鮮看看。

海苔粉

內餡是文字燒

紅薑絲

上面印有「請勿在其他店家內食用」的提醒字樣

店門口風格庸俗的假人模特兒和服能當浴衣使用聽說賣得很好

嚴禁邊走邊吃，但可能有太多可現買現吃的店家才這樣。

殘渣碎屑

淺草寺鴿子

在壽喜燒名店吃午餐。

大名牛丼

近江牛入口即化～～

1800 日圓

和服、木屐、法被等日本傳統服飾配件，應有盡有。

冰淇淋最中餅

380 日圓

卍 淺草寺

花月堂〔菠蘿麵包〕●
木村家本店〔人形燒、仙貝〕
助六〔江戶趣味小玩具〕●
九重炸饅頭
ツルヤ〔玩具〕●
スズヤ〔玳瑁、珊瑚〕
かもひだ玩具店
与兵衛〔仙貝〕
ミノリヤ〔伴手禮〕
わらびや〔伴手禮〕
平尾商店〔伴手禮〕
ヒラノヤ〔伴手禮〕
木村家人形燒本舗
文庫屋大關〔皮製品〕●
今半別館〔壽喜燒〕
コマチヘア
れんがや〔包包〕
三花〔江戶伴手禮〕●
浅草満願堂〔地瓜金鍔〕
浅草ちょうちんもなか
前田商店〔雷粔籹〕●
中山商店〔伴手禮〕●
テラオ〔玩具〕●
和泉屋〔仙貝〕
やつめ〔髪飾、扇子〕●
まつうら〔包包〕
キヨスミ製菓
カワチヤ〔仙貝〕●
亀屋〔人形燒、仙貝〕
さくら〔日本柚、蜂蜜〕●
ヨロヅヤ〔包包〕●
マサモト〔伴手禮〕●
オカダヤ〔和洋傘〕
なかつか〔人形燒、雷粔籹〕
三美堂〔裱框〕
三鳩堂〔人形燒〕
はなや〔伴手禮〕
中富〔炸饅頭〕●
トヨダヤ〔鞋〕●
小山商店〔舞蹈道具〕●
梅園〔甜品〕

仲

見

伝法院通り

從此處可清楚看見晴空塔

放在手掌把玩的手工小玩具做工精細。

「古早看板」系列 4500 日圓

3000 日圓

迷你模型迷的朝聖地，來淺草必訪的店家。

相當罕見的「招手河童」相傳會誘使人跳進河裡

師傅默默烘烤人形燒的身影，令人忍不住駐足觀看。

永井荷風也常去的甜品店。

忍者商品豐富。

手裏劍

我是原味沒包餡派

沒有包餡的雞蛋糕大約 40 個 1200 日圓

燈籠

鴿子

包餡 15 個 1200 日圓

有很多可愛的筷架。

忍者面具

NINJA MASK ¥1600

紙鶴 450 日圓

瓦片煎餅也很熱銷

櫻 350 日圓

15
根岸·入谷·龍泉

逃過戰禍的地區，保留著往昔老街的純樸氣息

在地特色知多少？

根岸因躲過戰火摧殘，至今仍能於此地看到戰前便存在的町家與長屋。雖然近年也逐漸蓋起大樓，但位於巷弄裡的木造居酒屋「鍵屋」仍是根岸最具代表性的景觀。

據信為第8代入船亭扇橋這位落語家所吟詠的俳句「梅香撲鼻來 根岸人家侘寂趣 幽深玄妙哉」，令人聯想到蕭索之美的景致；然而，落語家第一代林家三平的住處「根岸三平堂」，抑或正岡子規的故居「子規庵」等處，旁邊卻是林立的愛情賓館，這種不協調的突兀感著實有趣。

以「無恐不入谷鬼子母神」這句諧音而廣為人知的入谷亦是倖免於戰禍的地區。主街道金美館通，座落著古老商店與建於大正時代的小學等建築，保留著濃濃的老街風情。

令人懷念起從前質樸生活的「子規庵」

約4.1公里

約1小時

約5500步

地圖標示

電荒川線三ノ輪橋電停↑
北千住→
↑北千住

三ノ輪駅
1a Goal
すばる(居酒屋)
×東泉小
C'S DINING CLOUD9 (什錦麵)
セブン-イレブン
東京メトロ日比谷線
三ノ輪
5分
8 千束稲荷神社
4分
竜泉2
江戸指物渡辺
一葉記念館 7
一葉堂 (木雕貼布人偶)
国際通り
たかはし (甜品)
飛不動前
2分
マインマート(酒)
竜泉
6 台東竜泉局
飛不動尊
4分
大音寺
西徳寺前
山田屋 (烏龍麵、蕎麥麵)
徳寺卍
長国寺
鷲神社前
台東病院
5 鷲神社
富久の湯
462
ファミリーマート
15分
いせや (天婦羅)
せんわ通り
千束3
つくばエクスプレス
浅草

路線圖

千束稲荷神社的
樋口一葉像

日暮里繊維街約聚集了90間店家。舉凡織物、毛線、鈕扣等應有盡有，是手工藝愛好者的最強幫手

在江戸時期名為第六天社的神神森猿田彦神社。因位於神社前的「神神森大道」而改為現名

日暮里公園•

東日暮里3

神神森猿田彦神社

真成学園

第三日暮里小

荒川区

日暮里中央通り

第三日暮里小前

第二日暮里小

日暮里中央通り

尾竹橋通り

台東区

根岸5

日暮里南公園

東日暮里4東

金太郎飴本舗

下谷警察署

313

竹台高

金曽木小

根岸4

レストラン香味屋

下谷3

尾久橋通り

❷ねぎし三平堂

分為本館與中村不折紀念館。本館展示著由西洋畫家暨書法家中村不折蒐集而來，在書法史研究上極為重要的珍貴收藏品

金杉通り

金杉公園

三河島

竹台高校前

根岸柳通り

House+Cafe やなぎテラス

書道博物館

ひだまりの泉 萩の湯

JR常磐線

❶子規庵

世茂利奈(咖啡店)

根岸小前

円光寺

柏葉中

昭和通り

根岸柳通り

田端・赤羽

6分

根岸小

防災広場根岸の里

世尊寺

SANDWICH SHOP OCEAN

地名源自此地的◯影院。附近有創立於明治33年(1900)的「水上酒本店」、於大正5年(1916)開辦學校的大正小學、昭和19年(1944)開幕的「食堂清月」等，令人發思古之幽情

JR 山手線

花家(咖啡店)

手児奈せんべい

ミニストップ

鶯谷駅前

ドトール

❸鍵屋

宝泉湯

肉のえびすや

竹隆庵岡埜

DEN

(P.063)

元三島神社

根岸3

小野照崎神社

正覚寺

入谷1

Start

鶯谷駅

信濃路(居酒屋)

セブン-イレブン

五十嵐提灯店

❹

水上酒本店

大正小学校前

いなげや

食堂清月

金美館通り

大正小

食堂小

ローソン

319

鶯谷駅下

iriya plus café

蕎麦かわしま

ドトール

グーテ・ルブレ(麺包)

寛永寺霊園

セブン-イレブン

根岸1

ファミリーマート

南口

KOTOTOI JAYA(麺包)

❹

N

入谷鬼子母神

言問通り

0   200m

忍岡中

上野

最上寺

iriya plus café

當地名人

林家 三平

昭和爆笑王土生土長的地方

林家三平生於根岸，為落語家第7代柳家小三治（日後的林家正藏）的長子。在昭和30年代以「良子小姐」、「實在很抱歉」等搞笑段子而颳起三平旋風。其住家現已成為紀念館。

❷ 根岸三平堂

落語家林家三平紀念館

被封為昭和爆笑王的落語家第一代林家三平。從館藏內所展示的照片、服裝、腳本、記事本等物品，能回味其往日風采。每月第3個週六17點30分會在館內舞台舉辦落語表演。

- 🕐 11:00～17:00
- 🈺 週二、四、五、日、假日　💴門票600日圓
- 🏠 台東區根岸2-10-12
- ☎ 03・3873・0760

❶ 子規庵

體現子規生活哲學的木造房屋

知名俳人、歌人正岡子規從明治27年（1894）至34歲辭世前曾住在這裡，常在此與文人們進行文學討論。現存的此建築為昭和25年（1950）重建之物。

- 🕐 10:30～11:40・13:00～15:40　🈺 僅於週六、日開館（6月1日後逢週六、日、假日開館），偶有臨時休館　💴門票500日圓
- 🏠 台東区根岸2-5-11　☎ 03・3876・8218

🍴 レストラン香味屋

東京下町洋食的代表店家

店內最熱銷的餐點是售價2200日圓的炸肉餅。裹著一層細粒麵包粉的炸肉餅，用叉子就能輕鬆切開，鮮美肉汁會隨之流淌而出。花上一週時間熬煮的多蜜醬汁也很美味。燉牛肉售價3900日圓亦是一絕。

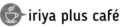
名店

- 🕐 11:30～20:30LO
- 🈺 週三　🏠 台東区根岸3-18-18
- ☎ 03・3873・2116

❸ 小野照崎神社

主神為學問、藝能、工作之神

奉祀平安時代的歌人小野篁。小野篁是一名傑出的學者，也是身居要職的才子。社殿建於慶應2年（1866）。建於文政11年（1828）的富士塚為國家指定有形民俗文化財。

- 🕐 自由參拜
- 🏠 台東区下谷1-13-14
- ☎ 03・3872・5514

☕ iriya plus café

堅持手工製作的古民宅咖啡館

每日手工製作的蛋糕大約有6種。造訪這天的店家推薦甜點為摩卡奶油蛋糕650日圓，做工講究，混合濃縮咖啡的鮮奶油霜令人驚豔。還有美式鬆餅與各種豐富的餐點可供選擇。

熱門

- 🕐 11:00～18:00LO
- 🈺 週一（遇假日為翌日）
- 🏠 台東区下谷2-9-10
- ☎ 03・6273・1792

❹ 入谷鬼子母神

保佑孩童、牽牛花市、七福神古剎

寺名為真源寺，但因為奉祀鬼子母神而被稱為「入谷鬼子母神」。「無恐不入谷鬼子母神」這句話是江戶人喜愛的諧音哏。在七夕前後舉辦的牽牛花市乃此地的夏日風情畫。

- 🕐 自由參拜
- 🏠 台東区下谷1-12-16
- ☎ 03・3841・2569

⑤ 鷲神社

亦被寫進文學作品裡的老街冬季風情畫

固定在11月的酉之日舉辦酉之市而家喻戶曉的古老神社。酉之市的歷史相當久遠，相傳自寶曆、明和年間（1750～60）便已發展成一大盛事。此祭典亦成為東京老街的冬季風情畫，也曾出現在樋口一葉與正岡子規的作品裡。

🕐 自由參拜
🏠 台東区千束 3-18-7
☎ 03‧3876‧1515

⑥ 飛不動尊

保佑旅行平安的飛神不動明王

飛不動尊被認為是保佑旅人和航空安全的神明，深受民眾篤信。原本失聯的小行星探測器「隼鳥」在有關人員前來參拜祈福後，平安歸來，而令此寺院聲名大噪。

🕐 自由參拜
🏠 台東区竜泉 3-11-11
☎ 03‧3872‧3311

⑧ 千束稻荷神社

一葉也樂在其中的神社祭典

相傳創建於寬文年間（1661～73），被奉為龍泉寺村（現為龍泉）守護神而備受崇敬。樋口一葉的名作《青梅竹馬》亦描寫了神社祭典情景，境內立有文學紀念碑。

🕐 自由參拜
🏠 台東区竜泉 2-19-3
☎ 03‧3872‧5966

⑦ 一葉記念館

緬懷才女短暫的24年人生

紀念館所在地台東區龍泉（舊下谷龍泉寺町）為樋口一葉在經營雜貨和柑仔店之處，同時，也是她構思出代表作《青梅竹馬》的地方。館內展示其親筆手稿、書信、愛用品等物。

🕐 9:00～16:00
🚫 週一（遇假日為翌日休） ¥ 門票300日圓
🏠 台東区竜泉 3-18-4
☎ 03‧3873‧0004

探險

從幕末開業至今的老字號酒館「鍵屋」

原封不動保留過往居酒屋文化的大人系酒館

笑容可掬地招呼客人的老闆與老闆娘

提到東京的老字號酒館，首先想到的肯定是「鍵屋」。安政3年（1856）以酒鋪之姿開業的鍵屋，其後推出讓人在店內一角飲酒的服務，日文稱之為角打，亦即現買現喝。戰後沒多久，鍵屋轉

熱燗配沙丁魚片是最經典的吃法

型成居酒屋，直到昭和49年（1974）皆於創始店舊址營業。

之後搬到現址，進駐這間建於大正元年（1912）、經過翻新的日式房屋。從江戶時代流傳下來的舊店面則遷移至東京都小金井市的「江戶東京建物園」進行展示。

店內古色古香的空間令人彷彿置身電影布景般。開胃小菜煮豆是店內的特色料理。味噌關東煮、高湯豆腐、沙丁魚片則是從以前便有的固定菜餚。

這家店只有一個規定，不收單獨上門的女客人。老闆笑著回答「這是前任老闆娘交代的遺言」，跟老闆聊天也是在此用餐的樂趣之一。

🕐 17:00～21:00 🚫 週日、假日
🏠 台東区根岸 3-6-23-18
☎ 03‧3872‧2227

おかず横丁
鳥越本通り商盛会

洋溢著老街風情的鳥越菜餚横丁

16
淺草橋・藏前

經常出現在古裝劇場景裡，蓬勃發展的職人聚集地

當地名人

木村 大作先生

大導演黑澤明也讚賞出神入化的「對焦技術」

木村大作自藏前工業高中畢業後，便進入東寶電影公司工作。他曾6度榮獲日本電影學院最佳攝影獎，是自稱「攝影者」的職人型電影人。由他掌鏡的作品有《八甲田山》、執導的作品則有《劍岳點之記》等。

在地特色知多少？

淺草橋因為連接日光街道的緣故，自古以來便是批發商和製造業雲集之地，並發展成工藝街。人偶專賣店「久月」與「吉德」皆創立於江戶時代，也是這條市街的歷史見證者。沿著江戶通有成排的文具、煙火、玩具、紙製品等店家分布，形成獨特的街景。

藏前地區在近年來多了許多由新銳創作者開設的皮革製品與飾品工房，成為備受矚目的新興工藝街。散布於街區內的新型態咖啡館也令人躍躍欲試。

來到位於隅田川右岸的淺草橋與藏前，造訪新舊手工藝工房與店家、參觀與手工藝相關的博物館或資料館，可說是此區最道地的玩法。

⟷ 約 4.8 公里

⧗ 約 1 小時 15 分

🚶 約 6400 步

Start

從秋葉原站搭乘JR總武線至淺草橋站為1分鐘，150日圓；從新橋站搭乘地下鐵淺草線至淺草橋站為11分鐘，220日圓；從淺草站搭乘為3分鐘，180日圓

JR總武線、地下鐵淺草線
淺草橋站
↓ 9分／0.6 km

① 日本文具資料館
↓ 7分／0.5 km

② 袋物參考館
↓ 6分／0.4 km

③ 榊神社
↓ 3分／0.2 km

④ 隅田川Terrace
↓ 15分／1.0 km

⑤ 淺草御藏前書房
↓ 2分／0.1 km

⑥ 藏前神社
↓ 12分／0.8 km

⑦ Kakimori
↓ 3分／0.2 km

⑧ 鳥越神社
↓ 3分／0.2 km

⑨ 鳥越菜餚横丁
↓ 12分／0.8 km

地下鐵大江戶線、筑波快線
新御徒町站

Goal

從新御徒町站搭乘地下鐵大江戶線至兩國站為4分鐘，180日圓；至飯田橋站為7分鐘，180日圓，搭乘筑波快線至秋葉原站為2分鐘，170日圓

白鴎高 ✕
ファミリーマート
秋葉原←
本郷三丁目
新御徒町駅
A2
新御徒町駅
Goal
Le Cafe
篠原まるよし風鈴
台東区
12分
佐竹商店街
清洲橋通り
小島公園
在江戸時代是秋田藩主佐竹氏主宅邸的所在地，於明治31年（1898）轉變為商店街，歷史悠久
佐竹通り南口
カレーの店 ラホール
郡司味噌漬物店
入舟屋（煮豆）
鳥越1
鳥越おかず横丁 ⑨
鳥越2
鳥越東
蔵前橋通り
カトリック＋浅草教会
忍岡高 ✕
鶴の湯・ 火
柳北スポーツ・プラザ
東京最具代表性，CP值超高的立飲居酒屋之一。每樣都便宜又好吃
西口やきとん 浅草橋本店
千代田区
秋葉原←
神田川
左衛門橋
くいもの市場 ボンマルシェ（義式料理）
開智日本橋学園高・中 ✕
靖国通り
中央区
馬喰町駅
0 100m
日本橋↓
浅草橋南
浅草橋

白鴎高附中 ✕
つくばエクスプレス
都営大江戸線
春日通り
三筋2
こども園
こどぶきこども園
浅草→
国際通り
ペリカンカフ
FOBS（洋菓子）
すぎ田（炸猪排）
蔵前いせや（天婦羅）
寿3
ローソン
蔵前駅
菓匠榮久堂（和菓子）
Kakuuchi FUTABA（居酒屋）
菓子屋シノノメ
ウハラ（鮮花）
バーガー喫茶 チルトコ
MESSAGE（包包）
⑥ 蔵前神社
CROWN SHOWROOM（鈕扣）
蔵前小通り
蔵前小
蔵前4西
ファミリーマート
蔵前小 ✕
漱石 学び始めの碑
OWNERS（咖啡館）
2分
セブンイレブン
浅草御蔵
m+（皮製品）
⑤
左衛門橋通り
新堀通り
精華公園
喫茶 半月
蔵前
書房
Chigaya ベーカリー
⑦ カキモリ
卍 法林寺
ミニストップ
蔵前3
SyuRo（雑貨）
3分
12分
REN（皮製品）
蔵前2
⑥
Maito Design Works（植物染）
3分
⑧ 鳥越神社
珍満茶楼
ミノヤ商店（祭典半纏）
蔵前警察署前
浅草御蔵
鳥越神社前
蔵前4
←15分
浅草御蔵
蔵前1
315
蔵前這個地名來自於昔日保管貢米與收購米的江戸幕府米倉（日文稱為蔵）位於此地
鳥越神社3
蔵前警察署 ✕
須賀橋交番前
③ 榊神社
✕ 蔵前工高
台東育英小 ✕
ファミリーマート
あさだ（蕎麥麵）
✕ 浅草中
袋物参考館
水新菜館（中菜）
東急インホテル
3分
②
葦（咖啡店）
鮒佐（佃煮）
柳橋2
浅草橋5
多奈可家（蕎麥麵）
セブン・イレブン
梅寿司
浅草橋1・2
柳橋中央通り
リトルヤミー（洋食）
シモジマ浅草橋本店・
久月（人偶）
洋食大吉
ファミリーマート
浅草橋駅西口
ルーサイトギャラリー
浅草橋駅
Start
JR 総武線
貴和制作所（飾品）
東口
駅前
JR 総武快速線
吉徳（人偶）
かつや
7分
① 日本文具資料館
浅草橋1
セブン・イレブン
ラコント（洋食）
美家古鮨
本店
梅花亭（和菓子）
56
錦糸町
ROJICA（西班牙料理）
柳ばし 小松屋（佃煮）
從神田川的浅草橋到柳橋一帶，停滿了屋形船
柳橋
両国橋西
両国橋
京葉道路
⑭
国技館通り
両国橋

❷ 袋物參考館
菸袋與印籠為包袋業的濫觴

為位於包袋製造商 Princess Toraya 內的博物館。在素有交情的陶藝家濱田庄司建議下，作為公司創立50週年紀念活動的一環，於平成元年開設。館內以包袋為中心，展示許多國內外的歷史資料。

🕙 10:00～16:00（須預約）　休 週六、日、假日　¥ 免費入館
🏠 台東区浅草橋2-4-1
☎ 03‧3862‧2111

❶ 日本文具資料館
透過書寫用具了解相關文化歷史

以毛筆、硯台、鉛筆、鋼筆等書寫用具為中心，展示計算機、印章等古今文具。館內亦展示著德川家康與伊達政宗所使用過的、據悉為日本國產的第一枝鉛筆（複製品）。

🕙 13:00～16:00　休 週六、日、假日
¥ 免費入館　🏠 台東区柳橋1-1-15
☎ 03‧3861‧4905

🍴 洋食 大吉
池波正太郎也熱愛的下町洋食

此為創立於昭和45年（1970）的日式西餐老店。選用高級品牌豬的岩中豬里肌肉製作的岩中里肌炸豬排，售價為2200日圓，肉質鮮嫩，搭配店家自製的酥脆麵衣，一份320克，分量十足。

🕙 11:30～15:00‧17:30～21:20LO（週六、日、假日晚間17:00～21:00）
休 第2、4週之週六　🏠 台東区柳橋1-30-5 KＹビル B1　☎ 03‧3866‧7969

名店

❸ 榊神社
保佑信眾健康長壽的神社

在第12代景行天皇掌政時代，由日本武尊所創建的古老神社。昭和35年舉辦了1850週年建醮大典，現在依然被尊為地域中心守護神而廣受信奉。

🕙 自由參拜
🏠 台東区蔵前1-4-3
☎ 03‧3851‧1514

❺ 淺草御藏前書房
內有相撲迷必訪的罕見收藏

古早雨淋板外牆很吸睛的舊書店。店內有許多古文書、和裝本、錦繪、版畫等稀有的古書。其中與相撲相關的商品尤其豐富，無論是明治時代的排行榜或退役力士形象照都能在這裡找到。

🕙 9:00～17:30（週六到16:30）
休 週日、假日、天候不佳時休息　🏠 台東区蔵前3-12-10　☎ 03‧3866‧5894

❹ 隅田川 Terrace
能看見映照於河面上的東京晴空塔

從隅田川上游的新神谷橋至下游的勝鬨橋兩岸長約為47公里，其中大約有28公里的區間被規劃為隅田川Terrace濱水空間。在幕府米倉所在地藏前橋附近，還設置了歌川廣重的「名所江戶百景」浮世繪石碑，可將其與現在的景觀做對比。這裡也是眺望東京晴空塔的絕佳地點。

☕ ペリカンカフェ

美味吐司令人大為驚艷

熱門

是由創立於昭和17年（1942）的「Pelican 麵包店」所經營的咖啡館。以厚達3公分的吐司製成的炭烤吐司400日圓、選用5～6種水果搭配鮮奶油的水果三明治，售價為950日圓。不妨加點一杯原創特調咖啡530日圓，細細品味一番。

🕘 9:00～17:00LO
㊡ 週日、假日
🏠 台東区寿 3-9-11
☎ 03・6231・7636

6 藏前神社

落語「元犬」的故事發生地

此神社的起源為元祿6年（1693），德川第5代將軍綱吉迎請京都石清水八幡宮的分靈。這裡是江戶時代舉辦建神社募款的相撲之地，環繞著神社腹地的石圍籬刻有橫綱、大關的名諱。

🕘 自由參拜
🏠 台東区藏前 3-14-11
☎ 03・3851・0617

9 鳥越菜餚橫丁

客群為在地做工人的商店街

鳥越從前是中小工廠林立的地區，雙薪家庭居多，因此販售即食料理的店家據悉多達70間。當時的熱鬧景象雖已成往事，但至今整座市街仍散發著昭和的生活感。味噌、味噌醃漬食品專賣店「郡司味噌漬物店」和煮豆專賣店「入舟屋」，都是歷史悠久的人氣店家。

🏠 台東区鳥越 1

8 鳥越神社

令江戶人熱血沸騰的夏日祭典

相傳永承年間（1046～53），源賴義、義家這對父子因無法渡過隅田川而發愁，此時一隻天鵝飛來告訴他們淺灘的位置，助其解決難題。6月上旬舉行的鳥越祭典，會有巨大的千貫神轎遶境巡行。

🕘 9:00～17:00　㊡ 無休　💴 免費參拜
🏠 台東区鳥越 2-4-1　☎ 03・3851・5033

7 Kakimori

享受書寫樂趣的文具店

在這裡能依據個人喜好打造客製化筆記本，可自由挑選封面、內頁、線圈、裝訂配件等物。亦能製作個人專屬的原創墨水（收費、須預約）。

🕘 12:00～18:00（週六、日、假日 11:00開始）　㊡ 週一（遇假日營業）　🏠 台東区三筋 1-6-2-1F　☎ 050・1744・8546

探險

工藝之街

探訪新銳創作者們大展身手的工作現場

淺草橋至藏前一帶，自古以來就是人偶、文具、紙製品等批發商與中小工廠雲集之地，手工藝產業盛極一時。至今，沿著江戶通這條可從淺草橋站通往藏前站的道路，仍有成排的人偶、文具、玩具、紙製品等店家營業，形成獨特的景觀。

周邊有皮革小物、文具、玩具、服飾配件等工房分布，還有能了解文具與包袋等手工藝品的資料館與博物館等設施。

近年來由新銳創作者開設的工房也有所增加，彷彿與此相呼應般，文具專賣店「Kakimori」、販售生活雜貨用品的「SyuRo」、主打植物染商品的「Maito Design Works」、專營銷售皮革小物的「m＋」等，對時尚潮流具有高敏銳度的咖啡館和選物店也紛紛開幕。

匯聚了許多工房與商家的御徒町～藏前～淺草橋地區（簡稱徒藏），自2011年起，每年會舉辦一次名為「Monomachi」的活動，透過工作坊、工廠參觀、限

能客製化文具的「Kakimori」

定優惠等方式，向參加者展現此地區與手工藝的魅力。

探訪別出心裁的手工藝製作現場已成當地潮流。

有著濃厚相撲色彩的兩國站內部

兩國

相撲、浮世繪、忠臣藏……承載江戶歷史記憶的地區

當地名人

芥川 龍之介

文豪從孩提時代到成年生活的地方

芥川龍之介由於生母體弱多病，在7個月大時被住在兩國的舅舅接去撫養，後來成為養子。母校兩國小學則立有文學紀念碑。《本所兩國》為其自傳式散文。

在地特色知多少？

兩國站西口剪票口附近，懸掛著5幅巨大的優勝紀念匾額，分別屬於三重乃海、第2代若乃花、武藏丸、白鵬、千代富士。光是看到這些匾額就能深切體會到兩國是相撲重鎮。

利用舊兩國車站建築改造而成的餐飲街「–兩國–江戶NOREN」還設有實物大的土俵，比鄰的國技館內也有「相撲博物館」。走在街上會發現街角設置著力士銅像，隨處可見培訓力士的相撲部屋與相撲火鍋店。

這裡也是保留著江戶歷史的地區，在「墨田北齋美術館」或「江戶東京博物館（整修中）」等設施感受江戶文化也別有一番樂趣。行程中的最後一個景點回向院，則是舉辦建廟募款相撲賽之地。兩國的散步行程，始於相撲亦終於相撲。

- ↔ 約 3.7 公里
- ⧗ 約 1 小時
- 🚶 約 5000 步

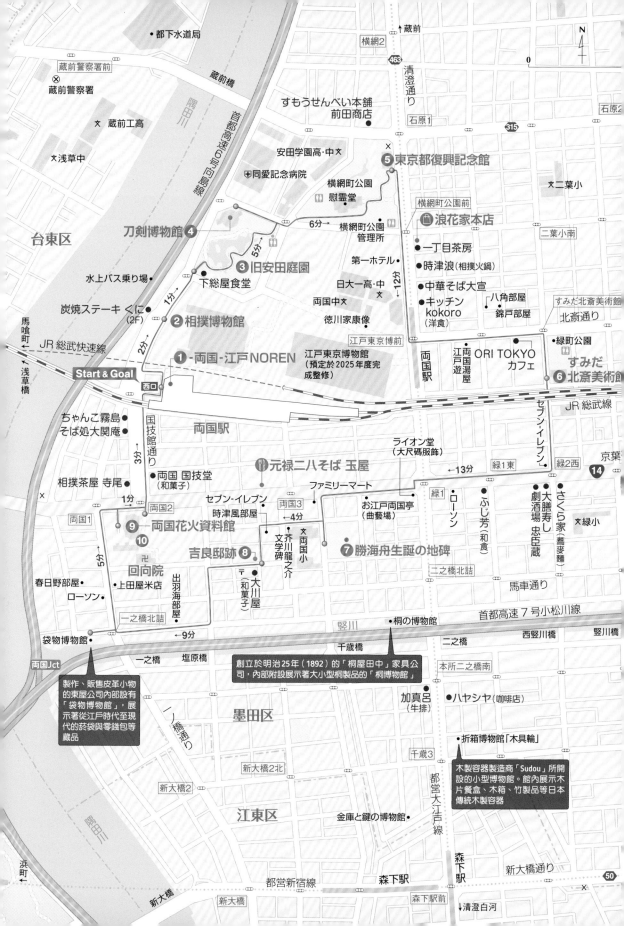

都下水道局

蔵前橋

↑蔵前

横網2

清澄通り

463

石原2

蔵前警察署前

⊗ 蔵前警察署

石原1

315

× 蔵前工高

すもうせんべい本舗
前田商店

隅田川

首都高速6号向島線

× 浅草中

安田学園高・中 ×

⊕ 同愛記念病院

⑤ 東京都復興記念館

× 二葉小

台東区

刀剣博物館 ④

6分→

横網町公園
慰霊堂

横網町公園
管理所

横網町公園前

🏛 浪花家本店

二葉小南

● 一丁目茶房

5分

旧安田庭園 ③

下総屋食堂

第一ホテル ●

● 時津浪（相撲火鍋）

八角部屋

すみだ北斎美術館

水上バス乗り場 ●

日大一高・中
×

● 中華そば大宣

錦戸部屋

北斎通り

炭焼ステーキ くに
（2F）

1分

② 相撲博物館

両国中 ×

● キッチン
kokoro
（洋食）

● 緑町公園

JR 総武快速線

馬喰町

2分

① -両国-江戸 NOREN

徳川家康像

江戸東京博前

両国駅

江戸東京湯屋

ORI TOKYO
カフェ

すみだ

浅草橋

Start & Goal

西口

江戸東京博物館
（預定於 2025 年度完
成整修）

両国駅

⑥ 北斎美術館

セブン-イレブン

JR 総武線

ちゃんこ霧島 ●
そば処大関庵

両国駅

ライオン堂
（大尺碼服飾）

3分

相撲茶屋 寺尾 ●

両国 国技堂
（和菓子）

元禄二八そば 玉屋

ファミリーマート

緑1東

緑2西

京葉

14

● さくら家
（蕎麦麺）

1分

セブン-イレブン

両国3

お江戸両国亭
（曲藝場）

緑1

ローソン

ふじ芳
（和食）

大膳寿し
劇酒場
忠臣蔵

両国1

両国2

⑨ 両国花火資料館

時津風部屋

←4分

両国小

⑦ 勝海舟生誕の地碑

× 緑小

⑩

芥川龍之介
文学碑

二之橋北詰

春日野部屋 ●

回向院

吉良邸跡 ⑧

卍

出羽海部屋

〒
大川屋
（和菓子）

馬車通り

ローソン ●

上田屋米店 ●

一之橋北詰

←9分

首都高速 7 号小松川線

竪川橋

袋物博物館 ●

両国Jct

一之橋

塩原橋

竪川

桐の博物館 ●

千歳橋

二之橋

西竪川橋

本所二之橋南

創立於明治 25 年（1892）的「桐屋田中」家具公
司，內部附設展示著大小型桐製品的「桐博物館」

製作、販售皮革小物
的東屋公司內部設有
「袋物博物館」，展
示著從江戸時代至現
代的菸袋與零錢包等
藏品

八广橋通り

墨田区

加真呂
（牛排）

● ハヤシヤ（咖啡店）

● 折箱博物館「木具輪」

新大橋2北

千歳3

江東区

新大橋2

金庫と鍵の博物館 ●

都営大江戸線

木製容器製造商「Sudou」所開
設的小型博物館。館內展示木
片餐盒、木箱、竹製品等日本
傳統木製容器

森下駅

浜町

都営新宿線

新大橋

森下駅前

新大橋通り

↑清澄白河

50

② 相撲博物館

重現昔日知名力士的驍勇英姿

相撲是日本國技，為收集、保存相關資料而設立此館。館內收藏歷代橫綱照片、錦繪、刺繡圍布、軍配團扇、排行榜等，約3萬件相關物品，每年會進行6次展品更換。

🕐 10:00～16:00
休 週六、日、假日（正規賽事期間無休） ¥ 免費入館（東京進行賽事期間，須購買國技館門票） 🏠 墨田区橫網1-3-28 国技館1F
☎ 03·3622·0366

① -兩國- 江戶 NOREN

在江戶特色空間品味美食與文化

利用舊兩國車站建築所改建的商業設施。在這座以江戶町家建築為發想的挑高空間內有許多餐飲店進駐，能品嚐蕎麥麵等各種日本料理。1樓廣場則複製了一座經過日本相撲協會指導審核的土俵。

🕐 10:00～23:00（依店家而異） 休 無休
🏠 墨田区橫網1-3-20 ☎ 03·6658·8033

⑤ 東京都復興紀念館

向世人傳達地震與戰爭的慘烈

為紀念東京在關東大地震後重生，於昭和6年（1931）建立。後亦新增東京大空襲相關資料。透過物品、照片、繪畫等向世人傳達兩大災難，並介紹當時推動東京重建的各項公共事業。

🕐 9:00～16:30 休 週一（遇假日為翌日休） ¥ 免費入館 🏠 墨田区橫網町2-3-25 ☎ 03·3622·1208

④ 刀劍博物館

亦被視為珍貴美術品的刀劍

於昭和43年（1968）開幕，位於舊安田庭園一隅，整體風格與庭園相輝映的建築物則是由建築師槙文彥所設計。館內收藏許多國寶或重要文化財的刀劍、刀鞘、裝飾配件，以及金屬鍛鑄資料等。

🕐 9:30～16:30 休 週一（遇假日為翌日休）、換展期間 ¥ 門票1000日圓 🏠 墨田区橫網1-12-9 ☎ 03·6284·1000

③ 舊安田庭園

有老樹環繞的池畔步道

相傳為笠間藩主本庄宗資所建，後由安田財閥購入、捐出。昔日是一座利用隅田川漲退潮所設計而成的迴遊式庭園，現在則以人工方式重現。

🕐 9:00～19:30（10～3月到18:00）
休 無休 ¥ 免費入園
🏠 墨田区橫網1-12-1
☎ 03·5608·6661（墨田區道路公園課）

⑥ 墨田北齋美術館

人生大半都在墨田區渡過的北齋

收藏、展示北齋作品的美術館。在AURORA（常設展示廳）則根據北齋的創作生涯，以實物大的高仿真複製品或觸控導覽裝置來展示其代表作等各項作品。

🕐 9:30～17:00 休 週一（遇假日為翌日休）
¥ AURORA（常設展示廳）門票400日圓
🏠 墨田区龜沢2-7-2 ☎ 03·6658·8936

左／以模型重現北齋創作景象的「北齋工作室」
右／外牆採用淡色鏡面鋁板

照片／尾鷲陽介

🍴 元禄二八そば 玉屋

以忠臣藏的故事命名的飽足感套餐

取自「忠臣藏」情節的餐點廣獲好評，像是襲擊蕎麥麵（佐海帶芽、蘿蔔泥、天婦羅蓋飯）、義士御膳（香辣烏龍麵與酸香天婦羅蓋飯）各1120日圓等。最熱門的是天婦羅芝麻醬涼麵1430日圓。

🕐 11:00～15:00LO・17:00～20:00LO
🏠 週四
🏠 墨田区両国3-21-16
☎ 03・3631・3844

名店

名產

🛍 浪花家本店

外皮酥脆好吃的老字號鯛魚燒店

創立於明治42年（1909），據說與麻布十番的「浪花家總本店」首任老闆為師兄弟關係。被喻為「天然鯛」、以單剪刀式烤具烘烤而成的外皮，口感酥脆香氣四溢。鯛魚燒180日圓。

🕐 10:30～17:30
🏠 週日、第2、4週之週一、假日翌日
🏠 墨田区亀沢1-24-2
☎ 03・3623・2667

⑧ 吉良邸原址

被海參牆圍圍的歷史舞台

因「忠臣藏」故事而聞名的吉良上野介主宅邸原址。赤穗浪士曾在元祿16年（1703）於此展開報復行動，攻入宅邸。現則成為本所松坂町公園，保留了當時用來沖洗吉良首級的水井。每年12月14日的襲擊之日，上午會舉辦義士祭，下午則進行吉良祭。

🕐 自由入園
🏠 墨田区両国3-13-9

⑦ 勝海舟誕生地紀念碑

活躍於幕末的勝海舟誕生之地

在幕末時期大為活躍，帶動江戶城無血開城的勝海舟，於文政6年（1823）在位於此地的父親老家中誕生。老家現已修建為兩國公園，公園一隅設有石碑以及記載著勝海舟生平的「勝海舟幕末繪卷」。

🕐 自由入園　🏠 墨田区両国4-25-3

⑩ 回向院

前往鼠小僧次郎吉之墓祈求金榜題名

為了祭弔在明曆3年（1657）的明曆大火（振袖大火）中喪生的10萬名罹難者而設立。江戶後期至明治末期成為固定舉辦募款相撲賽的場地。義賊鼠小僧次郎吉因長年幸運躲過官府追捕，被認為能帶來好運，吸引人們前往其墳前許願。

🕐 自由參拜
🏠 墨田区両国2-8-10
☎ 03・3634・7776

⑨ 兩國花火資料館

豐富下町夏日的隅田川煙火大會

兩國為納涼煙火大會發祥地。館內展示著火藥球模型、解說煙火形成原理的斷面模型，以及發射炮管等物，亦針對隅田川煙火大會的歷史做介紹。

🕐 12:00～16:00　🏠 週一、二、三（7、8月不休館）　💰 免費入館　🏠 墨田区両国2-10-8 住友不動産両国ビル1F
☎ 03・5637・7551（兩國旅遊服務中心）

18

向島・曳舟・押上

東京晴空塔腳下，新舊市街交錯的地區

在地特色知多少？

向島是江戶時代因其明媚風光而繁榮起來的地區。景點之一的「向島百花園」雖然沒有繽紛華麗的外觀，但四季都有愛花人喜愛的花朵綻放，在同好間頗具人氣。隅田川沿岸為賞櫻勝地，隅田川七福神巡禮的寺院神社也分布於此地。

鳩之街通商店街與位於東向島的玉之井曾經是紅燈區，如今已完全看不到往日的痕跡，但古老的店鋪與住家林立的景觀仍別有一番韻味。洋溢著昭和復古風情的閃閃發光橘商店街，有著從以前經營到現在的肉鋪、鮮魚鋪，以及蔬果店，能感受到老街特有的活力。

押上在「東京晴空塔」問世後，呈現出截然不同的樣貌。混合了新舊事物的這座市街，可說是享受老街散步樂趣的最佳地區。

隅田川沿岸也有許多散步的人

| ↔ 約 6.5 公里 |
| ⧗ 約 1 小時 40 分 |
| 🚶 約 8700 步 |

清川1
石浜小
東浅草交番前
今戸2
地方橋
首都高速6号向島線
白鬚神社
白鬚神社上
461
向島出口
向島百花園 ②

創立於大正4年（1915）老字號日式西餐館。在和25年遷移至東向島際，由於當時的老闆曾鳩山會館擔任主廚，因據此更改了店名

あおぞら薬局
すみだ工房
鳩家（洋食）
喜楽里
志満ん草餅

紙洗橋
464
台東区
東浅草1
314
道向路島高入速口前
向島入口
アサヒビール
アサヒビール
和カフェ みづき
酒・タバコ 野谷商店
向島 松むら
第一寺島小
海老名商店（茶葉、海苔）
墨田川高

今戸2
今戸神社
浅草高校
今戸高
向じま 墨亭（曲藝場）
達寿司
商店島の街通り ④
セブン-イレブン
三浦医院
カフェ ギーゾ
古民家カフェ こぐま
東向島珈琲店
東向島2
東向島

浅草5
浅草高校前
小松橋通り
浅草7
馬道通り
浅草6
吉野通り
富士小
浅草警察署

創立於江戶末期的「言問糰子」。紅豆餡、白豆沙餡、味噌餡3色糰子佐熱茶套餐720日圓

「長命寺櫻餅」創立於享保2年（1717），相傳是發明關東風櫻餅的店家

山谷堀公園
待乳山聖天

言問団子
言問小
言問橋通り
セブン-イレブン
ローソン
コモディイイダ（超市）
大黒屋（江戶木筷）
東向島1
東向島珈琲店

長命寺桜もち
⑤ 長命寺
⑥ 弘福寺
リバーサイドスポーツセンター
桜橋
隅田川
河原のあべ（天婦羅）

曳舟駅
良の湯
サカイ食堂（燒肉）
東武スカイツリーライン
京成押上線

馬道
言問通り
隅田公園
浅草神社
言問橋西
純喫茶マリーナ
東方旅泊 向島別邸
とんかつの日高
向島3
桜橋通り
墨田中
本所高
墨田区

二天門前
言問橋
江戸通り
⑦ 三囲神社
すみだ郷土文化資料館 ⑧
小梅小
見番通り
水戸街道
向島2
曳舟川通り
すみだ女性センター
三囲神社
押上2

浅草駅
松屋デパート
浅草駅
東参道
言問橋下
牛嶋神社
⑨
ローソンストア100
言問橋東
とうきょうスカイツリー駅
マツモトキヨシ
小梅通り西
押上2・向島3
押上駅
押上1
B3
Goal
押上駅

位於東武晴空塔線浅草站與東京晴空塔站之間的「東京水岸街道」，有各種類型的商店進駐

浅草署花川戸交番
TOKYO CRUISE
東京メトロ銀座線
浅草駅
枕橋
北十間川
源森橋
墨田区役所
ADAGIO CAFE
⑩ 東京スカイツリー
東京スカイツリー駅北
とうきょうスカイツリー駅
東京スカイツリー西
7分→

N
0 300m

向島百花園

083

名產

向島 松むら

豆皮壽司餡會在春秋期間調整

創立50年的豆皮壽司與壽司卷專賣店。遵循古法製作的豆皮壽司，醋飯以羽釜炊煮而成，和甜甜鹹鹹的油豆腐十分對味。4塊豆皮壽司與4塊壽司卷餐盒，售價740日圓。

🕐 7:30～18:00　🈺 週二
🏠 墨田区東向島1-15-12
☎ 03・3612・5045

❶ 東武博物館

大手筆展出12台貨真價實的車輛

館內所展出的鐵道文化相關資料相當值得一看，還能了解東武鐵道的歷史與列車。設置於車站月台下，能近距離觀看列車行走實況的參觀區廣受大家好評。

🕐 10:00～16:00
🈺 週一（遇假日為翌日休）　💴 門票210日圓　🏠 墨田区東向島4-28-16
☎ 03・3614・8811

❷ 向島百花園

唯一留存至現代的江戶時代花園

大約是於文化元年（1804）由骨董商佐原鞠塢所開設。走庶民路線，風格雅趣的這座庭園，有別於大領主所建的大名庭園，展現出另一種美與魅力。這裡也是知名的梅花與胡枝子花勝地。

🕐 9:00～16:30
🈺 無休　💴 門票150日圓　🏠 墨田区東向島3-18-3
☎ 03・3611・8705

❸ 閃閃發光橘商店街

生根在地的昭和懷舊商店街

全長約470公尺，分布著約90家店鋪，充滿昭和懷舊的商店街。擁有眾多與當地緊密連結的店家是這條商店街的特色。除了每月第4個週日（12月為第2週）舉辦的早市，還會推出許多活動。

❺ 長命寺

奉祀隅田川七福神中的弁財天

德川第3代將軍家光在外出獵鷹時造訪此地，卻突然腹痛如絞，在喝下寺內井水服藥後，疼痛迅即緩解，因而賜名「長命水」，並一併更改寺名。內有復原重建的水井。

🕐 9:00～16:00　🈺 無休
💴 免費參拜　🏠 墨田区向島5-4-4
☎ 03・3622・7771

☕ 古民家カフェ こぐま

東向島的人氣古民宅咖啡廳

熱門

店面前身為建於昭和2年（1927）的藥房，改建時保留了古樸的藥櫃與壁鐘。招牌餐點焗烤蛋包飯、焗烤咖哩皆售價1100日圓。不妨點一份店家自製的焦糖拉茶戚風蛋糕（500日圓）搭配咖啡享用。

🕐 11:30～18:00LO　🈺 週二、三　🏠 墨田区東向島1-23-14　☎ 03・3610・0675

❹ 鳩之街通商店街

擁有90多年的歷史

從水戶街道綿延至墨堤通，長約300公尺，保留著昭和風情的商店街。鳩之街過去是紅燈區，亦成為吉行淳之介與永井荷風作品的故事發生地。商店街內也有留存著昔日風貌的建築物。

上／在玻璃帷幕的天望迴廊來一趟空中散步
照片／TOKYO-SKYTREE
下／附屬購物商場「東京晴空街道」
照片／TOKYO-SKYTREE TOWN

⑦ 三囲神社
與三井家淵源甚深的古老神社

創建時間並不明確，相傳始於日本南北朝時代。三井家於享保年間（1716～1736）來到江戶發展時，將其視為守護神並加以信仰崇拜。原本位於三越池袋店的獅子像現被遷移至此處。

🕐 9:00～17:00（12～2月到16:30）　㊡無休　¥免費參拜　🏠墨田区向島2-5-17　☎03‧3622‧2672

⑥ 弘福寺
風外禪師所鑿石像能擊退感冒

創建於延寶元年（1673），日本三禪宗之一的黃檗宗古剎。在這裡能看到黃檗宗特有的唐風建築正殿與山門。寺內供奉著人稱「咳嗽爺婆尊」的石像，被認為能擊退感冒而廣受人們信仰。

🕐 5:00～17:30　㊡無休　¥免費參拜　🏠墨田区向島5-3-2　☎03‧3622‧4889

⑩ 東京晴空塔
世界第一高的自立式電波塔

高634公尺，設有2座觀景台，分別是標高350公尺處的天望甲板，以及標高450公尺處的天望迴廊，能居高臨下一覽被建築物填滿的東京街景。亦附設咖啡廳與餐廳。

🕐 10:00～20:00　㊡無休　¥現場購票（觀景台套票平日價）3100日圓　🏠墨田区押上1-1-2　☎0570‧55‧0634（東京晴空塔客服中心）

⑨ 牛嶋神社
撫摸牛雕像祈求傷病早日痊癒

相傳慈覺大師受到天神託夢，而於貞觀2年（860）創建的神社。據說對照自身的傷病部位來撫摸神社內的「撫牛」雕像，就能治癒傷病，由於求願者眾，整座雕像被摸得烏黑發亮。

🕐 自由參拜　🏠墨田区向島1-4-5　☎03‧3622‧0973

⑧ 墨田鄉土文化資料館
主題式了解今昔的墨田區

透過實物與照片等資料介紹墨田區的歷史、文化和傳統。2樓展示室除了有隅田川划船賽資料，以及根據東京空襲經驗所創作的畫作外，還有重現明治時代墨堤的全景模型。

🕐 9:00～16:30　㊡週一、第4週之週二（遇假日為翌日休）　¥門票100日圓　🏠墨田区向島2-3-5　☎03‧5619‧7034

探險

鳩子屋麵包店

易主後重新面世的可培麵包專賣店，嚐嚐「波奇也歡喜的鳩子屋麵包」

外觀皆維持原樣　木門框與玻璃拉門

位於墨田區京島的閃閃發亮橘商店街，保留著濃厚的昭和老街風情，老牌商店林立，無論是過去還是現在，始終熱鬧非凡。其中最引人注目的，莫過於大正元年（1912）開業的老店「ハト屋パン店（鳩子屋麵包店）」。幾年前在一片惋惜聲浪中結束營業後，因住在附近的現任老闆紙田和代女士接手經營而再次復活。據悉因為她覺得「這家店就這樣被拆掉的話實在可惜」，而買下整棟建築。

重新開張後與舊鳩子屋一樣專售可培麵包。除了有售價170日圓的原味款、200日圓的草莓醬和花生醬口味，亦販售包夾著菜餚的三明治可培。店內設有內用區，可以點咖啡或紅酒等飲品。平日早餐時段（6:30～8:30）還供應售價350日圓的麵包加飲料套餐。可以在散步前先來墊墊胃。

🕐 6:30～15:00（週六、日、假日10:00～16:00），售罄即打烊　㊡週五　🏠墨田区京島3-23-10　☎03‧4288‧8918

烤牛肉佐萵苣三明治可培套餐350日圓

千葉縣
東京都
江戶川

矢切の渡し

⑧ 矢切の渡し

在江戶時代初期，為了方便民眾移動至對岸的農地，以及購買日用品或前往寺院神社參拜，由江戶幕府所設立的渡船頭之一

8分→

柴又公園

0　　　　　100m

N

江戶川堤防線

19

柴又

有瘋癲阿寅迎賓的帝釋天門前町

在地特色知多少？

柴又是因為柴又帝釋天這座寺院而繁榮起來的市街，再加上山田洋次導演所執導的電影《男人真命苦》將故事背景設於此地，柴又因而聲名大噪。

而柴又帝釋天是創建於寬永6年（1629）的日蓮宗寺院，正式的名稱為「經榮山 題經寺」。

與柴又站連成一線的帝釋天參道，是柴又散步的主要動線。其因躲過戰禍的摧殘，留有許多建於明治～大正時代的木造瓦葺建築，呈現出古色古香的景觀。

江戶川沿岸則座落著與電影相關的「葛飾柴又阿寅紀念館」與「山田洋次博物館」。至今在江戶川仍提供延續自江戶時代的「矢切渡船」服務，並與柴又帝釋天一帶共同被環境省選為「日本百大聲音景點」。

氣勢雄偉的柴又帝釋天

⬌ 約2.4公里

⧖ 約40分

🚶 約3300步

矢切渡船

Goal

從柴又站搭乘電車的交通資訊，請參閱右側Start內容

柴又站

京成金町線

⑧ 矢切渡船
←14分／1.0km

⑦ 葛飾柴又阿寅紀念館
←8分／0.5km

⑥ 山田洋次博物館
直達

⑤ 山本亭
←2分／0.1km

④ 柴又帝釋天
←5分／0.3km

③ 柴又八幡神社
←4分／0.3km

② 帝釋天參道
←2分／0.1km

① 瘋癲阿寅與送行阿櫻像
←1分／0.1km

柴又站

京成金町線

直達

Start

從日暮里站搭乘京成本線至京成高砂站，換乘京成金町線至柴又站為30分鐘，270日圓；從京成上野站搭乘為31分鐘，270日圓

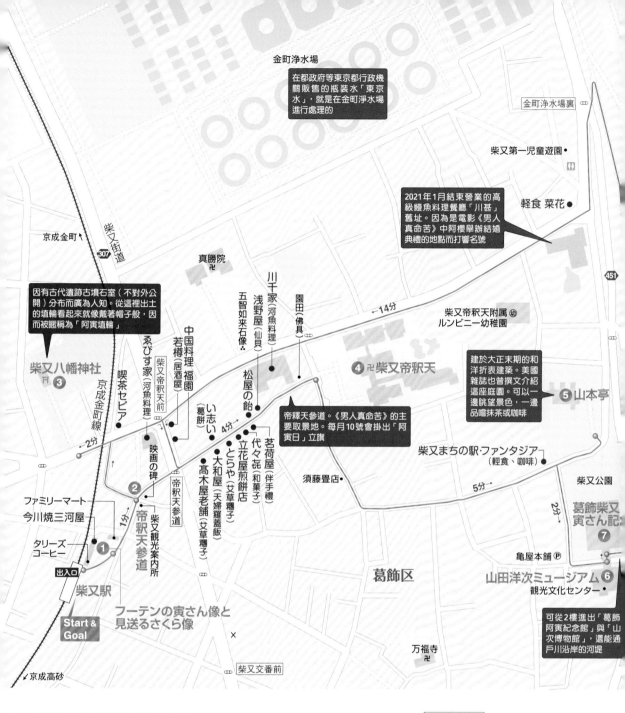

金町浄水場

在都政府等東京都行政機關販售的瓶裝水「東京水」，就是在金町淨水場進行處理的

金町浄水場裏

柴又第一児童遊園・

軽食 菜花・

2021年1月結束營業的高級鰻魚料理餐廳「川甚」舊址。因為是電影《男人真命苦》中阿櫻舉辦結婚典禮的地點而打響名號

京成金町↑

柴又街道

307

真勝院 卍

川千家（河魚料理）

浅野屋（仙貝）

園田（佛具）

五智如来石像⋮

柴又帝釈天附属 幼 ルンビニー幼稚園

←14分

因有古代遺跡古墳石室（不對外公開）分布而廣為人知。從這裡出土的埴輪看起來就像戴著帽子般，因而被暱稱為「阿寅埴輪」

柴又八幡神社 卍 ③

喫茶セピア

ゑびす家（河魚料理）

柴又帝釈天前

中国料理 福園

若樽（居酒屋）

松屋の飴

④ 卍 柴又帝釈天

⑤ 山本亭

建於大正末期的和洋折衷建築。美國雜誌也曾撰文介紹這座庭園。可以一邊眺望景色，一邊品嚐抹茶或咖啡

京成金町線

←2分

映画の碑

帝釈天参道

い志い（葛餅）

4分→

帝釈天参道。《男人真命苦》的主要取景地。每月10號會掛出「阿寅日」立旗

柴又まちの駅・ファンタジア（輕食、咖啡）

柴又公園

②

茗荷屋（伴手禮）

代々弴（和菓子）

立花屋煎餅店

とらや（艾草糰子）

大和屋（天婦羅蓋飯）

髙木屋老舗（艾草糰子）

須藤畳店・

5分→

←2分→

葛飾柴又寅さん記 ⑦

ファミリーマート

今川焼三河屋

タリーズコーヒー

①

柴又観光案内所

帝釈天参道

葛飾区

亀屋本舗 P

出入口

柴又駅

Start & Goal

フーテンの寅さん像と見送るさくら像

×

山田洋次ミュージアム ⑥
観光文化センター←

可從2樓進出「葛飾阿寅紀念館」與「山次博物館」，還能通戶川沿岸的河堤

万福寺 卍

↙京成高砂

柴又交番前

葛飾柴又阿寅紀念館

照片／ⓒ松竹（股）

當地名人

車 寅次郎

阿寅土生土長的地方
吸引全國各地的影迷造訪

「在下是土生土長的葛飾柴又人」。渥美清所飾演的瘋癲阿寅，令原本只是東京一座小車站的柴又一炮而紅。走在車站前和參道商店街時，給人一種似乎會遇到阿寅的錯覺。

帝釋天參道地圖

卍 柴又帝釈天

混合米及糯米製成的海綿蛋糕包裹著鮮奶油的米米捲，很推薦。
1530日圓

週日與假日（夏季除外）會有現場製糖表演。

以寅次郎輪廓作為造型的阿寅仙貝。
4片裝700日圓

止咳糖
300日圓、500日圓

電影《男人真命苦》中，傳至第10代的老店。
鰻魚盒飯（梅）
3700日圓

彈猿是源自柴又的民藝品，乃幸運物，據說能彈走惡運。
950日圓

至 江戶川堤防
矢切渡船→

寺內有一台由舞獅遞交靈籤的奇妙自動販賣機……
1次200日圓

至 山本亭
寅さん記念館

園田神仏具店
園田木彫店
川千家（河魚料理）
三佛屋（佛具）
松屋の飴
浅野屋（煎餅）
九仁佃煮
九仁（漬物）
吉野家（艾草糰子）
い志い（葛餅、漬物）
高木屋老舖（艾草糰子）
高木屋老舖（艾草糰子）
大和家（天婦羅蓋飯）
金子屋（仙貝）
門前とらや（艾草糰子）
立花屋煎餅店
代々やゝ（和菓子）
茗荷屋（民藝品）
延命堂（佃煮、漬物）
大德（佃煮、漬物）
やぶ忠（蕎麥麵）
亀家本舗（艾草糰子）
升本
中村堂（民藝品）
そ乃田民芸店

そ乃田民芸品店

繪有帝釋天或阿寅圖像的原創手拭巾，店內有各式各樣古樸素雅的柴又紀念品。
手拭巾各1100日圓

店家以石臼磨粉製成的手工蕎麥麵，分量也誠意十足。
鴨肉蒸籠蕎麥麵
1250日圓

艾草糰子
12粒 800日圓

艾草糰子16粒
650日圓

天切渡船最中餅，船形外皮內是滿滿的店家自製餡料。此拍攝。
在第1至4部中，阿寅老家的場景都是在的場景都是在
1個120日圓

《男人真命苦》中的寅屋（第40部時改名為車屋）原型。店內擺著與阿寅相關的物品與照片等物。

在店門口現炸的蝦子、獅子椒組成的蓋飯乃駿天婦羅是店家招牌。醬汁是較濃烈的關東風。
天婦羅蓋飯（中）
1200日圓

可以選擇喜愛的口味試吃。特別推薦奈良漬跟蝗蟲佃煮。
各500日圓

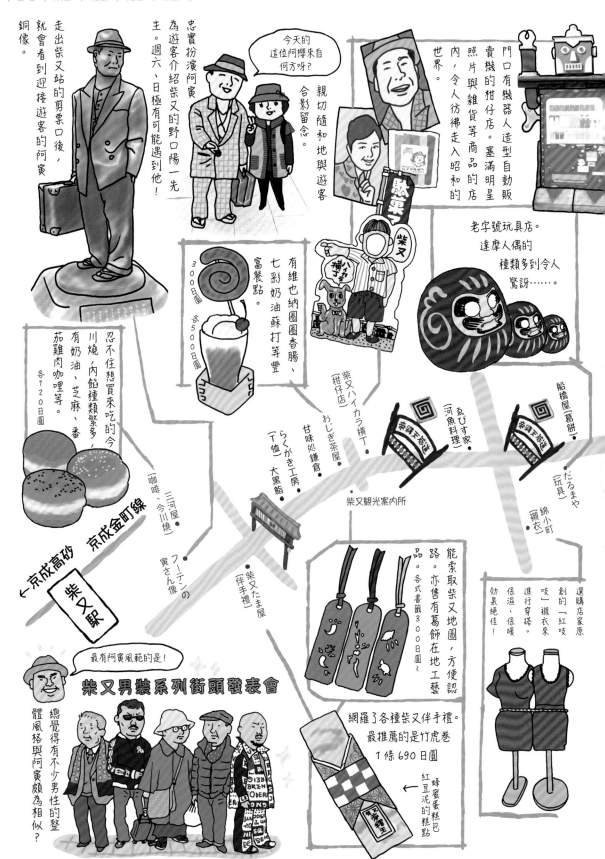

走出柴又站的剪票口後，就會看到迎接遊客的阿寅銅像。

忠實扮演阿寅為遊客介紹柴又的野口陽一先生。週六、日極有可能遇到他！

今天的這位阿櫻來自何方呀？

親切隨和地與遊客合影留念。

門口有機器人造型自動販賣機的柑仔店。塞滿明星照片與雜貨等商品的店內，令人彷彿走入昭和的世界。

老字號玩具店。達摩人偶的種類多到令人驚訝……。

300日圓 或500日圓

有維也納圈圈香腸、七彩奶油蘇打等豐富餐點。

忍不住想買來吃的今川燒，內餡種類繁多，有奶油、芝麻、番茄雞肉咖哩等。

各120日圓

〔柑仔店〕柴又ハイカラ横丁

〔河魚料理〕ゑびす家

船橋屋〔葛餅〕

〔玩具〕だるまや

甘味処鎌倉 おじぎ茶屋

らくがき工房〔T恤〕

大黑鮨

〔襯衣〕綿小町

柴又觀光案内所

選購店家原創的「紅咬咬」襯衣來進行穿搭。保濕、保暖、效果絕佳！

←京成高砂　京成金町線

〔咖啡、今川燒〕三河屋

フーテンの寅さん像

〔伴手禮〕柴又たま屋

柴又駅

能索取柴又地圖，方便認路。亦售有葛飾在地工藝品。各式書籤300日圓～

網羅了各種柴又伴手禮。最推薦的是竹虎卷 1條690日圓

蜂蜜蛋糕包紅豆泥的糕點

最有阿寅風範的是！

柴又男裝系列街頭發表會

總覺得有不少男性的整體風格與阿寅頗為相似？

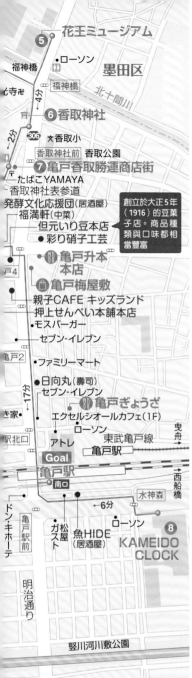

花王ミュージアム
5
ローソン
福神橋
墨田区
福神橋
北十間川
4分
6 香取神社
306 文香取小
香取神社前 香取公園
7 亀戸香取勝運商店街
たばこYAMAYA
香取神社表参道
発酵文化応援団(居酒屋)

> 創立於大正5年（1916）的豆菓子店。商品種類與口味都相當豐富

福満軒(中菜)
但元いり豆本店
彩り硝子工芸
亀戸升本 本店
亀戸梅屋敷
亀戸2
親子CAFE キッズランド
押上せんべい本舗本店
モスバーガー
セブン-イレブン
亀戸2
ファミリーマート
日向丸(壽司)
17分
セブン-イレブン
亀戸ぎょうざ
エクセルシオールカフェ(1F)
ローソン
アトレ
東武亀戸線
駅北口
亀戸駅
Goal
亀戸駅
南口
西船橋
水神森
6分
亀戸駅前
ローソン
8 KAMEIDO CLOCK
ガスト
松屋
魚HIDE(居酒屋)
ドン・キホーテ
明治通り
竪川河川敷公園

20 錦系町・龜戶

成為浮世繪一景的賞梅勝地。如今則是音樂與煎餃之鄉

在地特色知多少？

車站前有大型商業設施，車站西側則是燈紅酒綠區，人來人往十分熱鬧的錦系町。始自2010年的「墨田街頭爵士嘉年華」吸引了許多樂迷來此參加，加上這裡有一座Triphony音樂廳，因此呈現出音樂之鄉的氛圍。

龜戶是龜戶天神社的門前町，神社則奉祀學問之神菅原道真。每年2～3月是日本的考季，此時正逢神社內的梅花盛開，因而顯得格外熱鬧。2022年，大型商場KAMEIDO CLOCK在精工錶工廠舊址正式開幕營運。

這一區有許多特色美食，像是重新培育出龜戶白蘿蔔的「龜戶升本 總店」、販售葛餅的「船橋屋 龜戶天神前總店」等，不過，眾所公認的龜戶靈魂食物其實是「龜戶煎餃」，每到假日，一天的銷量可高達1萬5000顆，人氣超旺。

龜戶天神社奉祀學問之神

⟷ 約4.9公里

⧗ 約1小時15分

🚶 約6600步

龜戶煎餃

JT

↑押上

四ツ目通り

横川3　横川交番前

⊗本所警察署

春日通り　栗原橋

卍龍眼寺

浅草通り

在龜戶天神社內往社殿方向望去，就會看到東京晴空塔

亀戸天神社 ④

卍光明寺

15分→

セブン-イレブン

卍普門院

×本所消防署

❸東京消防庁本所防災館

横十間川

×柳島小

船橋屋 亀戸天神前本店

江戸切子の店 華硝

セブン-イレブン

BLANK BOX（T恤）

〒本所郵便局

亀戸天神通り

ハンバーグ＆洋食 ベア

セブン-イレブン

渋谷珈琲

麺工房 武

（金魚専賣店＆美髪沙龍）モスバーガー

サロン・ド・スダ

リラクゼーションサロン La.nature

●救世軍江東小隊教会

斉藤硝子店

うなぎ 三由

にし田（蕎麥麵）

すみだ江戸切子館 ❷

エネオス

天神橋

亀戸天神入口

天神橋

12分→

天むす・すえひろ

老闆乃拳擊選手出身的手工蕎麥麵店。原料直接跟農家簽約採購，每天以石臼現磨現做十割純蕎麥麵。尤其推薦鴨肉蒸籠蕎麥麵，前菜類也很美味

蔵前橋通り

立志舎高

ファミリーマート

中華料理 谷記

ゆで太郎

太平4

天下一品（拉麺）

やき鳥 信玄

9分

オリナス

×天神橋西詰

天神橋

×錦糸小

すき家

すみだトリフォニーホール

らあめん花月

ドトール

くすりの福太郎

焼肉 三千里

水と緑と花の広場

●墨田区総合体育館

❶錦糸公園

每年秋季都會在錦系公園舉辦「墨田街頭爵士嘉年華」

江東区

×第一亀戸小

文泉公園

第一亀戸小

北斎通り

アルカキット×

3分→

錦糸公園前

●セブン-イレブン

錦糸橋

Start
北口

JR総武快速線

JR総武線

亀戸

墨田区

東京← ←秋葉原

錦糸町駅

テルミナ

パルコ

錦糸町駅

⑭

京葉道路

マルイ

東京メトロ半蔵門線

墨東病院

昭和4年（1929）竣工的豎川橋梁，擁有磚造橋墩，是JR越島中島支線的鐵路橋。橋梁上方為首都高速公路，下方則修建為豎川親水公園

↓大手町

竪川橋梁

N

0　　　　200m

錦糸公園

當地名人

田中 圭先生

熱愛龜戶的人氣演員
最常去的店也在龜戶！

因為連續劇《大叔的愛》而爆紅的田中圭，從國小5年級到20歲之前都住在龜戶。本人曾表示經常光顧「龜戶煎餃」和專售什錦燒的「Doremi 龜戶店」。在這些餐館目擊到本尊的消息至今依然時有耳聞。

❸ 東京消防廳本所防災館

提升民眾防災意識

透過體驗型的展示寓教於樂，學習有關地震、初期滅火、緊急救護、遇火災煙霧時的逃生術等防災相關知識與技術。還可體驗逼真的虛擬狀況。

🕐 9:00～16:30　🈺 週三、第3週之週四（遇假日為翌日休）　💴 免費入館（體驗活動須預約）　🏠 墨田區橫川4-6-6　☎ 03·3621·0119

❷ 墨田江戶切子館

亦販售墨田大師的切子作品

江戶切子（玻璃雕花）工房兼商店。從匠人逸品到日常物件，一應俱全。館內亦展示江戶切子的發展歷史與製作工程，以及自古以來所使用的工具等物，還能觀賞職人爐火純青的技藝。

🕐 10:00～17:00　🈺 週一、日、假日　💴 免費入館　🏠 墨田區太平2-10-9　☎ 03·3623·4148

❶ 錦系公園

位於車站附近的休憩公園

有一大片草坪環繞著噴水池的「水綠花廣場」、設置著各種兒童遊具的「互動廣場」與「小不點廣場」。腹地內還有墨田綜合體育館、網球場、棒球場等豐富的運動設施。

🕐 自由入園　🏠 墨田區錦糸4-15-1

❹ 龜戶天神社

奉祀學問之神的神社為紫藤花勝地

主神為被奉為學問之神而廣受信仰的菅原道真。由德川第4代將軍家綱捐贈用地，社殿仿效九州太宰府天滿宮建造而成。4月中旬起盛開的紫藤花，將心字池周邊妝點得美不勝收。

🕐 自由參拜　🏠 江東區龜戶3-6-1　☎ 03·3681·0010

☕ 船橋屋 龜戶天神前本店

江戶人也很愛的日式甜點

創立於文化2年（1805），相傳為「葛餅」始祖，是龜戶天神社香客們的心頭好。以乳酸發酵製作的葛餅與充分發揮大豆、黑糖風味的黃豆粉跟糖蜜，共譜甜而不膩的好滋味。內用790日圓。

🕐 9:00～18:00（內用11:00～17:00LO）　🈺 無休　🏠 江東區龜戶3-2-14　☎ 03·3681·2784

❻ 香取神社

根據史實的勝矢祭也很有看頭

創建超過1350年的古老神社。藤原秀鄉曾在此祈求戰事順利，果真成功討伐平將門，因而獻納被命名為「勝矢」的箭矢。現在這座神社則被奉為「運動振興之神」，吸引許多香客前來參拜。

🕐 自由參拜　🏠 江東區龜戶3-57-22　☎ 03·3684·2813

❺ 花王博物館

了解花王歷史的同時，一併學習清潔文化

設立於花王墨田廠辦大樓的博物館。內有沐浴、洗衣等與清潔相關的解說區、花王歷史介紹區等，館方會安排工作人員為遊客進行導覽，能透過觀看、聆聽和觸摸來學習新知。

🕐 10:00～11:00·14:00～16:30（須預約）　🈺 週六、日、假日　💴 免費　🏠 墨田區文花2-1-3　☎ 03·5630·9004（花王博物館預約參觀專線）

🛍 龜戶梅屋敷

宣傳龜戶文化、歷史設施

參考實際存在於江戶時代的賞梅勝地梅屋敷所打造而成的商業設施。設有觀光服務處、特產賣場和曲藝場。尤其推薦任選3袋1080日圓的餅乾系列，以及各216日圓的龜殼銅鑼燒和梅花蜂蜜蛋糕。

🕙 10:00～18:00　㊡ 無休　🏠 江東區龜戶4-18-8　☎ 03・6802・9550

名產

🍴 龜戶升本 本店

大啖龜戶傳統蔬菜白蘿蔔料理

創立於明治38年（1905），主打以江戶傳統蔬菜龜戶白蘿蔔製成的料理。蛤蜊鍋與其相當對味，午餐只要2000日圓就能吃到龜戶白蘿蔔蛤蜊鍋套餐。

🕙 11:30～14:00LO、17:00～19:30LO（週六、日、假日中午11:00開始）　㊡ 週一（遇假日為翌日休）　🏠 江東區龜戶4-18-9　☎ 03・3637・1533

7 龜戶香取勝運商店街

彷彿穿越時空回到昭和時代

這條商店街的店面建築以砂漿和銅板外牆打造，招牌則塗裝得五顏六色。其中有許多充滿特色的店家，像是從明治時代傳承至今的味噌與漬物專賣店「丸定」、老字號和菓子店「山長」等等。

8 KAMEIDO CLOCK

能感受到龜戶特色的大型商業設施

當地最大規模、誕生於精工錶工廠舊址的購物商場。地下1樓、地上4樓的設施內有大型超市、生鮮與食品專賣店、餐廳、美食廣場、服飾、雜貨等136家商店齊聚一堂。

🕙 10:00～21:00（依店家而異）　㊡ 無休　🏠 江東區龜戶6-31-6　☎ 03・5875・4460

名產

🍴 龜戶ぎょうざ

經常大排長龍的龜戶在地美食

創立於昭和28年（1953）的超人氣餐館，只賣煎餃，別無其他。每人最低消費為2盤（1盤300日圓）。薄且酥脆的煎餃皮，搭配高麗菜為主的餡料，吃起來清爽美味不油膩。

🕙 11:00～19:40LO　㊡ 無休　🏠 江東區龜戶5-3-3　☎ 03・3681・8854

探險

江戶切子

蘊含職人精湛技藝的玻璃工藝。體驗日本代表性傳統工藝品的細膩做工

天保5年（1834），江戶大傳馬町的玻璃批發商加賀屋久兵衛以金剛砂在玻璃表面進行雕刻，相傳此乃江戶切子的起源。進入明治時代後，政府開設**品川硝子製造所**，聘請英國技師**伊曼紐爾・霍普特曼（Emanuel Hauptmann）**來進行指導。十幾名日本學員在接受培訓後，確立了如今的工藝技法。江戶切子在昭和60年

「墨田江戶切子館」內的作業情景

（1985）獲選為東京都指定傳統工藝品，在2002年入選經濟產業大臣指定傳統工藝品，這項技術也持續由年輕職人們接棒傳承。

墨田區從以前就有許多江戶切子師傅在此發展，隨處可見玻璃雕花工房與商店。「**墨田江戶切子館**」是老字號玻璃製造商「**廣田硝子股份有限公司**」所開設的江戶切子工房直營賣店。在這裡可以一睹墨田區認證的玻璃雕花大師川井更造先生以及職人們精心打造的作品。

除此之外，這個區域還有創立76年的老店「**江戶切子店 華硝**」、親子兩代互飆技藝的「**彩硝子工藝**」等工房，能欣賞到各家師傅所呈現出的不同風格。

以四分之一圓重疊而成的傳統花紋七寶紋

21

深川・門前仲町

徜徉於門前町的風情以及水景綠地的公園懷抱裡

在地特色知多少？

深川、門前仲町在江戶時代初期是座小漁村。寬永4年（1627）富岡八幡宮創建後，這個地區才成為因寺廟而繁榮起來的門前町，不但有募款相撲賽，還衍生出深川八幡祭等活動。此外，紀伊國屋文左衛門等富商也曾居住於此。時至今日，這裡除了富岡八幡宮外，還有源自成田山新勝寺的深川不動堂、江戶三閻魔之一的深川閻魔堂等古老寺社，令人感受到濃厚的歷史氣息。

隨著時代變遷，與深川毗鄰的木場貯木場搖身一變成為木場公園。其他還有重現昔日風采的親水公園，以及利用江戶城築城時的石塊置放場修建而成的親水公園等設施。漫步於門前町與綠意盎然的公園是此地區最道地的玩法。

傳承貯木場歷史的木場親水公園

- ↔ 約6.0公里
- ⧗ 約1小時25分
- 🚶 約8000步

地圖區域名稱（左側地圖）

- 北一ツセンター
- 木場公園
- 木場公園大橋
- 崎川橋
- 末広橋
- 都立木場公園前
- 三ツ目通り
- 11分→
- ⑤ 木場公園
- 深川警察署 ⊗
- 木場公園売店
- 深川警察署前
- ⊗深川消防署
- Park Community KIBACO（咖啡館）
- 木場3
- 木場出入口
- 大横橋
- 大横川
- ←27分→
- セブン-イレブン
- Organic Café Lulu
- オタフクソース東京本部
- 319
- 「御多福調味料東京總部」的陳列室內，除了有什錦燒與炒麵等的醬料外，亦販售原創商品
- 〒 木場駅
- 沢海橋
- ビストロ・ド・リヨン（法式料理）
- セブン-イレブン
- 木橋
- 新田橋
- 弁天橋
- 西船橋→
- カオマンガイ専門店 Pui
- まぐろ問屋 西川（居酒屋）
- 大横南川支川
- 入口
- 橋

路線圖（下方）

Start
從飯田橋站搭乘地下鐵東西線至門前仲町站為11分鐘，180日圓；乘搭地下鐵大江戶線為25分鐘，280日圓；從代代木站搭乘為6分鐘，180日圓

地下鐵東西線、大江戶線
門前仲町站
←3分／0.2 km

1 法乘院 深川閻魔堂
←7分／0.5 km

2 深川不動堂
←2分／0.1 km

3 富岡八幡宮
←11分／0.7 km

4 木場親水公園
←11分／0.9 km

5 木場公園
←27分／1.8 km

6 古石場川親水公園
←19分／1.3 km

7 明治丸
←5分／0.4 km

越中島站
JR京葉線

Goal
從越中島站搭乘JR京葉線至東京站為4分鐘，150日圓

富岡八幡宮骨董市集

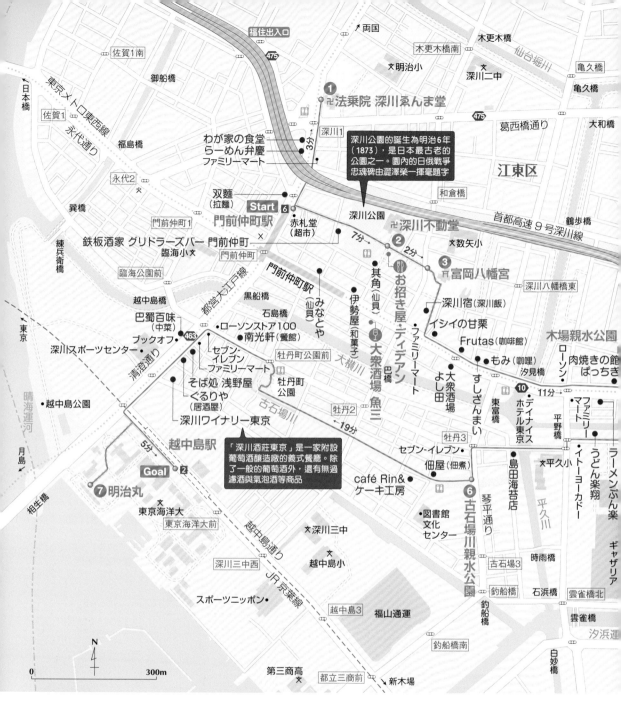

両国

福住出入口

↗両国

木更木橋

佐賀1南

御船橋

木更木橋南

明治小 文

木場親水公園

475

深川二中 文

亀久橋

東京メトロ東西線

佐賀1

永代通り

福島橋

福島橋

1 法乗院 深川ゑんま堂

葛西橋通り

大和橋

江東区

わが家の食堂
らーめん弁慶
ファミリーマート

深川公園的誕生為明治6年（1873），是日本最古老的公園之一。園內的日俄戰爭忠魂碑由澁澤榮一揮毫題字

永代2

巽橋

双麺（拉麺）

Start **6**

和倉橋

首都高速9号深川線

鶴歩橋

門前仲町駅

赤札堂（超市）

深川公園

深川不動堂

練兵衛橋

鉄板酒家 グリドラーズバー

門前仲町 ×

7分

2 2分

数矢小 文

門前仲町

臨海小 文

門前仲町駅

3 富岡八幡宮

臨海公園前

都営大江戸線

其角（仙貝）

深川八幡橋東

東京

越中島橋

黒船橋

石島橋

みなとや

巴蜀百味（中菜）

463

ローソンストア100

南光軒（餐館）

セブン-イレブン
ファミリーマート

そば処 浅野屋

ぐるりや（居酒屋）

深川ワイナリー東京

ブックオフ

深川スポーツセンター

清澄通り

越中島公園

越中島駅

Goal **2**

7 明治丸

東京海洋大

東京海洋大前

伊勢屋（和菓子）

其角（仙貝）

大横川

お招き屋・ティデアン

巴橋

大衆酒場 魚三

牡丹町公園前

牡丹町公園

古石場川

牡丹2

19分

深川宿（深川飯）

イシイの甘栗

Frutas（咖啡館）

ローソン

肉焼きの館 ぱっちき

もみ（咖哩）

汐見橋

大衆酒場 よし田

すしざんまい

東富橋

平野橋

10 11分

デイナイスホテル東京

平野2

ファミリーマート
イトーヨーカドー

ラーメンぶん楽

うどん楽翔

ギャザリア

牡丹3

セブン-イレブン

佃屋（佃煮）

café Rin&ケーキ工房

「深川酒莊東京」是一家附設葡萄酒釀造廠的義式餐廳。除了一般的葡萄酒外，還有無過濾酒與氣泡酒等商品

6 古石場川親水公園

島田海苔店

平久小

平久川

平久2

図書館文化センター

琴平通り

釣船橋

釣船橋南

時雨橋

古石場3

石浜橋

雲雀橋北

N

0　　　　　300m

東京海洋大

深川三中 文

深川三中西

越中島通り

越中島小 文

深川3

スポーツニッポン •

越中島3

JR京葉線

福山通運

福住橋

釣船橋南

第三商高 文

都立三商前

↘新木場

白妙橋

深川不動堂的參道

伊能 忠敬

**成為測量之旅據點的
門前仲町住家**

日本第一位繪製出正確日本實測地圖的伊能忠敬曾居住在深川黑江町（現為門前仲町）。相傳他在出發進行測量之前，曾前往富岡八幡宮參拜。神社內立有伊能忠敬像。

🍴 お招き屋·ディデアン

品嚐阿育吠陀養生粥與輕食

為藥膳料理店。週六、日的限定早餐廣獲好評。尤其推薦使用促進血液循環的植物雷公根所製成的養生粥（Kenda）800日圓、香料蔬菜湯搭配米飯900日圓。也大推午餐時段的藥膳咖哩。

🕐 11:00～18:00（週六、日8:00開始，須事先確認）　㊡ 不定期公休　🏠 江東区富岡1-15-3　☎ 03·3643·7883

① 法乘院 深川閻魔堂

色彩鮮豔的江戶三閻魔之一

於寬永6年（1629）創建。於1989年建造完成的神像是日本最大規模的閻魔大王像。正殿內設有闔家平安、擊退失智等19個祈願賽錢箱，投下香油錢後，就會自動播放該項目講道內容，乃日本首座採用此系統的廟宇。

🕐 9:00～17:00　㊡ 無休　💰 免費參拜　🏠 江東区深川2-16-3　☎ 03·3641·1652

左／舊正殿為江東區內最古老的木造建築
右／正殿外牆布滿了梵文

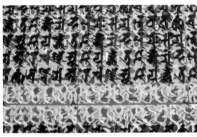

② 深川不動堂

因成田山御本尊移駕而成立的分院

元祿16年（1703），成田山新勝寺的御本尊移駕至此開放參拜，成為此寺起源。後於明治14年（1881）創建不動堂。為新勝寺的東京分院，被暱稱為「深川的不動大人」。

🕐 自由參拜　🏠 江東区富岡1-20-3　☎ 03·3641·8288

🍷 大眾酒場 魚三

昭和32年（1957）開業的熱門酒館。鮮魚料理好吃又便宜！

1樓與2樓的コ字型吧檯區總是高朋滿座。原本是賣魚的店家，鮮魚料理相當受歡迎，像是一盤450日圓的鮪魚生魚片、700日圓的中腹肉生魚片等等。酒類價格也很實惠，杯酒210日圓。

🕐 16:00～22:00（2樓到21:30）　㊡ 週日、假日　🏠 江東区富岡1-5-4　☎ 03·3641·8071

③ 富岡八幡宮

廣為民眾信奉的深川八幡大人

創建於寬永4年（1627），深受德川將軍家族崇敬而備受禮遇。此處是用來募款蓋廟的勸進相撲賽發祥地，境內有記載歷代橫綱之名的石碑。8月15日左右舉行的深川八幡祭為江戶三大祭之一。

🕐 自由參拜　🏠 江東区富岡1-20-3　☎ 03·3642·1315

❺ 木場公園
最適合野餐踏青的綠地公園

這裡從前是做木材生意的公司用地，後翻修為公園。面積約為23萬8000平方公尺的腹地被分成3個區域，並透過木場公園大橋形成連結。設有植物園、烤肉區、寵物運動公園等場地。

🕐 自由入園
🏠 江東区木場4·5丁目·平野4丁目·三好4丁目·東陽6丁目
☎ 03·5245·1770

❹ 木場親水公園
能感受到江戶情懷的河濱公園

以木場的風景為基調所建造的親水公園。從木場站附近延伸至仙台堀川約莫900公尺長的範圍內，設有石砌水渠、木製拱橋、傳統和船等等，能令人感受到江戶情懷。

🕐 自由入園　🏠 江東区木場2·3丁目
☎ 03·5683·5581
（江東區河濱與綠景事務所）

❼ 明治丸
展示著建於明治時代配備輔助帆被列為國家重要文化財的蒸汽船

明治7年（1874）於英國製造完成的燈塔巡邏船，亦作為天皇用船與練習船。

🕐 10:00～16:00（10月～3月到15:00）
休 週二、四、第1、3週之週六開放參觀（遇假日休息）、不定期公休　💰免費參觀
🏠 江東区越中島2-1-6 東京海洋大学越中島キャンパス内
☎ 03·5245·7360

❻ 古石場川親水公園
以海潮香氣為主題建造的公園

這裡原本是江戶城築城之際的石塊存放區，因此設置了許多石頭裝飾物。由於海水流經園內水路，所以能看到蛤蜊生長。還可以觀賞玫瑰園與繡球花。

🕐 自由入園　🏠 江東区牡丹10
☎ 03·5683·5581
（江東區河濱與綠景事務所）

探險

木場貯木場

被徵招來建設江戶的木材供應商，因遷移至木場而帶動地區發展

天正18年（1590），在德川家康入主江戶後，為了改建江戶城與江戶市街，必須使用大量的木材，因而從全國各地召集了木材供應商。在這之後，大多數的供應商都留在江戶，除了以日本橋材木町為據點外，也在各地做生意。寬永18年（1641），木材供應商所保管的木材被認為是引發桶町大火延燒的原因，剩餘的木材遂被集中放置在舊木場（江東區清澄、深川等地周邊）。

在明曆3年（1657）的明曆大火發生後，神社佛寺與武士宅邸全都遷往與江戶城相距甚遠的地區。由於木場擁有方便搬運木材的水路，深川木場町便於元祿14年（1701）應運而生。許多木材供應商因建設江戶市街而成為巨富，相傳紀伊國屋文左衛門便向富岡八幡宮獻納了3座神輿。

然而，進入高度經濟成長期（約為1950年代～1970年代）後，木場出現了地盤下陷的問題，新木場因而成為新的貯木場，從前的貯木場則成為木場公園。

貯木場時期的木場。
大量的大型木材漂浮在仙台堀水面上

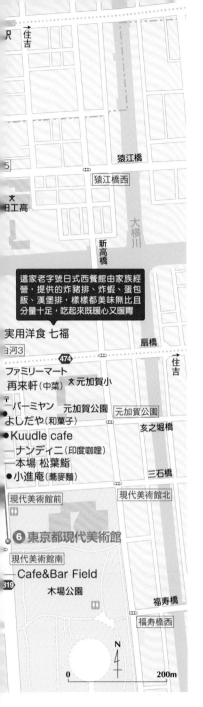

R
住吉
猿江橋
5
猿江橋西
文 日工高
大横川
新高橋
新河

這家老字號日式西餐館由家族經營，提供的炸豬排、炸蝦、蛋包飯、漢堡排，樣樣都美味無比且分量十足，吃起來既暖心又暖胃

実用洋食 七福

白河3
ファミリーマート 474
再来軒(中菜) 文 元加賀小
バーミヤン 元加賀公園
よしだや(和菓子) 元加賀公園
● Kuudle cafe 亥之堀橋
ナンディ二(印度咖哩)
一本場 松葉鮨 三石橋
● 小進庵(蕎麥麵)

扇橋
住吉

現代美術館前 現代美術館北

❻ 東京都現代美術館

現代美術館南
Cafe&Bar Field
319 木場公園

福寿橋
福寿橋西

N
0 ──── 200m

古樸雅致的靈巖寺前街道

處處可見芭蕉足跡的老街。喝喝咖啡散步去

清澄白河・森下

在地特色知多少？

清澄白河為江東區清澄與白河的總稱。相傳清澄這個地名是取自江戶時代在此地填海造陸的人員之一清澄彌兵衛之名。白河則是因為靈巖寺內有白河藩主松平定信的墳墓而得此名。

造訪原為大領主所有的清澄庭園及「深川江戶資料館」，能體會到濃厚江戶風情。另一方面，這裡也因咖啡店林立而成為矚目焦點。新舊元素交融，讓清澄白河的散步行程變得更有趣。

森下這個地名的由來，是因為過去德川世襲家臣酒井左衛門尉家的別墅位於此處，且被樹木覆蓋。松尾芭蕉曾住在這裡，相傳「幽幽古池畔 青蛙躍入水面下 撲通一聲響」便是他在位於此地的芭蕉庵吟詠創作的俳句。森下有許多與芭蕉相關的景點分布，來一趟俳聖足跡巡禮也很有意思。

✢ 約5.2公里
⧗ 約1小時20分
🚶 約7000步

Goal
從森下站搭乘地下鐵新宿線至新宿站為18分鐘，280日圓；搭乘地下鐵大江戶線至飯田橋站為14分鐘，220日圓

森下站
地下鐵新宿線、大江戶線

❾ 江東區芭蕉紀念館
← 6分／0.4 km

❽ 芭蕉庵史跡展望庭園
← 2分／0.2 km

❼ 田河水泡・野狗小黑館
← 4分／0.2 km

❻ 東京都現代美術館
← 13分／0.9 km

❺ 江東區深川江戶資料館
← 16分／1.1 km

❹ 靈巖寺
← 12分／0.8 km

❸ 採茶庵舊址
← 2分／0.1 km

❷ 芭蕉俳句散步道
← 14分／0.9 km

❶ 清澄庭園
← 3分／0.2 km

清澄白河站
← 5分／0.3 km

地下鐵半藏門線、大江戶線
← 4分／0.3 km

Start
從澀谷站搭乘地下鐵半藏門線至清澄白河站為24分鐘，210日圓；從飯田橋站搭乘地下鐵大江戶線為15分鐘，220日圓

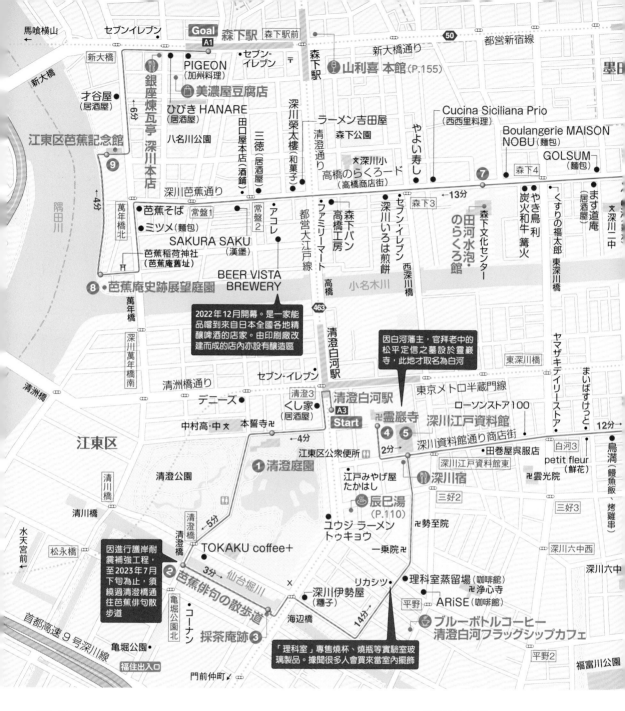

馬喰横山　セブンイレブン　**Goal** 森下駅　森下駅前　新大橋通り　50　都営新宿線　東営新宿線　墨田

新大橋　PIGEON（加州料理）　セブン-イレブン　森下駅　山利喜 本館（P.155）

才谷屋（居酒屋）　銀座煉瓦亭 深川本店　美濃屋豆腐店　Cucina Siciliana Prio（西西里料理）　Boulangerie MAISON NOBU（麵包）

江東区芭蕉記念館　ひびき HANARE（居酒屋）　田口屋本店（酒舖）　深川榮太樓（和菓子）　ラーメン吉田屋　森下公園　やよい寿し　GOLSUM（麵包）

⑨　八名川公園　三徳（居酒屋）　清澄通り　深川小　くすりの福太郎　まず道庵（居酒屋）

深川芭蕉通り　高橋のらくロード（高橋商店街）　13分　森下3　やき鳥利　炭火和牛 篝火　深川二中

芭蕉そば　常盤1　常盤2　アコレ　森下パン　深川いろは煎餅　セブン-イレブン　森下4　田河水泡・のらくろ館　森下文化センター　東深川橋

ミツメ（麵包）　芭蕉稲荷神社（芭蕉庵舊址）　高橋工房　西深川橋　ヤマザキデイリーストア

SAKURA SAKU（漢堡）　都営大江戸線　東深川橋

⑧　芭蕉庵史跡展望庭園　BEER VISTA BREWERY　高橋　小名木川　まいばすけっと

萬年橋　深川萬年橋　463　清澄白河駅　東京メトロ半蔵門線　ローソンストア100

2022年12月開幕。是一家能品嚐到來自日本全國各地精釀啤酒的店家。由印刷廠改建而成的店內亦設有釀造區

因白河藩主，官拜老中的松平定信之墓設於靈巖寺，此地才取名為白河

清洲橋　清洲橋通り　セブン-イレブン　清澄　くし家（居酒屋）　**Start** A3　清澄白河駅　靈巖寺　深川江戸資料館　白河3

デニーズ　本誓寺　④⑤　深川資料館通り商店街　petit fleur（鮮花）　鳥滿（鰻魚飯、烤雞串）

中村高・中　4分　江東区公衆便所　2分　深川資料館通り東　田卷屋呉服店　雲光院

江東区　①清澄庭園　江戸みやげ屋たかはし　③深川宿　勢至院　三好2　三好3　12分

清澄公園　辰巳湯（P.110）　深川六中西　深川六中

清川橋　清澄橋　5分　ユウジ　ラーメン トゥキョウ　一乘院

TOKAKU coffee+　仙台堀川　リカシツ　理科室蒸留場（咖啡館）　浄心寺　ARiSE（咖啡館）　平野

水天宮前　松永橋　清澄橋　3分　②芭蕉俳句の散歩道　深川伊勢屋（糰子）　平野2　福富川公園

因進行護岸耐震補強工程，至2023年7月下旬為止，須繞過清澄橋通往芭蕉俳句散步道

首都高速9号深川線　亀堀公園北　コーナン　採茶庵跡③　海辺橋　14分　ブルーボトルコーヒー 清澄白河フラッグシップカフェ

亀堀公園　福住出入口　門前仲町

「理科室」專售燒杯、燒瓶等實驗室玻璃製品。據聞很多人會買來當室內擺飾

清澄庭園

❶ 清澄庭園

明治時代最具代表性的美麗庭園

據悉公園的部分腹地為江戶富商紀伊國屋文左衛門的豪宅舊址。於明治時代被三菱財閥創辦人岩崎彌太郎收購，建造了迴遊式林泉庭園。配置著來自全國各地名石的造園手法乃一大特色。

🕘 9:00～16:30　㊡ 無休　💴 門票150日圓
🏠 江東区清澄3-3-9　☎ 03・3641・5892

右／池畔設有不規則排列的石塊，讓人能行走於上，也是此庭園的特色之一
左／刻著「幽幽古池畔 青蛙躍入水面下 撲通一聲響」的芭蕉句碑

❹ 靈巖寺

供奉著江戶中期鑄造的地藏像

寬永元年（1624），由雄譽靈巖上人創建於靈巖島（現為中央區新川）的寺院，後因明曆大火而遷移至現址。寺內有江戶幕府老中松平定信之墓，以及江戶六地藏之一的銅造地藏菩薩坐像。

🕘 自由參拜　🏠 江東区白河1-3-32
☎ 03・3641・1523

❸ 採茶庵舊址

芭蕉動身至奧州前暫居的庵室

此為江戶時代中期的俳人，亦為松尾芭蕉門生，俗稱蕉門十哲之一的杉山杉風的庵室所在之處。相傳芭蕉在「奧之細道」之旅前，將芭蕉庵脫手後，曾在此小住。之後他乘船沿隅田川而上，在千住大橋畔動身前往古稱奧州的東北地方。

❷ 芭蕉俳句散步道

展示著芭蕉代表作的櫻花步道

這是一條從仙台堀川的海邊橋綿延至清澄橋南岸的步道。沿路設有「奧之細道」中18首膾炙人口的俳句與圖畫立牌。橋梁兩岸為成排的櫻花樹，花季時美不勝收，綠意盎然的新綠季節時，則提供舒適宜人的涼爽樹蔭。

名產

🍴 深川宿

由漁夫發明的深川鄉土料理

獲選為日本五大銘飯，由深川漁夫所發明的深川飯。以獨門味噌迅速蒸熟上等蛤蜊，再將熱騰騰的湯汁淋在米飯上享用。深川飯（湯飯）2145日圓。

🕘 11:30～15:00・17:00～21:00（週六、日、假日11:30～17:00）　㊡ 週一（遇假日為翌日休）　🏠 江東区三好1-6-7
☎ 03・3642・7878

☕ ブルーボトルコーヒー 清澄白河フラッグシップカフェ

熱門

超熱門的美味咖啡

能在這家藍瓶咖啡清澄白河旗艦店品嚐到風味精緻細膩的精品咖啡。主打商品為當季最新鮮美味的單品咖啡，售價660日圓起。亦提供各式限定餐點。

🕘 8:00～19:00
㊡ 無休
🏠 江東区平野1-4-8
☎ 不公開

照片／Kenta Hasegawa

6 東京都現代美術館

設立於公園內的美術館

收藏了大約5600件日本從戰後至現代新銳藝術家的作品。除了配合別具巧思的主題推出收藏展外,也會舉辦各類企劃展。

🕙 10:00～17:30　㊡ 週一(遇假日為翌日休)、換展期間　¥ 依展覽會而異
🏠 江東區三好4-1-1
☎ 050•5541•8600(委外客服專線)

5 江東區深川江戶資料館

一探江戶時代末期的市街景象

重現江戶時代天保年間(約為1840年)的深川佐賀町風貌,並作為主要展示內容。透過音響與照明來呈現一整天的變化,能深切體會當時民眾的生活。

🕙 9:00～16:30
㊡ 第2、4之週一(遇假日開館)
¥ 門票400日圓
🏠 江東区白河1-3-28
☎ 03•3630•8625

🛍 美濃屋豆腐店

油豆腐和什錦豆腐丸的種類很豐富

創立於明治時代,傳承4代的豆腐店。店家自製豆漿,售價280日圓。還有添加古代米發酵的自製甘酒以及搭配綠茶的深綠版本,甜而不膩的濃醇風味美味無比。

🕙 7:00～18:00(週六到17:00)
㊡ 週日、假日　🏠 江東区新大橋3-5-4
☎ 03•3631•4646

8 芭蕉庵史跡展望庭園

一覽芭蕉也喜愛的河濱風景

位於隅田川與小名木川的匯流地,與建於深川芭蕉庵舊址的芭蕉稻荷神社比鄰而居。園內的芭蕉翁像在開園時朝著園內,17點過後則會轉往隅田川方向,進入點燈模式。

🕙 9:15～16:30　㊡ 無休　¥ 免費入園
🏠 江東区常盤1-1-3
☎ 03•3631•1448(芭蕉紀念館)

7 田河水泡・野狗小黑館

了解《野狗小黑》與作者生平

位於江東區的資料館。人氣長紅漫畫《野狗小黑》的作者田河水泡在此地生活到20幾歲。除了展出單行本、原畫、周邊商品外,亦重現漫畫家的工作室,展示其愛用的書桌與工具。

🕙 9:00～21:00　㊡ 第1、3週之週一(遇假日開館)　¥ 免費入館　🏠 江東区森下3-12-17　☎ 03•5600•8666(森下文化中心)

9 江東區芭蕉紀念館

開設在芭蕉居住地的俳句紀念館

松尾芭蕉曾居住在江東區,此地因而與其有著深厚淵源,館內除了介紹芭蕉的作品外,還展示了各種與俳句文學相關的資料。附近的芭蕉庵史跡展望庭園則有芭蕉像坐鎮。

🕙 9:30～16:30
㊡ 第2、4之週一(遇假日為翌日休)
¥ 門票200日圓
🏠 江東区常盤1-6-3
☎ 03•3631•1448

照片／江東區芭蕉紀念館

名店

🍴 銀座煉瓦亭 深川本店

昭和古早味洋食名店

獲得銀座「煉瓦亭」授權,於昭和3年(1928)自立門戶的店家。第2與第3任老闆皆親自在廚房把關,守護正宗傳統風味。大推以醬油完美調味的嫩煎豬排1350日圓及炸豬排1190日圓。

🕙 11:30～14:30LO•17:00～21:00LO
㊡ 週三(偶有臨時公休)　🏠 江東区新大橋2-7-4　☎ 03•3631•7900

荒川遊樂園・町屋・三之輪

逛逛充滿古樸風情的都電荒川線沿線

從王子站前停留場到三之輪橋停留場有一條沿著都電荒川線（東京櫻花路面電車）分布，長約6公里的步道。荒川線全長為12.2公里，這條步道幾乎涵蓋了一半的距離。

荒川車庫前有都電回憶廣場與荒川車庫，這裡也因而成為都電迷的朝聖地。於2022年完成整修翻新的荒川遊樂園，相當受到幼兒和小學生的喜愛，很多人都是全家總動員出遊。

町屋站前是地下鐵千代田線和京成本線交會的車站，上下車的乘客人數僅次於王子站。附近的三河島有座韓國城，因此町屋附近也有很多韓國料理與燒烤店。

來到三之輪橋就應該走訪Joyful三之輪商店街。雖然關門大吉的店變多了，不過人氣熟食店依舊人山人海。

都電荒川線

↔	約 9.0 公里
X	約 2 小時 20 分
步	約 1 萬 2000 步

（地圖）

荒川

墨田川

尾竹橋通り

N
0　500m

ミリーマート
町屋商店（拉麵）
カフェ・ダンドリオン

駅前

尾久橋通り

北千住→

千住大橋

⑥荒川自然公園
16分

旧三河島汚水処分場喞筒場施設

荒川七丁目

荒川二丁目
6分
⑦

パンのオオムラ

ジョイフル三ノ輪
⑩

荒川一中文

とりふじ（熟食）

都電屋
④

区役所前

荒川区役所前
10分

荒川一中前

大勝湯

⑨荒川公園

三之輪橋停留場
Goal

三ノ輪駅

三ノ輪橋
おもいで館

三峯神社

荒川公園座落於荒川區公所前，這裡展示著各式各樣的雕刻作品。園內池邊還有垂釣者

三之輪橋回憶館展示著東京櫻花路面電車（都電荒川線）的全景模型、老照片，並售有周邊商品

東京メトロ
日比谷線→上野

Goal											Start
	⑩	⑨	⑧	⑦	⑥	⑤	④	③	②	①	

回王子站	Joyful三之輪	都電荒川線三之輪橋停留場	三峯神社	結之森荒川區立圖書館	舊三河島汙水處理廠水泵廠設施	荒川自然公園	尾久之原公園	尾久八幡神社	荒川遊樂園	都電回憶廣場	東書文庫	王子站
從三之輪橋停留場步行至地下鐵日比谷線三之輪站為4分鐘。從三之輪站搭乘地下鐵日比谷線至上野站為4分鐘，180日圓	←6分／0.4km		←10分／0.6km	←11分／0.7km	←6分／0.4km	←16分／1.1km	←24分／1.6km	←15分／1.0km	←14分／0.9km	←12分／0.8km	←12分／0.8km	←11分／0.7km

從上野站搭乘JR京濱東北線至王子站為10分鐘，180日圓；從赤羽站搭乘為5分鐘，170日圓。從永田町搭乘地下鐵南北線為20分鐘，210日圓

JR京濱東北線、地下鐵南北線

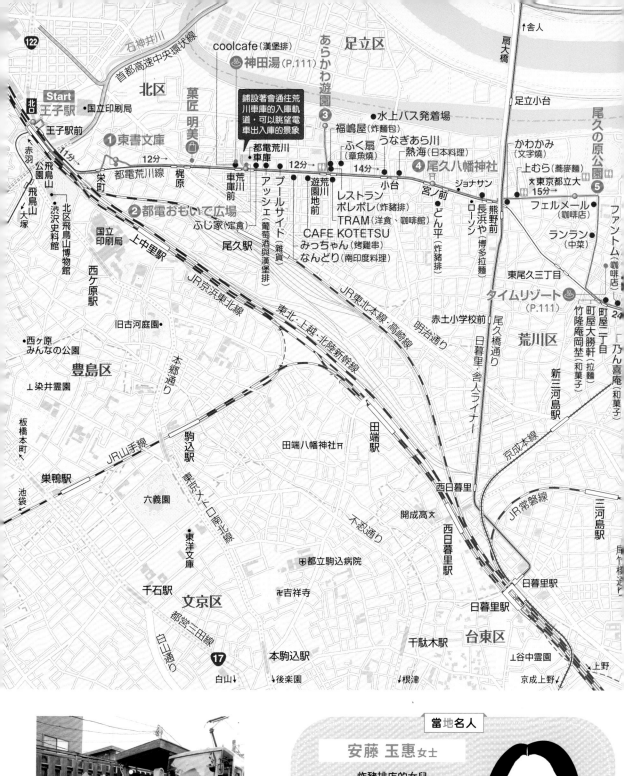

122

石神井川

首都高速中央環状線

coolcafe（漢堡排）

あらかわ遊園

足立区

舎人

扇大橋

Start
王子駅

北口

国立印刷局

北区

菓匠
明美

神田湯（P.111）

鋪設著會通住荒川車庫的入車軌道，可以眺望電車出入庫的景象

福嶋屋（炸麵包）

水上バス発着場

足立小台

尾久の原公園

王子駅前

① 東書文庫

12分→

都電荒川
車庫

ふく扇（章魚燒）

うなぎあら川

熱海（日本料理）

かわかみ（文字燒）

赤羽
公飛鳥山

飛鳥山
大塚

栄町

都電荒川線

梶原

車庫前

荒川
車庫前

プールサイド（雜貨）

12分→

遊園
地前

荒川
遊園地前

14分→

小台

④ 尾久八幡神社

上むら（蕎麥麵）

東京都立大

15分→

渋沢史料館

北区飛鳥山博物館

国立
印刷局

② 都電おもいで広場

アッシェ（葡萄酒與漢堡排）

レストラン
ポレポレ（炸豬排）

宮ノ前

ジョナサン

東京都立大

⑤

西ケ原駅

上中里駅

上中里通り

ふじ家（定食）

尾久駅

TRAM（洋食、咖啡館）

CAFE KOTETSU

みっちゃん（烤雞串）
なんどり（南印度料理）

どん平（炸豬排）

長浜や（博多拉麵）

ローソン

熊野前

フェルメール（咖啡店）

ファントム（咖啡店）

JR京浜東北線

旧古河庭園

JR東北本線・高崎線

赤土小学校前

尾久橋通り

タイムリゾート（P.111）

ランラン（中菜）

町屋二丁目
町屋大勝軒（拉麵）

東尾久三丁目

乃ん喜庵（和菓子）

西ケ原
みんなの公園

豊島区

本郷通り

染井霊園

東北・上越・北陸新幹線

明治通り

日暮里・舎人ライナー

荒川区

竹隆庵岡埜（和菓子）

24

板橋本町

巣鴨駅

池袋

JR山手線

駒込駅

東京メトロ南北線

田端八幡神社

田端駅

尾久橋

新三河島駅

京成本線

三河島駅

JR常磐線

六義園

千石駅

東洋文庫

都立駒込病院

不忍通り

西日暮里

開成高

西日暮里駅

文京区

都営三田線

白山通り

⑰

白山

後楽園

本駒込駅

吉祥寺

根津

千駄木駅

谷中霊園

台東区

日暮里駅

日暮里駅

京成上野

上野

扇竹橋通り

三之輪橋停留場重現昭和30年代的氛圍

② 都電回憶廣場
為都電全盛期增色的往日名車

座落於都電荒川車庫旁,以昔日的電車停放場為構想所設計而成的這座廣場,展示著2輛舊型電車。昭和29年製的5500型電車內,則陳列著重現昭和30年代街景的全景模型與都電周邊商品。

⏰ 10:00～16:00　🈺 週一到五(遇假日開放)　💴 免費入場　🏠 荒川区西尾久8-33-7
☎ 03‧3816‧5700(都營交通乘客中心)

名產

🛍 菓匠 明美
都電散步之旅的伴手禮首選!

招牌商品為昭和52年(1977)問世的都電最中餅。餅皮為都電造型,內包麻糬顆粒紅豆餡,外包裝盒則有7種都電圖案可選擇。1盒185日圓,車庫造型禮盒10入1960日圓。

⏰ 10:00～18:00　🈺 週一(遇假日營業)
🏠 北区堀船3-30-12
☎ 03‧3919‧2354

① 東書文庫
教科書是反映時代與社會之鏡

此為專門出版教科書的東京書籍,於昭和11年(1936)所開設的日本第一座教科書圖書館。館內展示著江戶時代藩校與私塾所使用的課本,以及現行教科書等大約16萬件物品。

⏰ 9:30～12:00‧13:00～16:00(閱覽、參觀須預約)　🈺 週六、日、假日　💴 免費參觀　🏠 北区栄町48-23　☎ 03‧3927‧3680

名產

🍴 浜作もんじゃ会館
荒川文字燒是不築堤防的

荒川文字燒的第一把交椅。昆布高湯與特製醬料則是美味關鍵所在。最有人氣的濱作文字燒1100日圓包含了新鮮花枝、櫻花蝦、牛肉、蟹肉,以及蔬菜等9種食材。店內亦販售什錦燒。

⏰ 16:00～22:00LO(週六、日、假日11:30開始)　🈺 週四(遇假日為週三公休)
🏠 荒川区荒川6-4-11 伸和ビル2F
☎ 03‧3819‧4855

③ 荒川遊樂園
廣受各世代喜愛的都內唯一區立遊樂園

園內以適合兒童遊玩的摩天輪、小火車、旋轉木馬等設施為中心。還有能夠接觸到動物與迷你馬的動物廣場,以及室內的遊樂場Wakuwaku Park。

⏰ 9:00～17:00(夜間延長營業日到20:00)　🈺 週二(遇假日為翌日休)　💴 門票800日圓、小學生200日圓
🏠 荒川区西尾久6-35-11　☎ 03‧3893‧6003

⑤ 尾久之原公園
擁有大草原與池塘的遼闊廣場

占地約6萬平方公尺的區域,在廣大的草原上可看到一家人玩球或放風箏的情景,有些小孩則是在池邊專注地釣著小龍蝦,昔日戶外活動的風情依然可見。公園內約有30種蜻蜓棲息,大約200棵的枝垂櫻花樹會在春季盛開。

⏰ 自由入園　🏠 荒川区東尾久7-1
☎ 03‧3819‧8838

④ 尾久八幡神社
當月限定的御朱印也很受歡迎

被奉為尾久總鎮守而廣受信仰的古老神社。創建年份不詳,但根據出土的上梁記牌記載,社殿建於至德2年(1385)。烏居正前方有路面電車通過的畫面,吸引了許多鐵道迷前來朝聖。

⏰ 自由參拜　🏠 荒川区西尾久3-7-3
☎ 03‧3893‧1535

照片／東京都下水道局

❼ 舊三河島汙水處理廠水泵廠設施

日本第一座近代下水道設施

自大正11年（1922）運作至1999年的近代汙水處理廠遺構。於2007年成為首座被列入國家重要文化財的下水道相關遺構。

🕐 9:00、10:30、13:00、14:30，1天4梯次導覽服務（須預約）　💴免費參觀
🏠 荒川区荒川8-25-1　☎ 03·6458·3940
（三河島重要文化財預約參觀專線）

❻ 荒川自然公園

建於設施上方，令人驚豔的綠意盎然空間

於水再生中心上方設置人工地盤所建造而成的公園。人行通道的南側有天鵝池、遊具、昆蟲觀察園、大紫蛺蝶觀察園；北側則有交通園與兒童園。

🕐 6:00～21:00（依季節、場區而異）
🈺 週二、五
🏠 荒川区荒川8-25-3
☎ 03·3803·4042

❾ 三峯神社

供奉開洞木碗來祈願

位於大樓間的小神社。仙光院在明治維新後因打壓佛教的廢佛毀釋運動而遭到廢寺，寺內的袈裟塚無耳不動明王像遂遷移至此處。相傳沒有左耳的明王在治癒耳疾方面很靈驗，香客在參拜時會供奉開洞的木碗來祈願。

🕐 自由參拜　🏠 荒川区荒川3-22-10
☎ 03·3807·9234（荒川鄉土文化館）

❽ 結之森荒川區立圖書館

巨大的書本森林。亦附設咖啡廳

此設施結合了中央圖書館、荒川區出身的作家吉村昭的文學紀念館、結之森兒童廣場。除了有一大片書牆、可以閱讀書刊的咖啡廳和露天座位外，館內設了約128個座位的結之森表演廳是最吸引人的存在。

🕐 9:00～20:30（偶有臨時休館）　🈺 第3週之週四　🏠 荒川区荒川2-50-1
☎ 03·3891·4349

熱門

🍴 都電屋

洋溢著鐵道愛的咖啡廳&飯店

1樓為「都電咖啡廳」，2樓為「Toden Hotel 都電屋」。咖啡廳內展示著老闆收集的鐵道相關商品、照片、模型等物。特別推薦三之輪漢堡 1000 日圓、都電百匯 600 日圓。在這裡大聊鐵道話題也很有趣。

🕐 咖啡廳 11:00～19:00　🈺 週三　🏠 荒川区南千住 1-15-16　☎ 03·6806·6860

名店

🛍 パンのオオムラ

開業80多年，以鹹甜麵包聞名

炒麵麵包和可樂餅麵包各 150 日圓、炸豬排麵包 180 日圓。陳列在玻璃櫃中的各種麵包都走傳統口味路線，不含添加物，使用酒種天然酵母製作，並以米糠油炸成，致力於保障消費者的健康。

🕐 9:00～18:30　🈺 週三
🏠 荒川区南千住 1-29-6
☎ 03·3891·2957

❿ Joyful 三之輪

路面電車往來穿梭的市街

從都電荒川線的三之輪橋停留場綿延至荒川一中停留場，長約500公尺的昭和古早味商店街。約莫有80家店營業，其中一些店遠近馳名，例如賣熟食的とりふじ、招牌菜為紅薑天婦羅的きく、そばの砂場総本店、パンのオオムラ等。

🏠 荒川区南千住1丁目

宿場町通商店街

當地名人

宮園 大耕先生

**走過窮困潦倒的時期
成為足立區代表性諧星**

足立區出身，與兒時玩伴荒木祐組成搞笑二人組「ANZEN漫才」。固定光顧北千住的「烤內臟大眾酒場 Tsumiki」以及「宏月」什錦燒等店，據悉常與搞笑藝人朋友們來這裡聚餐喝酒。

在地特色知多少？

北千住因成為日光街道、奧州街道的千住宿驛站而繁盛起來。相傳松尾芭蕉便是從此地踏上「奧之細道」旅途。在千住大橋畔還設有矢立初之地碑，據悉芭蕉在這裡創作了旅程中的第一首俳句。

往橋的北側走去則有「中央批發市場足立市場」，能一睹始自江戶時代以來專做蔬果拍賣的千住喊價場昔日風采。離這裡很近的「千住宿歷史小露台」也位於喊價場腹地內。

千住有很多商店街，宿場町通商店街如其名所示，是沿著舊日光街道形成的商店街。在充滿昭和懷舊氛圍的市街中，仍保留著展現舊街道歷史文化的老字號商家，如經營再生紙批發的橫山家住宅、「千住繪馬屋・吉田家」、「KADOYA」、名倉醫院等。

↔ 約 5.2 公里

⧗ 約 1 小時 10 分

🚶 約 7000 步

② 奧之細道 矢立初之地碑
奧之細道旅程由此展開

相傳這裡是松尾芭蕉踏上「奧之細道」600里旅程、創作第一首俳句之地。芭蕉於元祿2年（1689）從深川（江東區）搭船溯流而上，在千住（足立區）下船，動身前往陸奧。

🕐 自由參觀
🏠 足立区千住橋戶町31 千住大橋公園内
☎ 03‧3880‧5853（足立區觀光協會）

① 橋戶稻荷神社
留有伊豆長八鏝繪的土藏造正殿

相傳創建於延長4年（926），進入江戶時代後因架設了千住大橋，而廣受前來驛站投宿的旅客以及運貨船夫等民眾信仰。正殿門扉留有鏝繪大師伊豆長八所創作的親子狐灰泥浮雕。

🕐 自由參拜
🏠 足立区千住橋戶町25
☎ 03‧3880‧5853（足立區觀光協會）

④ 千住宿奧之細道小露台
「奧之細道」旅程出發地之像

位於足立市場正門附近。在有如景點名所示的小露台內，有看似正在寫下俳句的松尾芭蕉像。據說，芭蕉像的石座原本是過去位於此地的喊價場（蔬果市場）叫賣之物。

🕐 自由參觀 🏠 足立区千住橋戶町50

③ 足立市場
在市場開放日來採買便宜又新鮮的魚貝海鮮

都內唯一的水產專賣中央批發市場。在入口附近有販售定食和壽司等料理的餐館，能享用到市場限定的美味餐點。只限奇數月的第2週（1月為第3週）週六的「足立市場日」才開放一般民眾購買，店家會熱情地給予選購建議。

🕐 9:00〜（足立市場日） 🏠 足立区千住橋戶町50
☎ 03‧3879‧2750

⑥ 勝專寺
俗稱赤門寺的民眾信仰所在

創建於文應元年（1260）。進入江戶時代後，隨著日光街道修築完成，在此建造了德川家別邸，作為將軍旅途中的下榻處。寺內所供奉的千手觀音立像，據信為千住的地名起源之一。

🕐 自由參拜
🏠 足立区千住2-11 ☎ 不公開

熱門

☕ COFFEE WORK SHOP Shanty
季節限定的咖啡凍也很美味

位於千住本町商店街，創立於昭和43年（1968）的懷舊咖啡廳。品嚐店家自製的單品咖啡時，不妨加點一份選用人氣麵包店「法蘭西屋」出品的吐司所製成的蔬菜烤三明治，售價500日圓。

🕐 10:00〜19:00 ㊡ 週三 🏠 足立区千住1-30-1 ☎ 03‧3881‧6163

⑤ 千住宿歷史小露台
擁前後院、約190年的土牆倉庫

與再生紙批發商橫山家之主屋相連的倉庫，經移建後被改造成藝廊對外開放。每年會有2次擇週六、日或假日舉辦「喊價場展」。

🕐 可自由參觀建物外觀（僅限有展覽時開館。請上足立區官網確認）
🏠 足立区千住河原町21-11
☎ 03‧3880‧5897（足立區公園創新推廣課）

⑧ 千住本町公園

呈現宿場町風華的公園

面向宿場町商店街的公園。為呈現江戶時代因日光街道而成為驛站城鎮的熱鬧景象，還原了當時的門扉與高札場。通過古樸大門後會看到紅色章魚造型的溜滑梯，兩者對比著實有趣。

🕐 自由入園　🏠 足立区千住4-22

🍴 SUNNY DINER 本店

肉汁飽滿的頂級牛肉漢堡超美味

鮮紅色大門令人留下深刻印象的這家店，是帶動美食級漢堡風潮的先驅。注重食材的原始風味，不使用醬汁或是番茄醬等調味。培根蛋起司堡售價1430日圓，相當熱門。

🕐 11:30〜22:00　🈳 無休
🏠 足立区千住3-45　☎ 03・3888・3211

⑦ 千住街之驛

千住觀光資訊站兼休息處

位於宿場町通的觀光服務所。這棟建築原為大正時代的魚鋪，保留著用來儲存魚貨的冰箱和陳列鮮魚的展示櫃，隨處可見當時的風貌。

🕐 9:00〜17:00　🈳 週二（遇假日開館）
¥ 免費入館　🏠 足立区千住3-69
☎ 080・6630・8037

⑩ 目疾地藏尊

供奉能治眼疾的「目」繪馬祈願

被奉祀於長圓寺山門附近的地藏王菩薩，自古以來便以治癒眼疾靈驗而聞名，因此吸引許多信眾前來參拜。在長圓寺能購入寫著代表眼睛之意的「め」字樣繪馬。

🕐 自由參拜　🏠 足立区千住4-27-5

⑨ 橫山家住宅

被列為足立區民俗文化財

此為再生紙批發商橫山家之住宅，僅外觀開放參觀。這是江戶時代的代表性商家建築，完整保留了昔日風貌。屋前出入口刻意設計得比道路低一階，好讓客人來訪時處於高處，而店家從低處迎接。

🕐 自由參觀（僅限外觀）　🏠 足立区千住4-28-1

かどや

以炭火烘烤的2種糰子

水戶光圀與家臣某次在往返江戶與水戶途中，曾短暫在附近的寺院停留，並將長槍立於松樹旁稍事歇息。這家店正好位於松樹前，因而將商品取名為立槍糰子。炭烤（鹹甜醬油）或紅豆口味一枝各100日圓。

🕐 9:00〜17:00（售罄即打烊）　🈳 週三
🏠 足立区千住5-5-10
☎ 03・3888・0682

⑪ 名倉醫院

開業超過250年的整骨院

明和7年（1770）在千住開業的整骨院。相傳在江戶時代，前來求診的患者遍及全關東，名聲因而遠播日本全境。當時氣派的大門仍留存至今，如今已轉型為骨科診所。

🏠 足立区千住5-22-1

錢湯15選

把汗水與疲勞全部沖走！

銀座湯 [銀座]

座落於銀座京橋辦公商圈

1樓為女湯、2樓為男湯。男女湯皆有2座浴池，男湯的馬賽克拼貼壁畫為銀座四丁目十字路口夜景、女湯則為隅田川煙火。沖澡區備有沐浴乳、洗髮精和潤髮乳。

🕐 15:00～23:00　㊡週日、假日　💧沐浴500日圓　🏠中央区銀座1-12-1　☎03·3561·2550　MAP P.030

梅之湯 [神保町]

亦廣受皇居慢跑者好評

位於大樓內，吸引許多皇居慢跑者前來的大眾澡堂。浴室小而整潔，設有1座具噴射水柱、按摩水流與電氣風呂的浴池。浴室內備有沐浴乳、洗髮精和潤髮乳。

🕐 15:00～22:00　㊡週日　💧沐浴500日圓　🏠千代田区神田神保町2-8-2　☎03·3261·5897　MAP P.021

熱海湯 [神樂坂]

[油漆壁畫]

擁有神殿外觀與富士山油漆壁畫

位於巷弄內，具古早味神殿外觀的大眾澡堂。富士山的油漆壁畫以及九谷燒磁磚鯉魚拼貼壁畫散發著昭和懷舊風情。浴池熱水以柴火燒滾，乃店家自豪之特色。內有1座42～43℃的高溫浴池與2座約40℃的溫水浴池。

🕐 14:45～24:00　㊡週六　💧沐浴500日圓　🏠新宿区神楽坂3-6　☎03·3260·1053　MAP P.055

南青山 清水湯 [南青山]

淋浴與水龍頭用水皆使用軟水

寬敞的浴室內有使用軟水的按摩浴池、高濃度碳酸泉、氣泡牛奶浴池，還設有舒適宜人的遠紅外線三溫暖。泡完澡後可前往休息區小憩。

🕐 12:00～24:00（週六、日、假日到23:00）　㊡週五　💧沐浴500日圓、三溫暖1060日圓（含沐浴費）　🏠港区南青山3-12-3　☎03·3401·4404　MAP P.039

ニュー椿 [巢鴨]

擁有豐富施設的大型錢湯

2樓與3樓的浴室設有各種按摩池、露天風呂、療養泉，男女湯場地為每日輪流制。三溫暖烤箱十分寬敞，有遠紅外線和鹽式三溫暖，還有冷水池、座椅、冷水機等設備。

🕐 15:00～24:00　㊡週四　💧沐浴500日圓、三溫暖1300日圓（含沐浴費）　🏠豊島区巣鴨5-20-3　☎03·3918·1720　MAP P.117

タカラ湯 [北千住]

坐在緣廊喝杯啤酒超享受！

更衣室為古樸的方格天花板，隔著緣廊則有座鯉魚悠游的庭園。因傳統的建築風格被稱為「緣廊之王」。浴池種類相當多元，有氣泡池、半身浴池、按摩浴池、電氣風呂、療養泉等。

🕐 15:00～23:00　㊡週五　💧沐浴500日圓　🏠足立区千住元町27-1　☎03·3881·2660　MAP P.107

[露天風呂][三溫暖]

辰巳湯 [清澄白河]

大樓內散發著日式風情的錢湯

浴室內除了有躺臥池、電氣風呂、按摩浴池外，還有附設迷你庭院的半露天風呂與冷水池。男湯的磁磚拼貼壁畫為清澄橋、女湯為赤富士。

🕐 14:00～24:00（週六、日11:00開始）　㊡週一（遇假日營業）　💧沐浴500日圓、三溫暖另收300日圓　🏠江東区三好1-2-3　☎03·3641·9436　MAP P.099

富士の湯 [赤羽]

一塵不染的環境是最大賣點！

有氣泡浴和半身按摩浴2座浴池。熱水溫度為42℃上下，水質觸感柔軟滑順。星期日會推出漢方湯浴。男湯的馬賽克磁磚拼貼壁畫為海邊風景，女湯為山上湖泊。

🕐 15:30～22:30　㊡ 週三、六
💴 沐浴 500日圓　🏠 北區西が丘 1-25-14
☎ 03‧3900‧0718　MAP P.131

タイムリゾート [町屋]

日式風情的岩石浴池很有人氣

位於住宅區內的公寓型大眾澡堂。浴池的種類相當豐富，像是氫氣浴、按摩池、氣泡浴、光線從天窗灑落的岩石浴池等等，男湯還有三溫暖。泡完澡後可以在播放著BGM的大廳稍事休息。

🕐 15:00～24:00　㊡ 週五　💴 沐浴 500日圓、三溫暖 800日圓（含沐浴費）　🏠 荒川區町屋 4-4-1　☎ 03‧3819‧7941　MAP P.103

神田湯 [荒川車庫前]

毗鄰都電荒川線荒川車庫

男湯的磁磚拼貼壁畫為阿爾卑斯山與湖泊，女湯為富士山與河口湖。設有療養泉，每月不同的天然礦石湯、微氣泡牛奶池。免費提供洗髮精、沐浴乳、吹風機。

🕐 15:00～24:00　㊡ 週五　💴 沐浴 500日圓　🏠 荒川區西尾久 8-38-3
☎ 03‧3893‧3413　MAP P.103

はすぬま温泉 [蓮沼] [温泉] [三溫暖]

以大正浪漫為基調的館內裝潢

浴室裝飾著描繪自然美景的日本畫，以及日光龍頭瀑布的磁磚拼貼畫，窗戶則為彩繪玻璃，裝潢十分講究。室內的主浴池、碳酸泉、冷水池這3座浴池為素有「美肌湯」好評的天然溫泉。

🕐 15:00～24:00
㊡ 週二　💴 沐浴 500日圓、三溫暖另收 300日圓　🏠 大田區西蒲田 6-16-11
☎ 03‧3734‧0081
MAP P.151

太平湯 [雜色] [三溫暖] [油漆壁畫]

功能浴池眾多及免費三溫暖！

設有傳統櫃台的古早味大眾澡堂。男湯有描繪富士山的油漆壁畫，女湯則是櫻花和湖景。除了人工溫泉池外，還有電氣風呂、岩盤浴、按摩池、躺臥池等，並可免費使用蒸氣三溫暖。

🕐 15:30～22:30　㊡ 週三　💴 沐浴 500日圓　🏠 大田區南六鄉 1-5-17
☎ 03‧3738‧1665　MAP P.151

小杉湯 [高圓寺] [油漆壁畫]

建物為國家登錄有形文化財

建於昭和8年（1933）的神殿造型錢湯。浴室內有富士山油漆壁畫，共有4座浴池，分別是每日限定湯、按摩浴、牛奶浴、冷水池。

🕐 15:00～翌日1:30（週六、日、假日8:00開始）　㊡ 週四　💴 沐浴 500日圓
🏠 杉並區高円寺北 3-32-17
☎ 03‧3337‧6198　MAP P.161

戶越銀座溫泉 [戶越銀座] [温泉] [露天風呂] [三溫暖] [油漆壁畫]

不同風格的男女湯每週輪換

月之湯有富士山油漆壁畫，陽之湯則裝飾著由現代藝術家操刀的富士山風景，這2個浴室每週輪流供男女使用。露天風呂為黑湯溫泉。月之湯與陽之湯皆有三溫暖烤箱。

🕐 15:00～翌日1:00（週日、假日8:00～12:00提供晨間泡湯）　㊡ 週五　💴 沐浴 500日圓、三溫暖 800日圓（含沐浴費）　🏠 品川區戶越 2-1-6　☎ 03‧3782‧7400　MAP P.145

清水湯 [武藏小山] [温泉] [露天風呂] [三溫暖]

女性專用的岩盤浴也廣獲好評

館內全部使用天然溫泉水，直接引入在腹地內湧出的黑湯與黃金湯這2種溫泉。設有噴射水柱按摩池、電氣風呂、按摩浴缸、露天風呂、濕蒸三溫暖。

🕐 12:00～24:00（週日8:00開始）　㊡ 週一（遇假日營業）　💴 沐浴 500日圓、三溫暖另收 450日圓、岩盤浴 1500日圓（含沐浴費）　🏠 品川區小山 3-9-1　☎ 03‧3781‧0575
MAP P.145

雜司谷・池袋

大變身中的池袋。綠意盎然的雜司谷是散步的絕佳去處

在地特色知多少？

隨著再開發而逐漸蛻變為「國際藝術與文化都市」的池袋。池袋站東口有結合多功能展演廳與電影院等設施的「Hareza池袋」、西口有重新整修的「東京藝術劇場」，車站周邊可謂文化、藝術設施林立。

雜司谷有占地寬廣的雜司谷靈園，是一塊綠意盎然的區域。夏目漱石、竹久夢二、小泉八雲、永井荷風……細數長眠此地的名人們，猶如看見日本近代文學史的縮影。雜司谷鬼子母神參道成排的欅木大多為老樹，令人感受到悠遠的歷史。

其他還有白牆綠窗框十分搶眼的「雜司谷舊宣教師館」、由法蘭克・洛伊・萊特（Frank Lloyd Wright）設計的「自由學園 明日館」等景點，造訪位於東西兩側的洋樓也很有趣。

雜司谷鬼子母神參道的綠蔭

↔	約5.1公里
⧖	約1小時15分
🚶	約7100步

鬼子母神堂的芒草角鴞

Start　從池袋站搭乘地下鐵有樂町線至護國寺站為5分鐘，180日圓；從飯田橋站搭乘地下鐵有樂町線至護國寺站為4分鐘，180日圓

1 護國寺　直達　地下鐵有樂町線 護國寺站

2 雜司谷舊宣教師館　20分／1.3 km

3 雜司谷靈園　2分／0.2 km

4 雜司谷鬼子母神堂　19分／1.3 km

5 古書 往來座　6分／0.4 km

6 自由學園 明日館　13分／0.9 km

7 豐島區立鄉土資料館　4分／0.3 km

8 池袋防災館　1分／0.1 km

Goal　JR、地下鐵、私鐵 池袋站　8分／0.6 km

從池袋站搭乘JR山手線至新宿站為9分鐘，170日圓。搭乘地下鐵丸之內線至東京站為16分鐘，210日圓

キッチン チェック
（已歇業）
千登利
（P.155）
池袋演芸場
ファミリーマート

西口
Goal
池袋駅

セブン-イレブン
西池袋公園
ローソン
東京藝術劇場

中池袋公園
Hareza 池袋

位於舊豐島區公所腹地的文化設施。主要以影城、展演廳、虛擬演唱會空間等8座劇場為中心。在「豐島區居民中心」可以索取逛街散步的資訊。毗鄰的中池袋公園還會舉辦扮裝活動

東池袋3
春日通り
東京メトロ丸ノ内線
254

パルコ

駅東口

東口五差路
東京メトロ副都心線
グリーン大通り

豐島消防署
豐島郵便局
サンシャインシティ

造幣局
東京支局
東池袋出入口

西池袋1
東京藝術劇場
ホテルメトロポリタン
池袋警察署
⑧ 池袋防災館
⑦
豐島區立郷土資料館

西武百貨店
セブン-イレブン
ローソン

南池袋公園
珈琲專門館
伯爵 池袋東口店
（P.063）

東池袋
RACINES FARM TO PARK
東池袋駅
都電荒川線

大陣庵（蕎麥麺）
⑥ 自由學園明日館
B-gallery

南池袋1

豐島區役所

東通り
明治通り

東池袋四丁目
首都高速5号池袋線

練馬
西武池袋線

バンコク ムーガタイ
（泰式料理）
焼肉威風

福や（拉麺）
ビリー・ザ・キッド（牛排）
⑤ 古書 往来座
ローソンストア100
セブン-イレブン
ローソン
はちくまカフェ
yurucafe
雑司ヶ谷鬼子母神堂

法明寺
南池袋小
都電雑司ケ谷
靜観院
東京音大

池袋四丁目日出公園

奉祀雑司谷七福神之一的弁財天。這裡也是知名的賞櫻勝地

永井荷風
小泉八雲
雑司ケ谷霊園管理事務所
夏目漱石
ジョン万次郎
③ 雑司ケ谷霊園

川村高・中
JR山手線
JR埼京線
湘南新宿ライン

目白駅
目白小
④
大鳥神社
ファミリーマート
雑司が谷案内処
キアズマ珈琲

豐島區

白鳥稲荷
雑司が谷中央児童遊園
下水道局
赤丸ベーカリー
小倉屋製菓（仙貝）
② 旧雑司が谷宣教師館
魚栄

奉祀雑司谷七福神之一的惠比壽。賽錢箱為束口袋造型，相當獨特。每月會舉辦一次手創市集

旅猫雑貨店
雑司が谷商友会
弦巻通り

目白通り
千登世橋下
学習院大
305
千登世橋上
新宿三丁目
早稲田
学習院高・中
鬼子母神前
雑司が谷駅
高田1

N
0 ──── 300m

自由學園 明日館

113

② 雜司谷舊宣教師館
豐島區內最古老的近代木造西式建築

為美國傳教士麥卡萊布建於明治40年（1907）的住家。直到其歸國前的34年間，他都住在這棟呈現出19世紀後半美國郊區住宅特色的房子裡。

🕐 9:00～16:30
㊡ 週一、第3週之週日、假日翌日 💴免費入館 🏠豐島區雜司が谷1-25-5
☎ 03・3985・4081

① 護國寺
向現代展現江戶風華的大本山

在德川第15代將軍綱吉之母桂昌院的發願下，創建於天和元年（1681）。建於元祿時代的觀音堂，以及主殿造樣式的月光堂為國家重要文化財。寺內主奉的如意輪觀世音則守護著芸芸眾生。

🕐 自由參拜（本堂開放時間10:00～16:00）
㊡ 無休 🏠 文京區大塚5-40-1
☎ 03・3941・0764

④ 雜司谷鬼子母神堂
被奉為順產與育兒之神而廣受信仰

主神為在地武士山村丹右衛門於永祿4年（1561）挖掘而出的鬼子母神像。現存的鬼子母神堂建於寬文4年（1664），乃豐島區內最古老建築，被指定為國家重要文化財。

🕐 9:00～17:00
㊡ 無休 💴免費參拜
🏠 豐島區雜司が谷3-15-20
☎ 03・3982・8347

③ 雜司谷靈園
仍保留養鷹場時期的大松樹

這裡在江戶時代是栽種將軍家藥草的御藥園，以及飼育、訓練獵鷹的場地。後於明治7年（1874）設立墓園，永井荷風、小泉八雲、夏目漱石（上方圖片）等眾多名人皆在此長眠。

🕐 自由入園 🏠 豐島区南池袋4-25-1
☎ 03・3971・6868

☕ RACINES FARM TO PARK
能眺望綠油油公園草皮的雅致咖啡館

位於南池袋公園內的咖啡餐館。除了供應早餐外，還能品嚐到售價890日圓，烤得香噴噴的脆皮豬五花三明治等人氣午餐。晚上可以享用燒烤料理或法式料理，並搭配自然酒大快朵頤一番。

🕐 8:00～22:00（週六、日、假日9:00開始）
㊡ 無休 🏠 豐島区南池袋2-21-1
☎ 03・6907・0732

☕ キアズマ珈琲
來杯法蘭絨濾布手沖咖啡

自家烘焙咖啡店。一次只烘焙所需用量，讓客人能享用新鮮美味的咖啡。特調咖啡與牛奶戚風蛋糕套餐850日圓，值得一試。

🕐 10:30～19:00 ㊡ 週三（遇假日為翌日休） 🏠 豐島区雜司が谷3-19-5
☎ 03・3984・2045

6 自由學園 明日館

面向庭園的落地窗為鎮館之寶

記者兼教育家羽仁元子與吉一夫婦為落實心目中的理想教育而創辦的學校。建於大正10年（1921），由建築師法蘭克·洛伊·萊特操刀設計的這棟建築物是國家指定重要文化財。

🕙 10:00～15:30（夜間僅限第3週之週五18:00～20:30開放） 🈺 週一，偶有不定期休館
💴 門票500日圓
🏠 豊島区西池袋2-31-3
☎ 03·3971·7535

5 古書 往來座

強項為文學與文化類書籍

原為「東京藝術劇場」的舊書店「古本大學」於2004年遷移至此。店內商品由店員根據自身嗜好來規劃，網羅豐富的文藝、美術、電影相關書籍。店員手工製作的免費月刊「二輪戲院大字報」也培養出一票粉絲。

🕙 約13:00～20:00 🈺 週一
🏠 豊島区南池袋3-8-1 ☎ 03·5951·3939

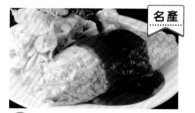

名產

🍴 キッチン チェック

古早味在地洋食屋

與「池袋ROSA會館」同時開幕，創立超過50年的日式西餐館。可在此享用燉牛肉與漢堡排等經典洋食菜色。口感微甜、柔順綿軟的蛋包飯（附沙拉）售價1200日圓。

🏠 後於2024年歇業

8 池袋防災館

學習防災知識以備不時之需

位於池袋消防署4、5樓的體驗型設施。採取套裝行程的方式，由指導員帶領學員針對地震、煙霧、滅火、急救等項目實際進行操作與體驗，進而學習防災知識。

🕙 9:00～17:00（須上官網預約） 🈺 第1、3週之週二、第3週之週二翌日（遇假日順延至翌日） 💴免費入館 🏠豊島区西池袋2-37-8 ☎ 03·3590·6565

7 豐島區立鄉土資料館

了解豐島區所走過的歲月

透過考古資料、地圖、照片簡單明瞭地展示有關豐島區從遠古到現代的歷史。戰後的池袋黑市，以及畫家和雕刻家在1930年代所居住的長崎創作村全景模型也值得一看。

🕙 9:00～16:30 🈺 週一、第3週之週日、假日 💴免費入館 🏠豊島区西池袋2-37-4 としま産業振興プラザ 7F ☎ 03·3980·2351

探險

IKEBUS

可愛吉祥物「小池」貓頭鷹代言，方便暢遊池袋的觀光巴士

IKEBUS是連結池袋公園以及主要景點的「市區趴趴走公車」。十分搶眼的鮮紅外觀以及單邊5個輪胎的車體，是由經手過JR九州新幹線、特急列車「九州七星號」等許多大眾運輸工具的**水戶岡銳治先生**所設計。內部裝潢也很豪華，舉凡鑲花地板、印有日本傳統圖騰的座椅等，處處可見匯集了和風元素的巧思。

這台巴士不但乘坐起來舒適，車輛後方還配備了方便輪椅乘客上下車的電動升降台。**行車**

最高時速為19公里，緩緩移動，讓乘客能仔細欣賞透過車窗所見的池袋街景。

行駛路線分為以池袋站東口為起點，行經太陽城與東池袋站的**A路線**，以及以西口為起點，行經「Hareza池袋」一帶的**B路線**。兩者票價皆為單程**100日圓**、一日無限搭乘券250日圓。A、B路線每小時各有1～2班車次。

☎ 03·5957·1060
（WILLER EXPRESS池袋營業所）

共有14個座位、最多可容納21名乘客

方便上下車的低地板設計

巢鴨・駒込

走訪婆婆媽媽御用的商店街與寺院神社、庭園

舊古河財閥的古河虎之助宅邸，也是觀賞玫瑰的勝地。洋樓與西式庭園由喬賽亞・康德所設計。在關東大地震後曾於庭園內搭建臨時組合屋，收容人數超過500人

在地特色知多少？

擁有歐巴桑原宿之別稱的巢鴨。在巢鴨地藏通商店街有販售日本料理、和菓子、紅內褲等深受婆婆媽媽喜愛的店家。有拔刺地藏之別稱的高岩寺，不但擁有據說能除病袪痛的水洗觀音，還能求得相傳治癒疾病非常靈驗的「御影」符，是婆婆媽媽們前來巢鴨的必訪地之一。

國道17號北側有本妙寺與善養寺分布，是寺廟林立的區域。設立於明治時代的染井靈園則有許多名人在此長眠。這裡從前是被稱為染井村的植栽之鄉，染井吉野櫻便是誕生此地。

駒込是一個寧靜的住宅區，在這裡完全不覺得自己身處市中心。與恬靜氛圍相得益彰的大領主庭園六義園亦是不容錯過的景點。

巢鴨地藏通商店街

↔	約5.1公里
⧗	約1小時10分
🚶	約6800步

Start

從池袋站搭乘JR山手線至巢鴨站為5分鐘，150日圓；從上野搭乘地下鐵三田線至巢鴨站為12分鐘，170日圓。亦可搭乘地下鐵三田線

JR山手線・地下鐵三田線

巢鴨站
↓
4分／0.3km
1 真性寺
↓
直達
2 巢鴨地藏通商店街
↓
2分／0.2km
3 高岩寺（拔刺地藏）
↓
9分／0.7km
4 猿田彥大神庚申堂
↓
7分／0.5km
妙行寺
↓
1分／0.1km
5 善養寺
↓
10分／0.7km
6 本妙寺
↓
2分／0.2km
慈眼寺
↓
2分／0.2km
7 染井靈園
↓
23分／1.6km
8 六義園
↓
8分／0.6km
駒込站

JR山手線、地下鐵南北線

從駒込站搭乘JR山手線至池袋站為7分鐘，170日圓；至上野站為10分鐘，170日圓。亦可搭乘地下鐵南北線

Goal

西ケ原四丁目→　　　西ケ原3

西巣鴨駅　　善養寺卍　❺

妙行寺卍　　　　　　　　　文西ケ原小

木久屋米店→　　巣鴨5

宝家　　　ニュー椿（P.110）　　西ケ原
（蕎麥麵）　　　　　　　　　　みんなの公園

新庚申塚　　　武蔵野高·中文

朝日公園　　卍總禅寺

栄和通り　⑰　　　朝日通り　　　文朝日小

都電荒川線　　　　　　　　　　　　慈眼寺卍

庚申塚　●Cafe Kiichi　　　　　❻本妙寺卍

庚申塚　❹猿田彦大神庚申堂　　　　　　　花屋
東京櫻花路　　　　　　　　　　　❼染井霊園　　十二地蔵

ちはら　　　　　　　　　　　　　　東京スイミング　珈琲
町並美術館　　　　　中央卸売市場　　センター　　　東
　　　　　　　　　　　豊島市場　　　　　　　　　
福寿庵　　　　　1種イ1号　　東京染井温泉　利休庵
　　　　ファイト餃子　北側の看板　SAKURA　　（蕎麥麵）
ろう学校入口　　　　豊島市場前
　　　　　マルジ赤パンツ館　　　　　文仰高小　本郷高·中文
文文京高　大塚ろう学校　❷　　　　　　　　
折戸通り　　　文清和小　巣鴨地蔵通り商店街　❸髙岩寺（拔刺地藏）　文駒込中
　　　　　　　　　セブン-イレブン
　　　　　　　　　　　　ハツ目や　にしむら
　　　　　　　　　　　　みずの
　　　　　　　　　　　とげぬき地蔵入口　　福島家
　　　　　　　　　❷眞性寺卍　　　　セブン-イレブン　西友
　　●巣鴨体育館　　　　　　　巣鴨駅　　　　　成文堂書店
　　巣鴨図書館　　　　　　❶　　　　　　　文京学院大
豊島区　　　　　　　ファミリーマート　　　　　　　女子高·中
　　　　　　　　　　すがも駅前　　北口
北大塚1　　　　　　太陽光発電所　　巣鴨駅
　　　　　　　　　　　　　　　　Start
大塚駅　　　文十文字高·中
　　　巣鴨警察署入口　　　　　　　　　　　JR山手線
　　　　　　　　　　　　　　　　　　　水道橋↘

染井村（現在的駒込、巣鴨）為染井吉野櫻發祥地，園內立有「櫻之里」紀念碑，並種植著據悉為染井吉野櫻原種的江戶彼岸櫻與大島櫻

　染井よしの桜の里公園
　×染井駐在所　門と蔵のある広（舊丹羽家住宅倉
　縁（居酒屋）　染井通り

從大塚通往中山道方向的低緩坡道。此地周邊曾於江戶時代形成了據悉為大塚地區最古老的聚落

在有利於接收陽光的拱形屋頂設置太陽能板，為降低二氧化碳排放出一份力的「巢鴨站前商店街太陽電池發電所」。還設有能看見發電量的顯示面板

六義園

☕ 福島家
美味絕倫的紅豆餡代代相傳！

創立超過160年的和菓子老店。招牌商品是根據江戶時代和菓子文獻製成的季節上生菓子（1個400日圓），能品嚐到做工細膩的溫潤紅豆餡。在懷舊咖啡區則會提供豐富的和洋輕食餐點。紅豆飯御膳套餐1250日圓。

🕘 9:30～18:00 ㊡ 包含週三在內，每月6天 🏠 豐島区巣鴨2-1-1 ☎ 03·3918·3330

🛍 みずの
鹹味甜點始祖塩大福

據悉為巢鴨名產塩大福的創始店，單顆130日圓起。內餡不死甜，淡淡的鹹味營造出順口好滋味。軟Q麻糬搭配滿滿黃豆粉的吉備糰子，售價130日圓。

🕘 9:15～18:30 ㊡ 無休 🏠 豐島区巣鴨3-33-3 ☎ 03·3910·4652

🍴 八ツ目や にしむら
以炭火炙烤出香噴噴又軟綿綿的好味道

於大正15年（1926）創立的鰻魚飯專賣店。選用愛知縣與鹿兒島等日本國產鰻魚製作。從開業傳承至今的醬汁以及炭火的拿捏都可見到店家的用心與堅持。以慢火炙烤而成的鰻魚口感柔嫩綿密。鰻魚盒飯套餐3400日圓起。

🕘 10:30～18:30LO ㊡ 每月逢7與8之日（遇週六、日為翌日休） 🏠 豐島区巣鴨3-34-2 ☎ 03·3910·1071

名店

❶ 真性寺
守護著中山道旅人的地藏菩薩

於元和元年（1615）再度興盛的古剎。端坐在本堂前且高達2.68公尺的地藏像是江戶六地藏之一，由地藏坊正元耗時15打造而成。在6月24日舉行的「百萬遍大念珠供養」，會由百位以上的信眾念佛同時轉動全長16公尺的念珠。

🕘 自由參拜 🏠 豐島区巣鴨3-21-21 ☎ 03·3918·4068

❷ 巢鴨地藏通商店街
婆婆媽媽的原宿

全長約780公尺，約有200間店鋪的商店街。以高岩寺參拜者為客群的商店和在地店鋪聚集。有許多知名店家，像是以塩大福和最中餅為代表的和菓子店、西式糕點店、熱門麵包店等。除了主打紅內褲的衣物店外，有許多適合年長者的服飾店也是這裡的特色。每月逢4之日會舉辦拔刺地藏廟會活動。

❸ 高岩寺（拔刺地藏）
主奉延命地藏菩薩的「靈印」

相傳江戶時代有名女性誤吞下針，但在喝下印有地藏尊法相的「御影」護符後，針遂貫穿護符的地藏尊相並排出，此乃拔刺地藏的由來。寺內還有以舀水澆淋方式參拜的水洗觀音。

🕘 本堂開放時段6:00～17:00（每月逢4之日到20:00） 🏠 豐島区巣鴨3-35-2 ☎ 03·3917·8221

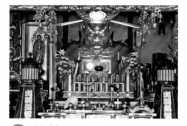

⑤ 善養寺
富震撼力的閻魔王為江戶三大閻魔

相傳由上野山內於天長年間（824～834）所創設，於明治45年（1912）遷移至現址。據信坐鎮其中且高約3公尺的木造閻魔像是出自運慶之手。堂內昏暗，但走近參拜時，神像就會被點亮。

🕐 8:00～17:00　㊡ 無休　💴 免費參拜
🏠 豊島区西巣鴨4-8-25　☎ 03·3915·0015

④ 猿田彦大神庚申堂
由象徵庚申信仰的猿猴坐鎮的寺廟

相傳起源為建於文龜2年（1502）的庚申塔。庚申塔是指信奉庚申神的民眾們出錢出力建造的石塔。庚申神的「申」字為猿猴之意，並與為神明開路的猿田彦大神結合而被奉為神之使者。石像台座上則有三猿浮雕。

🕐 自由參拜
🏠 豊島区巣鴨4-35-1

⑧ 六義園
妝點美麗庭園的四季花卉

由德川第5代將軍綱吉的親信柳澤吉保親自設計的迴遊式築山泉水庭園，其根據日本與中國古籍中的典故來造景。園內有一棵高約15公尺、冠幅約20公尺的枝垂櫻大樹。這裡亦是知名的賞楓勝地。

🕐 9:00～16:30　㊡ 無休
💴 門票300日圓　🏠 文京区本駒込6-16-3　☎ 03·3941·2222

⑥ 本妙寺
遠山金四郎長眠的古剎

天正18年（1590），隨著德川家康受封江戶，這間寺廟從駿河（現在的靜岡縣）遷移至此地。相傳這裡是明曆大火的起火點，寺內設有供養塔。遠山金四郎與千葉周作之墓皆座落於此。

🕐 7:00～17:00　㊡ 無休　💴 免費參拜
🏠 豊島区巣鴨5-35-6　☎ 03·3917·1558

⑦ 染井靈園
古櫻花樹環繞的歷史悠久墓園

因明治政府推行神佛分離政策，為確保神道教的喪葬用地，於明治5年（1872）設立了這座神道教墓園，並於明治7年成為東京府的公營共同墓地。雕刻家高村光太郎、作家二葉亭四迷、思想家岡倉天心等人皆於此地長眠。

🕐 自由入園　🏠 豊島区駒込5-5-1
☎ 03·3918·3502

上／將平地掘成池，築起假山，打造出美輪美奐的庭園
下／4月中旬～5月上旬為吊鐘花與山杜鵑花季

サン・まつみや本店

哎喲！這件不錯

耶……這件不錯

1380　2980　1280

蓋到屁股的長版外套款式豐富。覺得高領毛衣「穿脫麻煩」而且會弄亂髮型」的年長者則偏好前開式的背心或開襟衫。方便好穿的鬆緊帶休閒褲則是基本款商品。

巢鴨地藏通商店街地圖

紅色法被是巢小鴨的正字標記。

巢鴨地藏通商店街

あぼやにんにく堂〔蒜頭〕
三代目茂蔵豆腐
サン・まつみや〔女装〕
岡埜榮泉和菓子
元祖塩大福みずの
志摩亭〔咖啡館〕
杉養蜂園
FamilyMart

白山通り

往巢鴨駅→

パンジー直営ショップ〔鞋〕
地蔵通り商店街事務所
マルジ2号店〔内衣〕
マルジ赤パンツ館

古奈屋〔烏龍麺〕
たけやま〔餐館・咖啡〕
工藝品
京都館すがものはなれ
矢崎海苔〔海苔〕
まる天〔甜不辣〕

円満屋〔雑貨〕
近江の館〔健康自然食品〕
OSドラッグ
7-Eleven
古久福
鮨八福

大橋屋〔蕎麥麺〕
〔拔刺地蔵〕
高岩寺

八ツ目やにしむら〔鰻魚飯〕

マルジ1号店〔衣物〕
加瀬政〔割烹〕
Baulangeris Bonheur〔麺包〕
みのや昆布店
モード牡丹〔女装〕
築地ヤマノ〔小魚料理〕
巣鴨ときわ〔餐館〕
まいばすけっと
ふれんど〔女装〕
魚卯〔鮮魚〕
タムラ〔帽子〕
喜福堂〔麺包〕
肉のハナマサ
金太郎飴
サンワ靴店
地蔵もなか松月堂〔和菓子〕
アルプスシューズ
こだわり少年團〔茶葉〕
TULLY'Sの咖啡
漢方笹屋
松美屋〔女装〕
木屋〔包包〕
ガモールマルシェ
巣鴨地蔵通り商店街案内所
タカセ〔麺包・咖啡館〕
おいもやさん興伸
島屋メリヤス〔内衣〕
中華そば神寄〔拉麺〕
大坂屋プラザ〔女装〕
そめの近江〔和服〕
伊勢屋菓子店
真性寺
〔江戸大地蔵尊〕
卍

福寿庵

古奈屋

陳列於店内的健走鞋，即便是綁帶款也配有拉鍊。店門口有許多寬版樺頭設計的超值鞋款可挑選，售價約2000日圓。鞋身柔軟舒適，鞋底厚約3公分，而且當然必備止滑功能。

¥2500

サンワ靴店

招牌為咖哩烏龍麺，每到假日或廟會就會出現排隊人潮的烏龍麺店。另有一家分店，這裡是總店。風味溫醇順口的祕密在於湯底添加牛奶。
咖哩烏龍麺 1210日圓　年糕咖哩烏龍麺 1380日圓

古奈屋

とげぬき 福寿庵

柔軟的蜂蜜蛋糕包裹著口感滑順的紅豆餡，初代西伯利亞蛋糕捲。1條 1800日圓

福寿庵

這家創立於昭和7年(1932)的帽子專賣店，與過去的神田名店「田村帽子店」有所淵源。無論是男帽或女帽，款式與尺寸都十分齊全。特別是專為年長者設計的時尚帽款，種類豐富且廣受好評。

タムラ

マルジ赤パンツ館

在巢鴨有3個店面、販售各式衣物的「Maruji」紅內褲館。舉凡繡有十二生肖或地藏通官方吉祥物「巢小鴨」圖案的紅內褲等，商品豐富且各種款式應有盡有。除了內衣褲外，披肩、襪子、毛巾等商品也全都是紅色。

穿上這件，彷彿年輕好幾歲～

巢鴨 マルジ 日本一の 赤パンツ

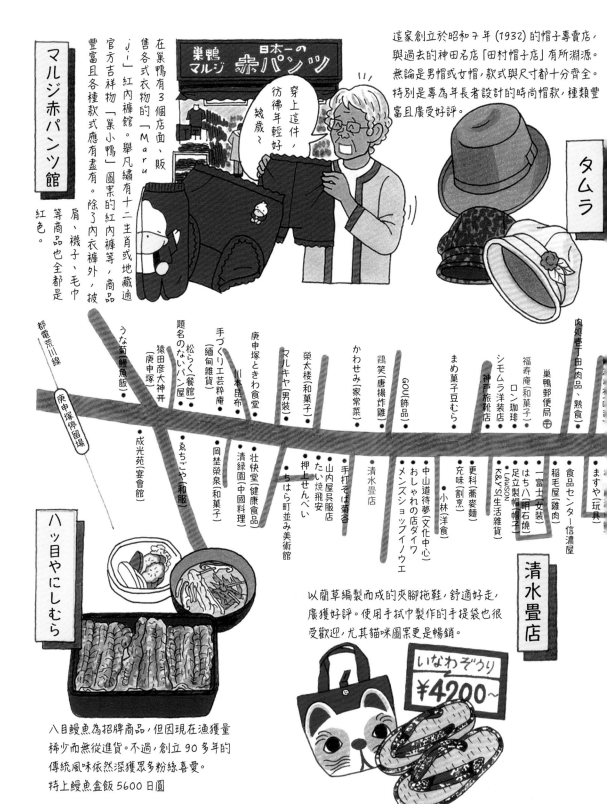

都電荒川線

庚申塚停留場

- うな菊(鰻魚飯)
- 題名のないパン屋
- 猿田彦大神井(庚申塚)
- 松らく(餐館)
- 手づくり工芸粋庵(緬甸雜貨)
- 川本昆布
- 庚申塚ときわ食堂
- マルキヤ(男装)
- 榮太楼(和菓子)
- かわせみ(家常菜)
- 鶏笑(唐揚炸雞)
- GOU(飾品)
- まめ菓子豆むら
- 神戸旅靴店
- シモムラ洋装店
- ロン珈琲
- 福寿庵(和菓子)
- 巣鴨郵便局
- 肉処壱干田(肉品、熟食)
- 稲毛屋(雞肉)
- 食品センター信濃屋
- ますや(玩具)

- 成光苑(宴會館)
- ゑちごや(和服)
- 岡埜栄泉(和菓子)
- 清緑園(中國料理)
- 壮快堂(健康食品)
- 山内屋具服店
- 手打そば菊谷
- ちはら町並み美術館
- 押上せんべい
- たい焼飛安
- 清水畳店
- メンズショップイノウエ
- おしゃれの店ダイワ
- 中山道待夢(文化中心)
- 小林(洋食)
- 充味(割烹)
- 更科(蕎麦麺)
- 一富士(女装)
- はち八(明石焼)
- 足立製帽店(帽子)
- LAWSON
- K&Y'S(生活雑貨)

ハツ目やにしむら

八目鰻魚為招牌商品，但因現在漁獲量稀少而無從進貨。不過，創立90多年的傳統風味依然深獲眾多粉絲喜愛。
特上鰻魚盒飯 5600日圓

清水畳店

以藺草編製而成的夾腳拖鞋，舒適好走，廣獲好評。使用手拭巾製作的手提袋也很受歡迎，尤其貓咪圖案更是暢銷。

いなわぞうり ¥4200～

地圖標示

池袋三小

池袋警察署前

童謠雜誌《赤鳥》的創刊地，也是創辦者鈴木三重吉故居，現為藝廊。不只用於展示藝術作品，還能舉辦音樂會、派對等活動

自由学園明日館

赤い鳥（藝廊）

TOY Publishing（童書與雜貨）

❷ 目白庭園

6分→

池袋

池袋↑

德川黎明会

德川・ビレッジ

❶ 志むら

SION（韓國料理）

ファミリーマート

伴茶夢（P.063）

目白3

〒

セブン-イレブン

8分→

吉祥庵 蕎麥麵

目白駅前

下落合三郵便局

目白聖公会

AntenDo（麵包）

ナチュラルローソン

Start
目白駅

ファミリーマート

ホテルメッツ

12分→

ファミリーマート

学習院大

J R 湘南新宿ライン

J R 山手線・埼京線

おとめ山公園

学習院椿の坂

❸ 切手の博物館

学習院下

5分→

住宅

高田馬場

ファミリーマート

高田馬場 ↓高田馬場

目白・椎名町

在2座市鎮中探尋西畫家與漫畫家走過的足跡

在地特色知多少？

提到目白，多半會令人想到學習院大學。由於許多日本皇室成員在此就讀，因而形成了目白＝高級住宅區的印象。

實際上，學習院大學周邊的確是東京都內榜上有名的高級住宅區，目白通的北側有源自尾張德川家的德川村豪宅區，南側則是皇親貴族居住的下落合宅邸區。西畫家佐伯祐三與中村彝則在此區的一小角設立了工作室。這裡清幽的環境想必非常適合從事創作活動。

南長崎（舊椎名町）是許多漫畫家度過青春歲月的常盤莊所在地。由於地名變更之故，只剩車站留有椎名町之名，即便如此，還是有「豐島區立常盤莊漫畫博物館」傳承了在地記憶。

「學習院椿之坂」。右側為學習院大學

約 6.0 公里

約 1 小時 30 分

約 7600 步

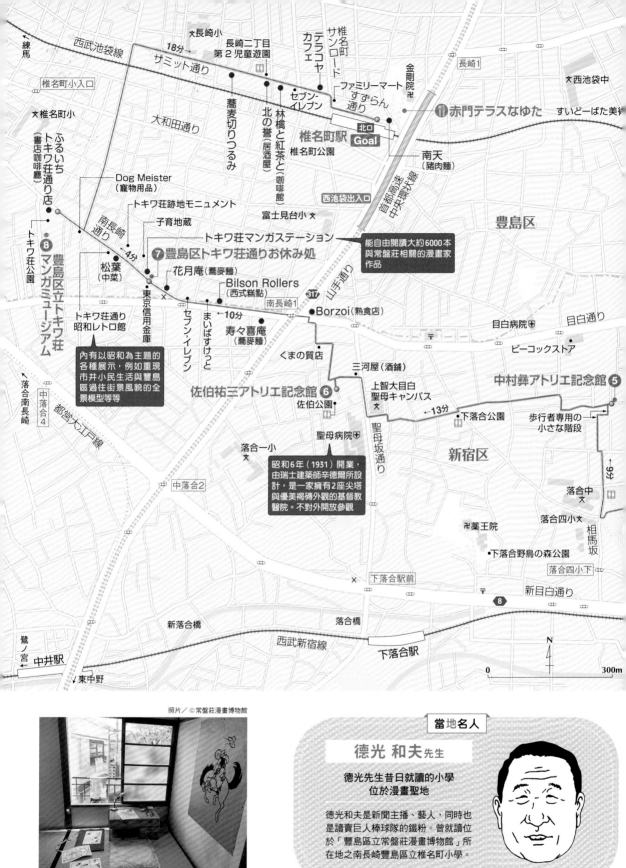

照片／©常盤莊漫畫博物館

常盤莊漫畫博物館

德光 和夫先生

德光先生昔日就讀的小學位於漫畫聖地

德光和夫是新聞主播、藝人，同時也是讀賣巨人棒球隊的鐵粉。曾就讀位於「豐島區立常盤莊漫畫博物館」所在地之南長崎豐島區立椎名町小學。

❷ 目白庭園
沿著春天會有花嘴鴨來做客的寬廣池塘慢慢逛一圈

這是一座將池塘配置於腹地中央的迴遊式日本庭園，能在此欣賞枝垂櫻與紅葉等四季花草。倒映於水面上古樸雅致的「赤鳥庵」，則是取名自在地創刊的文藝雜誌《赤鳥》之名。

🕘 9:00～17:00
㊡ 第2、4週之週一（遇假日為翌日休）
¥ 免費入園　🏠 豐島區目白3-20-18
☎ 03・5996・4810

❶ 德川村
幽靜摩登的高級住宅區

建於尾張德川家宗主宅邸舊址的高級住宅區，附有庭院的大豪宅一字排開。這裡也有很多外國居民，給人一種彷彿置身海外的氣氛。腹地內的德川黎明會保存著德川家的美術品與文獻，並推展許多公益事業。

🏠 豐島區目白3-8-11（私人住宅，無法參觀內部）

❸ 郵票博物館
全球罕見，專展郵票的博物館

在這裡能透過郵票來了解郵政歷史。企劃展示室每4個月就會更換展品，每次大約展出800件來自世界各地的郵票。館內亦附設禮品店與專門介紹郵票的圖書館。

🕘 10:30～17:00　㊡ 週一　¥ 門票200日圓　🏠 豐島區目白1-4-23
☎ 03・5951・3331

☕ 志むら
一年四季都吃得到刨冰，「斷崖」外觀超吸睛

名產

於昭和14年（1939）創立，因美味紅豆餡而聞名的老字號和菓子店，開業以來的招牌商品是九十九餅與福餅。堆高且分量十足的刨冰被稱為「目白之崖」售價800日圓起，還會推出各種季節限定口味，一年四季都很有人氣。

🕘 9:30～17:30LO
㊡ 週日、不定期公休
🏠 豐島區目白3-13-3
☎ 03・3953・3388

❺ 中村彝畫室紀念館
日光從天花板灑落的明亮工作室

此為活躍於大正時代的西畫家中村彝（1887～1924）的工作室。大量活用原本的建材，重現大正5年（1916）落成當時的風貌。室內家具與日常用品（展示物為複製品）是中村彝許多作品中的重要題材。

🕘 10:00～16:00　㊡ 週一（遇假日為翌日休）
¥ 免費入館
🏠 新宿區下落合3-5-7
☎ 03・5906・5671

❹ 御留山公園
綠意盎然的湧泉景點

在江戶時代為德川家用來獵鷹的土地，因禁止一般民眾進入而被稱為「御留山」，這也成為此公園的名稱由來。公園內的湧泉則獲選為「東京名湧泉57選」。

🕘 7:00～19:00（10～3月到17:00）
㊡ 無休　¥ 免費入園　🏠 新宿區下落合2-10　☎ 03・5273・3914

⑧ 豐島區立常盤莊漫畫博物館

徹底還原重現當時的風貌！

照片／©常盤莊漫畫博物館

忠實再現漫畫大師輩出的傳奇木造公寓「常盤莊」。通往2樓的樓梯還刻意營造出逼真的「吱吱作響」聲。館外的古早味電話亭也不容遊客錯過。

🕙 10:00～17:30
🈺 週一（遇假日為翌日休）、換展期間 💴依企劃展而異 🏠豐島区南長崎3-9-22
☎ 03‧6912‧7706

⑥ 佐伯祐三畫室紀念館

珍貴的大正時代工作室建築

這裡是經常往返法國和日本兩地，熱愛描繪街道巷弄風景的西畫家佐伯祐三（1898～1928）在日本唯一的活動據點。在此創作了「下落合風景」連作。

🕙 10:00～16:30（10～4月到16:00）
🈺 週一（遇假日為翌日休） 💴免費入館
🏠 新宿区中落合2-4-21 ☎ 03‧5988‧0091

🍴 赤門テラスなゆた

精選「食材」讓「顧客」能吃得更「健康」

> 熱門

位於寺院中，被綠意環繞的咖啡館。主打以蔬菜為中心並用心烹製的養生料理。季節時蔬滿滿的「寺院餐」1650日圓，可將白飯換成有機發酵糙米飯，彈牙口感會讓人一吃上癮。

🕙 10:00～16:00（週六、日、假日到17:00）
🈺 週二（遇假日營業）
🏠 豐島区長崎1-9-2 金剛院内
☎ 03‧3530‧8824

⑦ 豐島區常盤莊通休息處

可在此購買常盤莊周邊商品！

販售常盤莊相關商品，2樓則展示著常盤莊老大哥寺田博雄的房間。根據常盤莊漫畫家們愛喝的燒酎兌蘇打所製成的「酎打」糖，是最有人氣的伴手禮。

🕙 10:00～17:30 🈺 週一（遇假日為翌日休） 💴免費入館 🏠豐島区南長崎2-3-2
☎ 03‧6674‧2518

常盤莊傳奇

> 探險

培育出許多漫畫家的傳奇公寓

常盤莊是一棟位於豐島區椎名町（現為豐島區南長崎）的木造2層樓公寓。**手塚治虫**在昭和28年（1953）成為這棟公寓的房客之一。

手塚雖在隔年便搬走了，不過仰慕手塚的漫畫家們，像是**寺田博雄、藤子不二雄（藤子‧F‧不二雄、藤子不二雄Ⓐ）、石之森章太郎、赤塚不二夫**等人，陸續搬來常盤莊，並在此度過青春歲月。

常盤莊在昭和57年（1982）被拆除，但因為培育出一票知名漫畫家，帶動豐島區成為漫畫聖地。在這之後，為了將常盤莊作為地域文化遺產永續傳承，當地的商店街與社區自治會和豐島區攜手合作，著手進行各式各樣的規劃。

2012年4月於常盤莊原址設置了**常盤莊舊址紀念碑**、2013年12月開設「**常盤莊通休息處**」、2020年7月則有「**常盤莊漫畫博物館**」與「**常盤莊漫畫站**」相繼開館。

設置於常盤莊舊址的紀念碑

接下來，還在2022年11月利用建於昭和20年代的味樂百貨開設了「**常盤莊通昭和懷舊館**」，呈現昭和時代的生活樣貌，以及展示重現豐島區昔日風華的全景模型。

亦為賞櫻勝地的飛鳥山公園

當地名人

澀澤 榮一

**喜愛飛鳥山的環境
並以其為生活據點**

澀澤於明治12年（1879）年在飛鳥山建造別邸。當時鐵路尚未開通，隨著明治16年（1883）鐵道通車（上野～熊谷間），此處遂成為其生活據點並伴其走向人生終點。

在地特色知多少？

王子在江戶時代由於日光御成街道直通江戶市中心，因而變得熙來攘往。德川第8代將軍吉宗下令在飛鳥山種植櫻花，並開放庶民遊賞，王子遂成為江戶的代表性遊覽勝地。

2024年發行的1萬日圓新鈔肖像人物澀澤榮一，則是在飛鳥山度過晚年。飛鳥山有宣揚澀澤功績的「澀澤史料館」，以及記錄著由其一手創辦的王子製紙發展軌跡的「紙博物館」，儼然可稱之為澀澤世界。鄰近的「北區飛鳥山博物館」也值得一併探訪。

附近還有成為王子地名由來的王子神社、落語「王子之狐」的故事發生地王子稻荷神社，以及呈現出深山幽谷之美的名主瀑布公園，對於歷史迷而言王子是充滿吸引力的地區。

約 3.1 公里

約 45 分

約 4200 步

❷ 紙博物館
專門介紹紙的稀有博物館

這是全球少數幾家專門介紹紙的博物館。不分和紙、洋紙，廣泛收集、典藏、展示與紙相關的資料。常設展會針對紙張製造工程、種類、紙的歷史與紙工藝品等做介紹。

🕙 10:00～16:30
㉛ 週一（遇假日開館）、假日後之平日、偶有臨時休館　¥門票400日圓　🏠 北区王子 1-1-3　☎ 03·3916·2320

❶ 飛鳥山公園
源自江戶時代的賞櫻勝地

德川第8代將軍吉宗為了造福江戶百姓，下令種植櫻花而帶動此處成為賞櫻勝地。除了有約600棵染井吉野櫻與里櫻櫻花樹外，還有大約1萬5000株的杜鵑花，以及約莫1300株的繡球花。

🕙 自由入園　🏠 北区王子 1-1-3
☎ 03·5980·9210

❸ 北區飛鳥山博物館
能了解關於北區的大小事

分為14個主題並透過各項展示介紹北區的歷史、自然與文化的博物館。能了解地處武藏野台地與東京低地交界的北區發展過程，以及古代生活、江戶時代的飛鳥山等等。3樓則有北區相關作家企劃展。

🕙 10:00～16:30（遇假日為翌日休）　㉛ 週一　¥門票300日圓　🏠 北区王子 1-1-3　☎ 03·3916·1133

❹ 澀澤史料館
日本近代社會的創造者

澀澤榮一是2024年度新發行之1萬日圓紙鈔上的肖像人物。館內有「探索榮一的思想」、「回顧91年的人生」、「認識橫跨各界的成就」三大主題，緬懷澀澤榮一的生平與豐功偉業。

🕙 開館日、開館時間請上澀澤史料館官網確認　¥門票300日圓
🏠 北区西ケ原 2-16-1　☎ 03·3910·0005

❺ 音無親水公園
散發著江戶風情的水景與綠蔭公園

建於音無川（石神井川）舊河道的公園。此處為江戶時代的風景勝地，也曾被畫成浮世繪。在建造時還原重現了水路、權現瀑布、舟串橋。亦入選為日本都市公園100選。

🕙 自由入園
🏠 北区王子本町 1-1-1
☎ 03·5980·9210（飛鳥山公園管理事務所）

🛍 扇屋
被寫進落語段子的名店

創立於慶安元年（1648）。也是出現於落語「王子之狐」橋段的料理店。招牌商品是搭配祖傳祕方高湯製作的厚蛋燒。使用9顆蛋煎製的厚蛋燒 1條1300日圓、半條650日圓。目前只提供外帶。

🕙 13:00～19:00　㉛ 週三　🏠 北区岸町 1-1-7 新扇屋ビル 1F　☎ 03·3907·2567

❼ 王子稻荷神社

傳承逾千年的關東稻荷總司

康平年間（1058～1065）獲源賴義頒贈關東稻荷總司的稱號。境內的狐狸洞則是落語「王子之狐」的故事發生地。

⊙ 自由參拜　🏠 北区岸町 1-12-26
☎ 03・3907・3032

❻ 王子神社

德川吉宗捐贈飛鳥山作為建地

元亨 2 年（1322），當時的領主豐島氏從紀州熊野三社迎請王子大神分靈，據說這是此座神社的起源。出身紀州的德川第 8 代將軍吉宗得知此神社與紀州的淵源後，便捐出飛鳥山土地。境內的大銀杏樹為東京都天然紀念物。

⊙ 自由參拜
🏠 北区王子本町 1-1-12
☎ 03・3907・7808

❾ 北托邦 觀景台

能一覽飛鳥山與王子市街

位於北區產業暨文化據點的北托邦 17 樓頂樓觀景區。3 面皆設有玻璃窗，可眺望南方的飛鳥山公園、東北方的筑波山、西南方的秩父連山，是北區引以為傲的絕美景點觀賞處。

⊙ 8:30～22:00　㉹ 不定期公休（須事先確認）　¥ 免費入場　🏠 北区王子 1-11-1
☎ 03・5390・1100

🛍 石鍋久寿餅店

Q 彈口感令人難以招架

創立於明治 20 年（1887）。店內所販售的葛餅，是將小麥澱粉放入木桶發酵 1～2 年，再泡水去除發酵味與酸味後蒸熟。葛餅（小）2～3 人份，售價 700 日圓。也很推薦手工餡蜜 490 日圓。

⊙ 外帶 9:30～18:00（週六、假日到 17:00），內用須事先洽詢　㉹ 週日
🏠 北区岸町 1-5-10　☎ 03・3908・3165

❽ 名主瀑布公園

用斜坡巧工建成的迴遊式庭園

於安政年間（1854～1860）王子村領主在自家所修築的瀑布。後來在昭和 20 年（1945）的空襲中燒毀，於 15 年後再度對外開放。水花四濺，落差達 8 公尺的男瀑布，引人遙想昔日景觀。

⊙ 9:00～16:30（依時節而異）
㉹ 無休　¥ 免費入園　🏠 北区岸町 1-15-25　☎ 03・3908・9275

探險

澀澤榮一與飛鳥山

喜愛飛鳥山的澀澤榮一選擇此地作為人生最後的住處

澀澤榮一在天保 11 年（1840）出生於現在的**埼玉縣深谷市**。在幫忙打理家業的同時，亦向父親學習讀書寫字，並跟著表哥尾高惇忠（後來的富岡製絲廠首任廠長）研習包含「論語」在內的各種學問。其後，他效力於**一橋慶喜**，得以出國考察巴黎萬國博覽會（1867 年）等活動增廣見聞，最終成為領導日本實業界的風雲人物。

澀澤經手創辦、培育的事業，以設立於明治 6 年（1873）的**第一國立銀行**為首，約莫多達 500 家企業。他亦不遺餘力地推動大約 600 項的社會公共事業（福祉、教育等等）與民間外交等活動，成為日本近代社會的創造者，發揮了極大的影響力。

明治 12 年（1879），他在能夠看到自身所創辦的**製紙公司**（後來的王子製紙）工廠的飛鳥山建造宅邸，用來作為招待海內外賓客的場地。澀澤深愛這個地方，將之稱為「**曖依村莊**」，自明治 34 年（1901）至與世長辭的昭和 6 年

晚香廬

（1931）皆與家人生活於此。

「**澀澤史料館**」便位於其故居一角，座落在舊澀澤庭園的大正時期建築「**晚香廬**」與「**青淵文庫**」則被列為國家重要文化財並對外開放參觀。

拱廊連綿不絕的十條銀座商店

東十條・十條・赤羽

擁有商店街、自然公園、平價小酒館等多元特色的市街

當地名人

宮本 浩次先生

**宮次直到24歲
都住在赤羽台團地**

搖滾樂團 ELEPHANT KASHIMASHI 的主唱兼吉他手。畢業於舊赤羽台國中，並住在赤羽台團地。自2019年展開單飛活動，所推出的翻唱專輯每每蔚為話題。暱稱為「宮次（Miyaji）」、「老師」。

在地特色知多少？

來 到東十條與十條的樂趣就是逛商店街。這裡的特色是大型商店不多，以個人經營的小商店為主，此外還有向來活力十足的生鮮食品店和熟食店。

近年來，此地區的孟加拉居民急速增加，東十條站附近因此出現成排的清真食品店和餐飲店，甚至被稱為「小達卡」。

從十條到赤羽的JR埼京線西側屬於武藏野台地外環，這一帶利用具有高低起伏的自然地形打造了清水坂公園和赤羽自然觀察公園。

分布於這塊坡地上的23區首座大型集合住宅赤羽台團地，重生為 Nouvelle 赤羽台，街道景觀也煥然一新。

赤羽站周邊是遠近馳名的酒吧街。平價小酒館對酒客而言具有致命吸引力。

⬌	約 5.8 公里
⧗	約 1 小時 30 分
🚶	約 7800 步

Goal

從赤羽站搭乘埼京線至池袋站為8分鐘，170日圓；搭乘JR京濱東北線至上野站為14分鐘，180日圓

赤羽站 JR京濱東北線

⟵ 3分／0.2 km
9 赤羽一番街與OK橫丁

⟵ 8分／0.5 km
8 赤羽八幡神社

⟵ 16分／1.1 km
7 Nouvelle 赤羽台

⟵ 2分／0.1 km
6 赤羽自然觀察公園

⟵ 26分／1.7 km
5 清水坂公園

⟵ 12分／0.8 km
4 十條銀座商店街

⟵ 2分／0.2 km
3 篠原演藝場

⟵ 4分／0.3 km
2 十條富士塚

⟵ 11分／0.8 km
1 MUSIC SHOP Dan

⟵ 2分／0.1 km
東十條站 JR京濱東北線

Start

從上野站搭乘JR京濱東北線至東十條站為12分鐘，180日圓；從赤羽站搭乘JR京濱東北線為2分鐘，150日圓

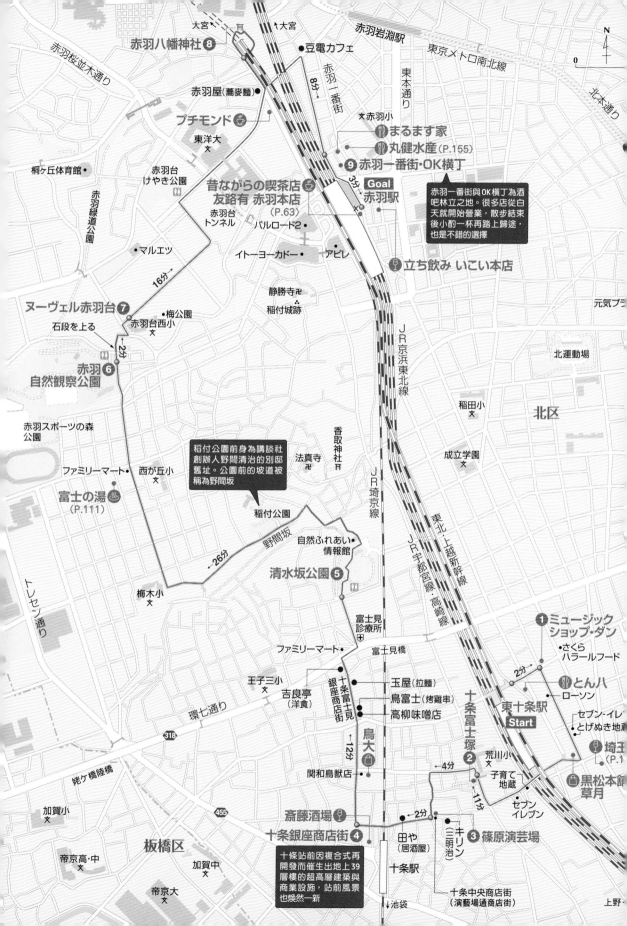

🍴 とん八

十條在地美食「黃芥末燒」始祖

招牌餐點黃芥末燒850日圓，以醬油為基底所製成的獨門醬汁翻炒豬肉與豆腐，再搭配滿滿的蒜頭、薑與辣椒調味，是一道微辣不嗆，鹹香可口好下飯的美味料理。中碗白飯200日圓。

🕐 11:30～14:00、17:00～20:00
㊡ 週四
🏠 北区東十条3-17-9
☎ 03・3914・1208

名產

① MUSIC SHOP Dan

來此演唱是演歌歌手的走紅跳板

為日本最早安排演歌歌手在店內進行現場演唱的唱片行，店內所張貼的海報與照片滿滿都是前來表演的歌手所留下的簽名。至今每個月仍會舉辦約10場演歌歌手的現場表演與簽名會。

🕐 10:00～17:00　㊡ 不定期公休
🏠 北区東十条4-5-25
☎ 03・3913・6371

③ 篠原演藝場

表演者近在眼前的觀劇體驗

每個月都有不同劇團進行公演的大眾演劇常設劇場。觀劇時是直接鋪座墊席地而坐，觀眾席與舞台彷彿融為一體，氣氛絕佳。戲目會每天變換，因此就算連日上門也不會看到重複的劇情。

🕐 12:00～15:30、17:30～21:00
㊡ 不定期公休　¥ 門票2000日圓　🏠 北区中十条2-17-6　☎ 080・2017・8687

② 十條富士塚

東京都內七富士塚之一

建於十條富士神社的富士山信仰祭儀場。每年6月30日、7月1日配合富士山開山所舉辦的大祭（御富士大人）會有許多攤販擺攤，相當熱鬧。目前因道路擴寬工程而遷移與修建，日後將換上全新風貌。照片為完工示意模型。

🕐 自由參拜　🏠 北区中十条2-14-18

名產

🛍 黑松本舖 草月

大排長龍的超人氣銅鑼燒店

創立於昭和5年（1930）的老店。亦成為店名的「黑松」，其實是指外皮使用黑糖與蜂蜜製作、綿軟濕潤又不膩口的銅鑼燒。一個售價162日圓，價格實惠，也很適合當伴手禮。

🕐 10:00～18:00　㊡ 週二（旺季會有所變動）　🏠 北区東十条2-15-16
☎ 03・3914・7530

④ 十條銀座商店街

在地關係緊密的購物街

與戶越銀座與砂町銀座合稱為東京三大銀座，是東京最具代表性的商店街。據悉這條連結車站的拱廊一天的往來人數高達1萬5000人。個人商店眾多是

這裡的一大特色，販售生鮮食品與菜餚的店家總是活力十足，帶來滿滿朝氣。

🏠 北区十条仲原1・上十条2　☎ 03・3907・3860（十條銀座商店街振興公會）

🍷 斎藤酒場

大眾酒場名店就是這一家！

昭和3年（1928）開幕時為酒舖，戰後轉型為平價酒館。黃褐色的牆壁與天花板透露歷史痕跡。清酒1合230日圓起、燉內臟340日圓、串炸2枝380日圓，實惠的價格很吸引人。常客眾多，是一家由老闆娘經營，適合大人的用餐好所在。

名店

🕐 17:00～22:30LO
㊡ 週日、假日
🏠 北区上十条2-30-13
☎ 03・3906・6424

⑤ 清水坂公園

利用武藏野台地的陡峭地形打造而成的公園

地勢高低起伏的園內，設有草皮廣場以及長達52公尺的溜滑梯。夏季則能在模擬溪流設計而成的水道中玩水。接觸自然資訊館則展示與飼育著昆蟲、植物、魚等生物，田地與池塘還有昆蟲棲息。

🕐 自由入園（資訊館8:00～17:30，10～3月到16:00，週一休，遇假日為翌日休。免費入館）　🏠 北区十条仲原4-2-1　☎ 03·5948·4738（清水坂公園）、03·3908·0804（接觸自然資訊館）

 🛍️ **鳥大**

大排長龍的雞肉熟食店

雞肉熟食廣獲好評的雞肉料理專賣店。招牌商品為1顆10日圓（不含稅）的雞肉丸，以雞絞肉拌豆渣油炸而成，外皮酥脆，內裡柔嫩。

🕐 10:00～20:00　㊡ 週日（假日偶有不定期公休）　🏠 北区十条仲原1-4-11　☎ 03·3905·1414

⑦ Nouvelle 赤羽台

團地變身為嶄新的大樓群

昭和37年（1962）問世，成為23區內首座大規模公營集合住宅的赤羽台團地，因日益老舊而在2000年之後改建為大樓。長板型的41號棟，以及被稱為星型住家的42～44號棟，是有史以來首度被列為國家登錄有形文化財的集合住宅。

🏠 北区赤羽台2丁目

⑥ 赤羽自然觀察公園

自然體驗活動的據點
還可以烤肉

這裡從前是自衛隊十條營區，後來利用湧泉打造濱水空間，搭配植樹，建成自然公園。江戶時代的茅草民宅被移築至此地，作為學習歷史文化的設施，除了展示生活用具，同時也會舉辦體驗昔日生活文化的活動。附近還有修整完善的田地可進行體驗式學習。

🕐 8:00～17:30（10～3月到16:00）　㊡ 無休　💰 免費入園
🏠 北区赤羽西5-2-34
☎ 03·3905·4551

⑧ 赤羽八幡神社

誠心祈願，幸福也會∞

擁有1200多年歷史的古老神社。以源自風水學的∞（無窮）符號為標誌，因而成為Super Eight粉絲的朝聖地。每月推出不同圖案的御朱印，以及穿梭於境內正下方的新幹線等景色，在在蔚為話題。

🕐 自由參觀
🏠 北区赤羽台4-1-6
☎ 03·3908·1764

☕ **プチモンド**

大塊的水果十分美味

每天從市場進貨，以新鮮水果打響名號的水果咖啡店。水果都是點單後才現切製作，口感鮮嫩多汁。水果百匯1200日圓、水果三明治900日圓。

🕐 10:00～16:00LO　㊡ 週四、五
🏠 北区赤羽台3-1-18　☎ 03·3907·0750

肉骨茶

飄散在東通上的濃郁香味，就是這道使用了18種漢方藥材熱煮的肉骨茶。

Size 午餐(附小菜、白飯) 1080日圓

十條銀座商店街地圖

JR十条

埼京線

← 赤羽

板橋 →

N

接續十条中央商店街

そば処越後屋
ブティックこまどり
文具萬秀堂
元祖 串八珍
ダーツバー K
博多らーめん
一心堂

桂園(中菜)
ジュエリーコマツ
十条かわせ歯科クリニック
自然派家族
こめ市場
スーパーまいにち
ハウス・トゥ・ハウス(不動産)

おかしのまちおかPALETTE PLAZA(印刷)
Tifana(二手店)
Y!mobile
おまもどう(熟食)
祥龍園(中菜)

Can★Do
au

十和住宅
神田屋(居酒屋)
飲茶居酒屋香港亭
肉骨茶
晩杯屋(居酒屋)
まいばすけっと(超市)
7Day's(場地租借)
酒の大林

Family Mart
山田宅建販売
三ツ星住宅興社
食事処みくに(沖繩料理)
サンマルクカフェ

おしゃれの店こまどり
鳥と魚の店キンクラ
Family Mart
gorgeous(女裝)
ウイング(不動産)
回転すしだんしゃく
ミート・デリカ
塩家

やきとんまるま
チャーボン多福楼(中菜)
大東京信用組合
大衆斉藤酒場
カラオケ館
UFJ ATM
三菱
石窯パン工房
美茶(珍珠奶茶)
Lawson
天丼てんや
McDonald's
コージーコーナー

東通り

十条銀座商店街

西通り

栃木屋不動産
三井住友銀行
旅の魔法使い(旅行社)
Cut In Time(髮廊)
アジアンダイニングナマステヒマール
サンドール(麵包)

flower shop kazamidori
Rakuten
キッチンオリジン
高橋生花店
ちよだ鮨
たつファミリー歯科

日高屋
屋号なし(亞洲食材店)
靴のケンコクドウ
グリーンマートHANO(蔬果)
ビーフダイナーキャプテンカウ88
PlazaO(時裝雜貨)
家庭料理魚勘
クスリ大成堂
la fiore(美甲)
BS HOUSE(理髮)

接續十条仲通り商店会

うまいもんや(洋食)
舘岡接骨院
わかまつでんき
丸杉不動産

名代富士そば
パスタの虎
パチンコAVANZER
マツモトキヨシ
晴天家(拉麵)
deuxune(髮廊)
大橋歯科クリニック
閑茶坊(珍珠奶茶)
フルーツ信砅屋
Soft Bank

あい菜家2号店

分量十足的熟食一字排開。

イカ唐
チキンカリ
つくねボール
いろものからあげ

原味可樂餅 30日圓、雞肉丸 20日圓，便宜得嚇人。

⑨ 赤羽一番街與OK橫丁

可白天開喝且平價實惠的酒吧街

赤羽站東口北側是從戰後黑市發跡的酒吧街。赤羽一番街以長約400公尺的主街道為中心，約有100家餐飲店林立；沿著鐵道分布的OK橫丁則有約30間店鋪。這裡的店大多走親民路線，很多從白天就開始營業。

🏠 北区赤羽1丁目

左／位於赤羽站東口站前的赤羽一番街入口
右／赤羽一番街的代表性店家「まるます家」

每個人都好時髦的
十條貴夫人！

大家有發現嗎？招牌上的鳥字，其實隱藏著烤雞串串案⋯⋯

- 鳥大（雞肉熟食）
- 文具 文化堂
- 関和鳥獣店

值得一試！
奶霜冷幸咖啡 1500 日圓
宇治金時 1200 日圓

だるまや餅菓子店

不分季節就是令人想吃的商店街名產，不倒翁屋刨冰。

Sake Labo.
TOKYO

みらべる（超市）

居酒屋五九三

十条銀座商店街

← 接續十条富士見銀座商店街

（上排，右至左）
- 甘蘭（牛骨拉麵）
- 東京靴流通センター
- だるまや餅菓子店
- 鮮魚鈴本店
- HAIR Shampoo
- アサイ青果
- せとものたきざわ
- メガネ時計サ サガク
- Doutor Coffee・
- お休み処（休息區）
- 7-Eleven・
- YAMADA（男裝）
- 雄飛堂藥局
- HANAYA（花店）
- キンコー堂洋品店
- 十条銀座整骨院
- あい菜家 2号店（菜舗）
- エンフェル（舊物收購）
- ICH・GO（髪廊）
- Garden2髪廊
- 十条菓子舗
- やきとりスタンド
- トネス24（健身房）
- ストレッチ&フィッ
- むさしや
- とんかつ新宿さぼてん
- Cryst-Cro（服飾雑貨）The ダイソー・
- 十条整形外科リハビリクリニック（理髪）・hair market

（下排，右至左）
- 雄飛堂化粧品店
- 十条金物
- ロックサービス
- T・D・M Selection（飾品）
- ディーン（DVD、CD）
- 味のデパートしなのや
- 菓子小藤屋
- あおぞら衣料品店
- 大東京信用組合 ATM
- サンドラッグ（薬品、化粧品）
- TAKAMASA
- 靴の工場直売所
- アフラック
- 和風惣菜おおつや
- 鶴橋粉舗てこや
- 惣菜みやはら
- タコとハイボール
- たこ焼（草魚焼）
- こころ整骨院
- そめものごふくはらだ
- L tokyo（髪廊）
- みどりや洋品店 1号館
- 1号館
- SOL（雑貨）
- 39（超市）
- みどりや洋品店 3号館
- はなしょう（花店）3号館
- スポーツ用品オオヤマ
- 茶の丸美屋
- 美容室MACHIDA
- うなぎ和孝
- タンセイ（肉類料理）
- Family Mart

惣菜みやはら

充滿視覺震撼力的巨大POP海報彷彿門簾般垂掛著，老闆會從下方探出頭來招呼客人。這是在熟食激戰區十條才會有的景象。

衣料品店

所有商品售價399～
1499日圓，超級佛心的時裝店。

穿出搖滾風！鎖鏈圖騰緊身褲

店內擺滿了各式衣物！

名店

立ち飲み いこい本店

下酒菜不超過200日圓的居酒屋

大瓶啤酒490日圓、日本酒1合230日圓、馬鈴薯沙拉130日圓、火腿肉餅180日圓、燉內臟150日圓、串燒120日圓、鮪魚生魚片150日圓。光是列出定價就令人聯想到這裡是平價買醉的聖地。

🕐 11:00～22:00（週日、假日到21:00）
❌ 無休 　🏠 北區赤羽1-3-8
☎ 03・3901・5246

🍷 **まるます家**

白天開喝的聖地。招牌為鯉魚和鰻魚下酒菜

於昭和25年（1950）創立，如招牌名稱「まるます 鯉魚和鰻魚之家」所示，店內菜單以河魚料理為主。烤魚頭2串400日圓、溫涮冰鎮鯉魚片400日圓、鱉火鍋850日圓。單純來用餐的客人也很多，鰻魚盒飯售價2500日圓起，相當超值。

名店

🕐 11:00～18:30LO
❌ 週一（偶有週二休）
🏠 北區赤羽1-17-7
☎ 03・3902・5614

日比谷・溜池山王 →

利庵 ⑪ 416

東京メトロ南北線　白金台駅

金台5

都営三田線　白金台

・いなげや

港区

国立科學教博物園

光取寺

月窓院

最上寺

本願寺

常光寺

文 第三日野小

池田山公園

> 池田山為東京都內榜上有名的高級住宅區。美智子上皇后的娘家曾位於這附近。公園內有富士山靈氣流動的能量景點，備受遊客喜愛

✚ NTT 東日本關東病院

品川区

桜田通り

都営浅草線

高輪台

五反田駅

① 317

五反田駅
東急池上線

↓ 大崎

在地特色知多少？

目黑地名的由來有各種說法，其一為江戶有五色不動明王像，分別是目黑、目白、目赤、目黃、目青，而位於此地的是目黑不動尊，故得此名。

周邊地區則因目黑不動尊而有許多寺廟分布。例如，奉祀蛸藥師、保佑信眾幸福圓滿的成就院；安置的羅漢像是禪僧花費十數年歲月雕製而成的五百羅漢寺；奉祀白粉地藏的蟠龍寺，以及位於目黑站附近擁有壯觀石佛群的大圓寺。

將散步範圍擴大至白金，可以造訪以裝飾藝術風格打造，建築本身就是藝術品的「東京都庭園美術館」，以及毗鄰的「國立科學博物館附屬自然教育園」。這裡保留了豐富的自然景觀，甚至令人忘了身處東京都內。在白金的兩大景點投入美與大自然的懷抱，能為身心注入能量，獲得療癒。

廟會活動也很有名的目黑不動尊

南部

30

目黑・白金

在目黑探訪獨具特色的寺院、在白金接觸名建築與大自然

- ✥ 約4.1公里
- ⌛ 約1小時
- 🚶 約5500步

Start

從目黑站搭乘東急目黑線至不動前站為2分鐘，140日圓；從武藏小杉站搭乘為16分鐘，230日圓

東急目黑線　不動前站

① 成就院 ← 8分／0.5km
② 目黑不動尊 ← 3分／0.2km
③ 五百羅漢寺 ← 3分／0.2km
④ 蟠龍寺 ← 5分／0.3km
⑤ 目黑寄生蟲館 ← 7分／0.5km
⑥ 大圓寺 ← 15分／1.0km
⑦ 東京都庭園美術館 ← 11分／0.7km
⑧ 國立科學博物館附屬自然教育園 ← 1分／0.1km

目黑站
JR、地下鐵、私鐵　9分／0.6km

Goal

從目黑站搭乘JR山手線至新宿站為11分鐘，180日圓；至東京站為21分鐘，210日圓。亦可搭乘地下鐵南北線、三田線、東急目黑線

国立科学博物館
附属自然教育園

⑦ 東京都
庭園美術
館

庭園美術
館西

上大崎

目黒区

下目黒小 ✕

田道

目黒新橋

目黒日本大高・中

ファミリーマート

ローソン

（菸品）TANAKAYA

カフェドゥー
（P.063）

東急ストア

目黒シネマ

内有大約1萬1500本與自行車相關的書籍，並收藏與展示骨董自行車、零件、海報等與自行車相關的資料

目黒駅
Goal

東口

アトレ1

自転車文化
センター

9分

11分

ファミリー
マート

太楼（中菜）

上大崎

首都高速2号目黒線

ひろや
（烤內臟）

LAND
（中菜）

大鳥公園

とんかつ とんき

権之助坂

行人坂

目黒駅

GONZO
（披薩）

こがね
（炸豬排）

ファミリーマート

317

大鳥神社

Karf
（家具、雜貨）

金比羅坂

マルエツ

穿越羊腸小徑別有一番樂趣

ホテル目黒エンペラー

セブン-
イレブン

15分

太鼓橋

⑥ 大円寺

大円寺

アトレ2
JR東急目黒ビル

大圓寺前的陡坡。相傳湯殿山的修行者建造了大日如來堂（現為大圓寺）修習佛法，之後漸漸吸引許多修行人聚集

⑤ 目黒寄生虫館

大鳥神社

7分

かづ屋
（拉麺）

蝙龍寺

5分

城形飯店

山手通り

柳通り

羅漢寺

アルコタワー

アルコタワー
アネックス

雅叙園東京

杉野服飾大 ✕

杉野服飾大 ✕
短大

花房山通り

東急目黒線

京濱・埼京線

④

らかん茶屋
（甜品）

③ 五百羅漢寺

② 目黒不動尊

三折坂

目黒不動

目黒不動尊門前通り

ふらんす屋（咖啡店）

東京水引（繩結雜貨）

① 成就院

海老民（蕎麥麵）

らんまる
（壽司）

八つ目やにしむら（鰻魚飯）

オオゼキ

丸福
（蕎麥麵）

林試の森公園

石古坂

3分

3分

前身為創立於大正時代的河魚料理店，之後在昭和35年（1960）開設了這家餐館。從參道就能看見店家炙烤鰻魚的身影，是目黑不動尊門前的著名景象

かむろ坂通り

第四日野小

ファミリーマート

8分

かむろ坂下

血輸喰腮日日甲目黒線

418

上大崎
3

Start

不動前駅

大岡山

大崎郵便局前

渋谷

N

0   200m

目黒区

目黒川

312

312

東急目黒線

國立科學博物館附屬自然教育園

右／背對獨鈷瀑布與前不動堂的不動明王像
左／歇山頂與千鳥破風樣式的本堂為昭和56年（1981）重建之物

❷ 目黑不動尊
約建於1200年前的不動明王聖地

正式名稱為瀧泉寺，相傳慈覺大師雕刻的不動明王像被安置於此，因而有「目黑不動大人」的暱稱並廣受民眾信奉。為日本三大不動明王、江戶五色不動明王之一。每月28日會舉辦廟會活動。

🕐 自由參拜
🏠 目黑区下目黑3-20-26
☎ 03・3712・7549

❹ 蟠龍寺
攜帶化妝白粉來拜地藏菩薩

岩石洞窟內供奉著元祖山手七福神之辯才天，弁天堂內則奉祀著辯才天木像。寺內有白粉地藏像，相傳將化妝白粉塗抹在地藏菩薩與自己臉上，就能變成美人。

🕐 自由參拜
🏠 目黑区下目黑3-4-4
☎ 03・3712・6559

❸ 五百羅漢寺
或許能找到與自身相似的羅漢像

創建於元祿8年（1695），於明治41年（1908）遷移至現址。現存的305尊羅漢像為元祿時代（1688～1704）由松雲元慶禪師歷經十數年歲月雕刻而成，乃東京都有形文化財。

🕐 9:00～17:00　🈺 無休
💴 參拜500日圓　🏠 目黑区下目黑3-20-11　☎ 03・3792・6751

❶ 成就院
由天台宗名僧慈覺大師所開創

創建於天安2年（858）。被奉為本尊的藥師如來像，因章魚托著蓮座而擁有蛸藥師的別名。寫著「感恩讚嘆 招福開運 幸福一八爪藥師」詞句的繪馬相當獨特。

🕐 9:00～16:30　🈺 無休
💴 免費參拜　🏠 目黑区下目黑3-11-11
☎ 03・3712・8942

名店

🍴 とんかつ とんき
目黑首屈一指的炸豬排名店

選用日本國產豬肉低溫油炸，口感鮮嫩多汁，外皮薄脆又香氣四溢。炸里肌豬排套餐2300日圓，可無限續白飯、高麗菜絲，豬肉蔬菜味噌湯可續一次。

🕐 16:00～21:00LO　🈺 週二、第3週之週一　🏠 目黑区下目黑1-1-2
☎ 03・3491・9928（語音客服）

❺ 目黑寄生蟲館
買寄生蟲周邊商品作紀念

全球罕見，由醫學博士龜谷了於昭和28年（1953）創設的寄生蟲博物館。館內展示約300件會寄生於人類或動物的寄生蟲標本與相關資料。全長8.8公尺的條蟲標本相當驚人。

🕐 10:00～17:00
🈺 週一、二（遇假日為翌日休）　💴 免費入館（歡迎捐款請踴躍樂捐）
🏠 目黑区下目黑4-1-1
☎ 03・3716・1264（語音客服）

❼ 東京都庭園美術館

融合日法構想的建築

照片／東京都庭園美術館

採用了流行於1920～30年代裝飾藝術風格的這棟建築物，是由朝香宮鳩彥王委託法國藝術家進行主要部分的裝潢，並由建築師權藤要吉負責基本設計。現則作為美術館對外開放參觀。

🕐 10:00～17:30 週一（遇假日為翌日休）
¥ 依展覽會而異（庭園票價200日圓）🏠 港區白金台5-21-9 ☎ 050·5541·8600（委外客服專線）

❻ 大圓寺

布滿寺內斜坡的石佛群

相傳大圓寺的起源為湯殿山的修行僧在元和元年（1615）左右，奉大日一字金輪為本尊所開設的道場。寺內的石佛群是為了悼念發生在明和9年（1772）、起火點為行人坂的火災罹難者。

🕐 8:00～17:00 無休 ¥ 免費參拜
🏠 目黑區下目黑1-8-5
☎ 03·3491·2793

名店

🍴 利庵

在古民宅品嚐極品蕎麥麵

木造房舍、格子窗與門簾營造出古樸雅致的景觀。由店家磨粉手作的蕎麥麵，柔韌滑順、香氣十足。蒸籠蕎麥麵售價950日圓。店內也供應許多下酒菜，在主餐前點一份來配酒也不錯。

🕐 11:30～19:00LO 週一、二
🏠 港區白金台5-17-2 ☎ 03·3444·1741

❽ 國立科學博物館附屬自然教育園

豐富的自然景觀令人懷疑是否身處東京？

照片／國立科學博物館附屬自然教育園

擁有大規模的森林綠地、占地約20公頃的園內，除了芒草與蘆葦叢外，還有池塘、濕地與小河，自然景觀豐富到令人毫無置身大都會之感。這裡也被指定為國家自然紀念物暨史跡。

🕐 9:00～16:00 週一（遇假日為翌日休）、假日翌日（遇週六、日開園）¥ 門票320日圓 🏠 港區白金台5-21-5 ☎ 03·3441·7176

探險 深度探索「自然教育園」！

能透過植物和昆蟲感受季節遞嬗，留存於大都會中的珍貴自然生態

水生植物園

此處在寬文4年（1664）為高松藩主松平賴重的別墅用地。進入明治時代後在此設置了**海軍省與陸軍省的彈藥庫**，後於大正6年（1917）被納入宮內省帝室

林野局管轄，因此被稱為**白金御料地**。在這之後，於昭和24年（1949）由文部省接管，並被指定為國家自然紀念物暨史跡。儘管地處大都會中央，卻未遭到開發破壞，**廣大的森林綠地**因而得以保留下來。園內的「物語之松」則是藩主別墅時代的產物。

園內有樺樹、欅樹等**落葉樹**，以及栲樹類、櫟樹類、松樹類等**常青植物**分布，還有茅草與蘆葦叢，池塘和小溪，能令人感受到大自然的四季變化。根據調查

記錄，園內有植物約**1473種**、昆蟲類約**2130種**、鳥類約**130種**。

物語之松

広尾小 文
室泉寺 卍
恵比寿橋入口
恵比寿橋
明治通り　渋谷川　→六本木
びっくり寿司
吉野家
港区
ドトール
恵比寿橋南
恵比寿駅東口
みずほ銀行
恵比寿駅
恵比寿通り
恵比寿4
ファミリー
マート
キムカツ
恵比寿本店
ファミリー
マート
寿駅
恵比寿スカイウォーク

連結JR惠比壽站與惠比壽花園廣場的電動步道「惠比壽Sky Walk」，全長約400公尺，所需步行時間約為6分鐘

くすの木通り　×
加計塚小
YEBISU BREWERY TOKYO
十兵衛（居酒屋）
←12分
恵比寿ガーデン
プレイス
アメリカ橋
セブン・イレブン
5分
7
8
× 東京都
写真美術館
目黒

在地特色知多少？

代官山在昭和初期興建同潤會的代官山公寓時，還是一處被雜木林包圍的地區。直至1980年代後半的泡沫經濟期後，才蛻變為新興品牌爭鳴的時尚重鎮。

又被稱為「中目（Nakame）」的中目黑，有知名的賞櫻景點目黑川流經而過，沿著河川則分布著服飾、雜貨、餐飲店等各具特色的商店。

在民眾最想去、最想住的地區排行榜中，惠比壽往往名列前茅，是相當受歡迎的區域，有許多成熟大人喜愛的商店和餐廳。

亦成為惠比壽門面的惠比壽啤酒紀念館，在2024年4月重生為「YEBISU BREWERY TOKYO」，為這座市街增添新魅力。

啤酒杯造型路燈

南部

31

廣受都會女性喜愛的時尚重鎮！

代官山‧中目黑‧惠比壽

約 5.3 公里

約 1 小時 20 分

約 7100 步

Goal

從惠比壽站搭乘JR山手線至新宿站為10分鐘，170日圓；至品川站為10分鐘，170日圓。亦可搭乘地下鐵日比谷線。

惠比壽站
JR山手線、埼京線、地下鐵日比谷線

8
惠比壽Sky Walk
6分／0.4 km

東京都寫真美術館
12分／0.8 km

7
美國橋
5分／0.4 km

6
目黑川
26分／1.7 km

目黑美術館
3分／0.2 km

5
鄉櫻美術館
9分／0.6 km

4
舊朝倉家住宅
8分／0.5 km

3
西鄉山公園
5分／0.2 km

2
代官山T-SITE
5分／0.3 km

1
Kamawanu 代官山店
3分／0.2 km

代官山站
東急東橫線

Start

從澀谷站搭乘東急東橫線至代官山站為3分鐘，140日圓；從橫濱站搭乘為42分鐘，310日圓。

140

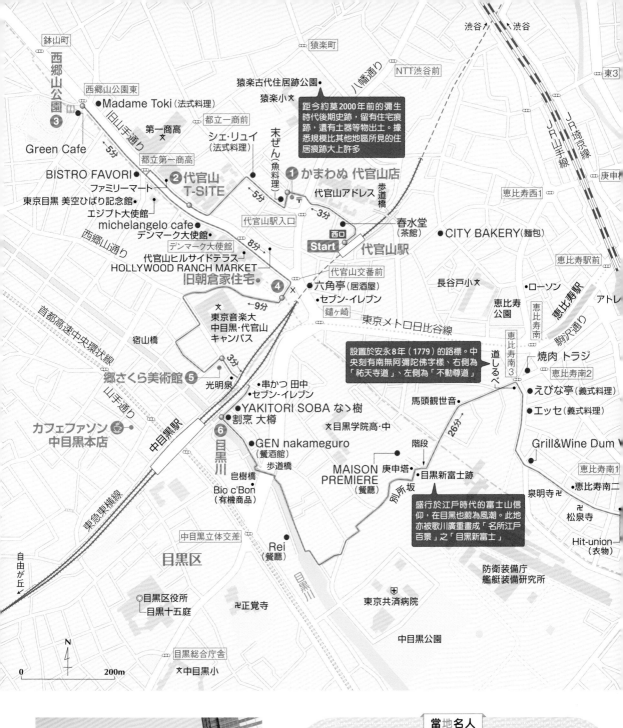

鉢山町

西郷山公園 ❸

西郷山公園東

● Madame Toki（法式料理）

Green Cafe

旧山手通り ←5分

第一商高

猿楽町

八幡通り

NTT渋谷前

東3

渋谷 渋谷

JR埼京線

JR山手線

庚申

都立一商前

シェ・リュイ（法式料理）

末ぜん（魚料理）

猿楽古代住居跡公園

猿楽小 文

距今約莫2000年前的彌生時代後期史跡，留有住宅痕跡，還有土器等物出土。據悉規模比其他地區所見的住居痕跡大上許多

都立第一商高

BISTRO FAVORI

ファミリーマート

❷代官山 T-SITE

←5分

❶ かまわぬ 代官山店

歩道橋

代官山アドレス

恵比寿西1

東京目黒 美空ひばり記念館

エジプト大使館

michelangelo cafe

デンマーク大使館

←3分

代官山駅入口

〒

春水堂（茶館）

● CITY BAKERY（麵包）

恵比寿駅前

デンマーク大使館

代官山ヒルサイドテラス

HOLLYWOOD RANCH MARKET

旧朝倉家住宅 ❹

西口

Start

代官山駅

長谷戸小 文

恵比寿公園

恵比寿南

● ローソン

恵比寿駅

アト

8分

西郷山通り

代官山交番前

六角亭（居酒屋）

● セブン・イレブン

鑓ヶ崎

東京メトロ日比谷線

恵比寿南

駒沢通り

恵比寿南3道しるべ

設置於安永8年（1779）的路標。中央刻有南無阿彌陀佛字樣，右側為「祐天寺道」，左側為「不動尊道」

焼肉 トラジ

恵比寿南2

えびな亭（義式料理）

9分

東京音楽大中目黒・代官山キャンパス

首都高速中央環状線

宿山橋

郷さくら美術館 ❺

3分

光明泉

● 串かつ 田中

● セブン・イレブン

馬頭観世音

エッセ（義式料理）

26分

Grill&Wine Dum

恵比寿南1

カフェファソン中目黒本店

山手通り

YAKITORI SOBA なゝ樹

割烹 大樽

目黒学院高・中

階段

目黒新富士跡

泉明寺

● 恵比寿南二

松泉寺

Hit-union（衣物）

中目黒駅

❻

目黒川

GEN nakameguro（饕酒館）

歩道橋

皀樹橋

Bio c'Bon（有機商品）

MAISON PREMIERE（餐廳）

庚申塔

別所坂

盛行於江戶時代的富士山信仰，在目黒也蔚為風潮。此地亦被歌川廣重畫成「名所江戶百景」之「目黒新富士」

東急東横線

自由が丘

中目黒立体交差

目黒区

Rei（餐廳）

目黒川

防衛装備庁艦艇装備研究所

目黒区役所

目黒十五庭

卍正覚寺

卍

東京共済病院

中目黒公園

N

0 ────── 200m

目黒総合庁舎

文中目黒小

恵比壽花園廣場

141

③ 西鄉山公園

能眺望富士山的坡地公園

建於西鄉隆盛之弟、亦為政治家、軍人的西鄉從道宅邸舊址的公園。利用台地邊緣的斜坡，打造出落差20公尺的人工瀑布。在冬季天氣晴朗之日還能從觀景台遠眺富士山。

🕐 自由入園　🏠 目黑区青葉台2-10-28
☎ 03・5722・9775（目黑區道路公園課）

① Kamawanu　代官山店

送禮自用兩相宜。各種特色手拭巾多到目不暇給

手拭巾專賣店。店內為垂掛著暖簾的純和風裝潢，商品種類繁多，舉凡古典花紋、季節圖案、摩登圖騰等等，光看就令人感到雀躍。還有包袱巾、傘具等商品，以及使用手拭巾製作的各式雜貨。

🕐 11:00～19:00（週日到18:00）　🈺 週二
🏠 渋谷区猿楽町23-1
☎ 03・3780・0182

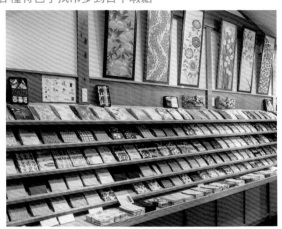

左／琳琅滿目，滿載著全球各種最新資訊的雜誌區
右／透過綠意盎然的步道連結「蔦屋書店」與其他專賣店

② 代官山 T-SITE

以蔦屋書店為核心的商業設施

聚焦於生活美學的商業設施。「代官山 蔦屋書店」的書籍類型非常豐富：人文・文學、藝術、建築、車、料理、旅行等，絕不遜色於任何書店。還可將書帶進休憩廳一邊用餐一邊挑選。館內還有進口玩具、烘焙坊、電動自行車等店鋪。

☎ 03・3770・2525（代官山 蔦屋書店）

名店

☕ カフェファソン 中目黑本店

說不定能遇到心頭好的咖啡

在這裡能品嚐到店家精心挑選生咖啡豆自家烘焙的手沖咖啡。只要說明自身喜好的口味，店主就會為客人沖泡出一杯最完美的咖啡。手沖咖啡610日圓起。

🕐 10:00～22:00　🈺 無休
🏠 目黑区上目黑3-8-3 千陽中目黑ビル・アネックス3F　☎ 03・3716・8338

④ 舊朝倉家住宅

向現代人展現大正時期的宅邸文化

曾任東京府議會議長、澀谷區議會議長的朝倉虎治郎舊宅。訪客可以進入這棟建於大正8年（1919）的2層樓建築內參觀。四季各有不同風貌的迴遊式庭園也令人讚嘆。

🕐 10:00～17:30（11～2月到16:00）　🈺 週一（遇假日為翌日休）
¥ 門票100日圓
🏠 渋谷区猿楽町29-20
☎ 03・3476・1021

❼ 美國橋

亦被編寫成歌曲的鐵橋

位於目黑站與惠比壽站之間的綠色鐵橋。原本是聖路易斯萬國博覽會上的展示物，後來被日本當時的鐵道作業局買下並架設，因而擁有美國橋的暱稱。民歌二重唱組合狩人以及山川豐等歌手都曾唱過描寫美國橋的歌曲。現在這座橋已是第2代，正式名稱為惠比壽南橋。

❻ 目黑川

春暖花開時河面會染成一片粉紅

從世田谷區流經目黑區、品川區，最後注入東京灣的河川。目黑區內大概有800棵櫻花樹綿延約4公里長，每年於3月下旬～4月上旬盛開。從兩岸延伸而出彷彿包覆著河川的櫻花景色，著實美不勝收，晚間還會搭配點燈活動。沿著河岸則有各種特色餐飲店和商店分布。

❺ 鄉櫻美術館

專門介紹現代日本畫的美術館

聚焦於現代日本畫，收藏昭和時代以降出生的日本畫家作品。以櫻花為主題的大型屏風畫作無比壯觀。館內會定期更換展品，因此現場實景與照片可能有所不同。

🕙 10:00 ～ 16:30　㊡ 週一（遇假日為翌日休）　💴 門票500日圓　🏠 目黑區上目黑1-7-13　☎ 03・3496・1771

名產

🍴 キムカツ 惠比寿本店

最大的特色在於香酥口感

將精選里肌肉疊成千層狀，再以低溫慢慢油炸的千層豬排。有起司、黑胡椒等7種口味可選擇，非常值得品嚐。千層豬排套餐1850日圓。

🕙 11:00 ～ 15:00・17:00 ～ 22:00　㊡ 無休　🏠 渋谷区惠比寿4-9-5　☎ 03・5420・2929

❽ 東京都寫真美術館

除了舉辦展覽外，也會放映電影

日本首座針對照片和影像設立的綜合美術館。收藏作品超過3萬7000件。館內有3座展示廳，一年大約會舉辦20場展覽。放映廳則會放映各類電影。

🕙 10:00 ～ 17:30（週四、五到19:30）　㊡ 週一（遇假日為翌日休）　💴 依展覽會、上映電影而異　🏠 目黑區三田1-13-3惠比壽ガーデンプレイス內　☎ 03・3280・0099

探險

惠比壽的由來

一切要從在惠比壽花園廣場舊廠所釀造的惠比壽啤酒說起

高級精品店與蔚為話題的餐飲店林立，而且還有各種景點分布的惠比壽。從地名來看，惠比壽站東側為「惠比壽」、惠比壽站西側為「惠比壽西」和「惠比壽南」。如今一般都統稱為惠比壽，不過仔細想想，此地名著實令人玩味。惠比壽這個地名究竟是怎麼來的呢？

惠比壽之名其實源自「惠比壽啤酒」。札幌啤酒的前身，即日本麥酒釀造公司於明治23年（1890），在現在的惠比壽花園廣場腹地發售「惠比壽啤酒」。順帶一提，當時啤酒工廠所在地的地名為伊達町。明治34年，用來運送啤酒的貨物站「惠比壽站」正式營運，從這個時期開始，此地區就被稱為惠比壽。

隨後，地名幾經變更，起初被命名為「惠比壽通」，在昭和41年（1966）才改成現在的地名。企業名稱成為地名的個案在日本全國並不少見，但品牌名稱成為地名則著實罕見。啤酒工廠在昭和63年（1988）遷至千葉縣。據聞，今後也有讓「惠比壽啤酒」工廠重新在惠比壽運作的構想。

JR惠比壽站前的惠比壽像

武藏小山・戶越銀座

2條加起來總長超過2公里的超長商店街

在地特色知多少？

武藏小山這個地名實際上並不存在。它是橫跨品川區與目黑區，老街區與高級住宅區並立的奇特區域。武藏小山站周邊隨著再開發的進行，近年來多了很多摩天大樓。從車站前延續至中原街道的武藏小山Palm商店街，是東京都內最長，約達800公尺的拱廊型商店街，大概有250家店鋪齊聚一堂。

走過中原街道後，接著就是戶越銀座商店街。這條購物街由戶越銀座商店街商榮會、戶越銀座商店街、戶越銀座商店街銀六會這3個單位組成，全長約達1.3公里。

武藏小山Palm商店街與戶越銀座商店街有許多平易近人的個人商店。難怪很多人一住下來就不想再搬走。

武藏小山Palm商店街總是人潮滿滿

- ↔ 約3.9公里
- ⧗ 約1小時
- 🚶 約5500步

地圖標示

- 五反田
- 峰原通り
- 金春湯
- 百反通り
- おつけもの慶
- わかば公園
- 大崎中
- 炭火ホルモン焼きのネバーランド
- 金田園（咖啡店）
- うなぎいも STORE in TOKYO
- solco（鹽）
- 焼肉ゴーワ
- 銀ちゃん物産
- シアター
- 八幡坂
- 三井坂
- 牛乳屋
- 蕎麦切り 翁
- とごしぎんざの
- 葦山公園
- キンフォート（食品）

文庫之森是於2013年開園的公園，建於舊三井文庫、國文學資料館舊址

- 文庫の森
- 戶越小
- 戶越公園
- 11分
- 大崎高
- 東急大井町線
- 東海道新幹線

戶越公園是利用肥後潘主細川家的別墅庭園用地修建而成。藥醫門與鏑木門等建築皆呈現出領主庭園的格調

武藏小山站

路線圖

Start

東急目黑線　武藏小山站　←直達

從目黑站搭乘東急目黑線至武藏小山站為4分鐘，140日圓；從武藏小山站搭乘為14分鐘，230日圓；從武藏小杉站搭乘

① 武藏小山Palm商店街 ←18分／1.2km

星藥科大學 藥用植物園 ←7分／0.5km

② 戶越銀座商店街 ←18分／1.2km

文庫之森 ←3分／0.2km

戶越公園 ←11分／0.8km

Goal

戶越公園站　東急大井町線

從戶越公園站搭乘東急大井町線至大井町站為3分鐘，140日圓；至溝口站為24分鐘，230日圓

東急目黒線

目黒

武蔵小山駅

東急目黒線

田園調布

東口
Start

① 武蔵小山商店街パルム

サンマルクカフェ
ブックスタマ
王様といちご（咖啡館）
パンの田島
ITOH-YA（内衣、睡衣）
自然食品の店 F&F
ハラミステーキ まつもと
リカーオフ
ブックオフ
銀座あけぼの（和菓子）
信濃屋（酒）
成城石井
近江の館（食品）
家具のウス井
三代目 茂蔵豆腐
セブン-イレブン
みずほ銀行

武蔵小山

マクドナルド
パルム会館
ファミリーマート

イセキ（時装布料）
ヒカリノアトリエ（咖啡館）

小山台小

平塚すこやか園

26号線通り

平塚橋

清水湯（P.111）

星薬科大

星薬科大学 薬用植物園

「星薬科大學藥用植物園」以藥用為中心，栽植了大約800種有用植物

旧中原街道

中原街道

荏原出入口

桐ヶ谷通り

桐ヶ谷

百反通り

首都高速2号目黒線

五

戸越出入口

天天来（中菜）

戸越地蔵尊

荏原2

18分

7分

さつまっ子（拉麺）

星薬大前

ファミリーマート

Café COLORADO

戸越銀座駅

ファミリーマート

カレーパン専門店 YES!

トリイナリ

戸越台中

戸越銀座

鶏&デリ

明昭館書店

ローソン

18分

帯広豚丼 炭火焼とんたん

鳥勇（烤雞串）
業務スーパー

荏原平塚学園

荏原消防署

小川書店（舊書）

斉藤青果店
グランマ（熟食）
おめで
中津からあげ 渓
遊（什錦燒）
鯛焼き本舗
ひらさん広場

京陽小

中華料理
東海菜館

戸越
戸越駅

ダイソー
セブン-イレブン
京都鳳焼売

三善（壽司）

スーパー オオゼキ

② 戸越銀座商店街

中延商店街

荏原中延駅

荏原文化センター通り

荏原警察署前

中原街道

品川区

②

中延小

仲通り

昭和通り

第二延山小

昭和大東病院

昭和大病院

延山小

蒲田

蒲田

浪花会通り

清水金物店
丸二青果
菓子工房石黒

①

中延

東急池上線

東急大井町線

富士見湯

戸越3

都営地下鉄浅草線

第二京浜

戸越銀座温泉（P.111）

宮前小

清水坂

明昭館書店

戸越公園駅

出口2 Goa

ローソン
マクドナルド

自由が丘

從東急池上線荏原中延站綿延至東急大井町線中延站的在地拱廊商店街

四間通り

戸越公園通り

戸越銀座商店街

當地名人

Char先生

平常就會在戶越銀座走走逛逛 當地居民也很習以為常

時常聽說有人在戶越銀座商店街巧遇 出生並成長於此、至今仍住在附近的 吉他演奏家Char先生。當地居民也 經常上前跟他打招呼，他是這片土地 的驕傲。

こみねベーカリー
光是紅豆麵包的種類就高達10種，口味豐富的紅豆餡，每種都無比美味！

鳥勇

再多都吃得下的綜合烤雞串

難胗
難皮
難肝
難皮

方便男女老幼顧客現買現吃的取餐區十分寬敞，讚！

鳥勇（烤雞串）
こみねベーカリー
印章と印刷所
Neolive Collect理髮廊
洗濯丸（洗衣店）
Mr.Jejit韓國料理
丸高水産
近江館料理
フレッシュひろき（蔬果）
成城石井
サンドラッグ
保険ほっとライン
こやし屋
オランダ屋（鮮花）
うち田（烤雞串）

天陽堂（服飾）
ジュエリーツツミ
ページワン（服飾）
リカーオフ（酒）
タケヤ（學生服）
ラーメン屋がんくろ
マツヤデンキ
アシスト（不動産）
永楽堂（佛具）
金子園（茶葉）

リサイクルショップ
ティファナ
クスリのカツマタ

BOOK・OFF

Docomo

KFC（plus cafe）
きものさが美
柴田神佛具店
銀座あけぼの（和菓子）
エコリング（舊物收購）
信濃屋（酒・食品）
the 3rd Burger
ホビーオフ（玩具）
おかしのまちおか
茶寮ベーカリー

Can★Do

富士屋履物店
美容室イレブンカット
ショップかたおか
たんす屋
イルカ整骨院
スワン歯科クリニック
マツモトキヨシ
Re.RaKu整体
ピボパーク
サイクルスポット
とんかつ新宿さぼてん
Lucky Rocky Chicken.
大黒屋（票券）
7-Eleven

戶越銀座↑
中原街道→

武藏 小山 Palm 商店街

東京布団
essence dining
iCure 鍼灸接骨院
Ps-first幼犬寵物店
Family Mart
au
OLYMPIC SPORTS
広島お好み焼
スパイスカフェ87（咖哩）
三代目茂蔵豆富
カカオエットパリ（法式甜點）
レンタルスペース
AOKI
HARD・OFF（二手店）
スーツセレクト（西服）
7Days（週租型商店）
ほけんの窓口
イセモ（時裝布料）
オーエスドラッグ
サーティワンアイス
クリーム
博多一風堂（拉麵店）
家具のウス井

JEAN-CLAUDE
BIGUINE(髮廊)
保険deあんしん館
天ぷら定食まきの

イセモ
陳列於店門口，五彩繽紛的長袖圍裙十分好看。店內的手工藝用品相當齊全，有些顧客甚至不遠千里而來。

沙發款式特別豐富

雖然是老店，但有很多年輕人喜歡的時尚家具家飾。

家具のウス井

普通地牽著走
寵物背巾
寵物推車
牽著跑
把+走
用把的
帶狗出門的民眾非常多。筆者只是商店街來回走一趟，就遇到了19隻！每個人帶狗逛街的方式不盡相同。

146

武蔵小山駅

↑目黒
←西口 商店街
東急目黒線
西小山↓

THE MALL

LAWSON
Gong Cha(珍珠奶茶)
Picard(冷凍食品)
CAFÉ KALDINO

タンドール＆
スパイス酒場
チャチャフィ
たいざん
ふぐらーめん

在寵物店一直
盯看的歐吉桑們。
有種哀愁感。

主打女性客層，裝潢
清新有質感。營業60年的內
衣與睡衣專賣店。

ITOHYA

丸清(日用雑貨)

STARBUCKS COFFEE
TOP1(手機)
みずほ銀行ATM
おたからや(舊物收購)
Hibiya-kadan style(鮮花)
BALLEGGS
NISHIKAN
フルーツ(不動産)
ベジタブル
Softbank
東京サワーハイム
立呑み晩杯屋
銀座あけぼの(和菓子)
ちよだ鮨
Jins(眼鏡)
コンタクトのアイシティ

鳥勇

ぼけっとたうん
ブックスタマ
武蔵小山店

宝くじ売り場・321

ドラッグフタバ
吉野家
COO&RIKU
MODE OFF(服飾)
ペットショップ
Y!mobile
Ps-first(幼貓寵物店)
コクミンドラッグ
王様といちご
くいしんぼうの食卓
日高屋
眼鏡市場
東京堂(眼鏡)
ひまわり週租型商店
ひまわり週租型商店
2nd STREET
MURATA(傘具)
富士そば
銀座一貫(壽司)
築地銀一貫
パチンコ
AENA(雑貨)
La moda miKimura
ラーメンせい家
サンマルクカフェ

クレール・ヒロ(服飾)
くつのこうえだ
天井てんや、
りらくる(養生按摩)
Doutor Coffee
銀座メガネ
イエトミ(文具)
パンの田島
山万屋(服飾)
リンガーハット
上島珈琲店
三井のリハウス
ファーム
カルディーコーヒー
パルム会館
Brats(服飾)
洋麺屋五右衛門
feel(服飾)
Goosei(電子遊樂場)
ベラミムサシヤ(內衣、睡衣)
ITOH・YA(內衣、睡衣)

PALETTE PLAZA(相片沖洗)
メキシコ靴店
ABC-MART
KollaBo(韓國料理)
カワイ音楽教室
宝屋(童装)

コージーコーナー・
ミルフォード・
リアルエステート
文明堂壹番館
Bird land(服飾)
エイブル

とよんちのたまご
焼肉ライク・

パチンコ

【銀座通り】

パチンコ

高級呉服よね屋
パン工房こみね
満津屋(服飾)・
クリーニングほんま

VÉRITÉ(貴金屬)

浜田屋(鰻魚飯)
松屋
京都勝牛

串かつでんがな

三ツ矢堂製麺
西本マウンテン(寵物店/寵物美容)
蘇州屋台(中菜)
すき家
東京ベビーセンター栄屋
晃栄プランニング
hair Salon Prime-S
T・U・C
大衆酒場 寅圭

NEVER LAND 炉

小山調剤薬局

和光医院
フラワー花松
つかさ薬局
7-Eleven
釧路食堂

白岩皮膚医院

本田飲食店

王様といちご

以白匯聞名的咖啡館。
招牌商品為高約60公
分，重達3.5公斤的王
者白匯3500日圓。

西本マウンテン的招牌，很風趣♥

どんな サイズでも
あるんだネ!
西本
☎782-9621

パルム会館

入口附近低調地設
置了一尊黃金筍。

看到有人
雙手合十拜了起來→

やまだ眼科
クリニック
服のリフォーム
エコ工房
川匠(居酒屋)
喫茶 華有●
コインランドリー・
Can I Dressy・
EmpFirst(美甲)

ヒロ歯科
ぱっちこい(居酒屋)
木琴堂
mina rip sety(美睫)
理容館いのうえ

喫茶 華有
KAYÜ

にじ
里がえり

本以為是窗玻璃上
貼了很多習字作品
的懷舊咖啡店……
結果聽說書法教室
才是本業。

仍有老字號
商家營業的
銀座通地帶。

撲實無華的
氣氛別有
一番韻味。

銀星電気

BAKED LABO・
フェリシテ・
はりきゅう接骨院

Latief
(飾品材料)

燒賣　唐場炸雞　可樂餅　迷你鯛　魚燒　鯛魚燒　霜淇淋　可樂餅

邊吃邊逛邊約會的人們

↑五反田
東急池上線

戸越銀座駅

戸越銀座商店街

- 亀屋万年堂
- 餃子の王將
- たんと！キッチン
- やきとり家竜圓
- 食パンまるや
- 三善（壽司）
- ココカラファイン
- ブティッククローゼット
- 串かつでんがな
- ペットスマイル
- Can Do
- SoftBank

荏原中延→

- 川崎薬局
- おかしのまちおか
- 鳴門鯛焼本舗
- 京都鳳焼売
- COCO壱番屋
- 松屋
- 中華料理華宴
- Doutor Coffee
- やきとんあさちゃん
- セイムス戸越銀座薬局
- SENSE!髮廊
- DAISO
- パチンコ
- ほしのベーカリー
- こまざわ酵素
- ちよだ鮨
- SPINGEMOVE（鞋）
- おたからや
- KURA quick（義大利麵）
- 時計：メガネ宝金堂
- カントー（制服）
- フォトスタジオ三省堂
- 有坂不動産
- 7-Eleven
- 美容室テンオンズ
- 好茶（珍珠奶茶）
- 崎陽軒
- 中国料理東海菜館
- カラオケし.BOX
- Family Mart
- McDonald's
- 光伸堂漢方薬局
- カレーパン専門店
- YES!
- 磯丸水産食堂
- 三友社本店（不動産）
- ABC/MART

国道1号（第二京浜）
地下鉄浅草線
↑五反田
コージーコーナー

戸越駅
中延↓

接續左頁下段內容

solco

網羅了海內外約40種在顏色、香味、口味等方面獨具特色的鹽。添加了薑黃、芫荽等物，辣得恰到好處的咖哩鹽「戸越銀座鹽」售價1050日圓。

塩　solco　とごし銀座ソルト　solco

京都鳳焼売

鳳焼賣2顆250日圓

低消2顆的鳳燒賣，使用日本國產豬肉、九條蔥，以及清甜的淡路島洋蔥製作。

焼賣（紅）270日圓

跟珠茶鹽很搭喔。
我們的乾杯套餐很超值喔。

復古風的「鹽」招牌與簡約洗鍊的裝潢形成強烈對比。

- 京都鳳焼売
- ミシンショップマツモト
- フルーツ＆フラワー
- 酒味処みやこや
- マイコーポレー
- Hair's 39
- 後藤蒲鉾店
- 食事処おはん
- MEAT&DELi 355
- ゆう歯科・矯正歯科
- ITTO 個別指導学院
- なんでも酒やカクヤス
- 戸越銀座あんしんショップ
- 薩摩麺酒場 隼人
- 炭火ホルモン焼のネバーランド
- 石井食品
- 中村忠商店
- バエリア＆ピザ 杉の木
- フラワーショップハナテル
- 大光ハウジング
- HAIR Z'S
- 戸越メッキ工業
- 大衆酒蔵漁
- 美容室 IWASAKI
- 相続サポートセンター
- 戸越銀座の洗たく屋
- とりみんぐすたじお
- ぼけっと
- ギャラリーカメイ
- 珈琲・煙草 金田園
- 水野整形外科
- まつや米店
- 青柳医院
- 銀六いも
- 豊町一丁目会館
- 洋品の店丸三
- もくもくいし（雑貨）
- とごしぎんざの牛乳屋
- サラダ薬局
- 戸越泌尿器科内科クリニック
- Hair works ie
- タカザワ靴店
- 実徳稲荷大社
- 吉祥物「鰻瓜」也可愛
- フレッシュミート＆デリカ
- ヘアーサロンタカハタ
- うなぎいも STORE in TOKYO
- 斉藤青果店
- ヨリミチカフェ
- かたばみ精肉店
- 島田葬儀社
- うなぎ宮川
- 蕎麦切り 翁
- Hokulea'i髮廊
- 中華料理錦華楼
- Solco

おつけもの慶kei

おつけもの慶kei

販售由師傅手工製作的韓式泡菜。熱門商品是魷魚肚內塞滿韓式辣泡菜的魷魚辛奇，1944日圓。

うなぎいも STORE in TOKYO

以鰻魚頭和魚骨作肥料所栽種而成的鰻芋蒙布朗霜淇淋，是將鰻魚地瓜烤熟後再製成地瓜泥。售價650日圓的鰻芋蒙布朗霜淇淋。

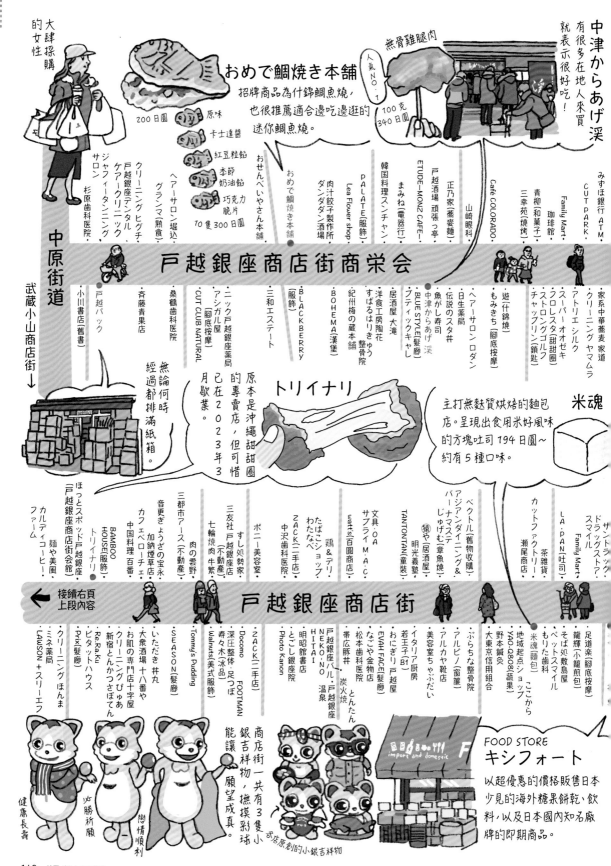

大肆採購的女性

中原街道

武蔵小山商店街→

おめで鯛焼き本舗

招牌商品為什錦鯛魚燒，也很推薦適合邊吃邊逛的迷你鯛魚燒。

200 日圓

原味
卡士達醬
紅豆粒餡
本節奶油餡
巧克力脆片

おせんべいやさん本舗
10隻300日圓

中津からあげ渓

有很多在地人來買就表示很好吃！

無骨雞腿肉

人氣NO.1

100克 340日圓

みずほ銀行ATM
家系中華蕎麦家道
クリーニングヤマムラ
アトリエシルク
スーパーオオゼキ
フロレスタ（甜甜圈）
ストロングゴルフ
チャップリン（鎖匙）
遊（什錦燒）
もみきち（腳底按摩）
ヘアーサロン ロダン
日生薬局
伝説のスタ丼
魚がし寿司
中津からあげ渓
居酒屋大滝
すばるはりきゅう整骨院
洋食工房陶花
ブティックキャレ
BOHEMA（漢堡）
BLUE STYLE（髪廊）
Lea Flower shop
PALATE（服飾）
韓国料理スンチャン
まみね（電器行）
正乃家（蕎麦麺）
青柳（和菓子）
三幸苑（燒烤）
Café COLORADO
山崎眼科
Family Mart
CUT PARK

クリーニングヒグチ
戸越銀座デンタルケアクリニック
ジャフィータンニングサロン
杉原歯科医院
ヘアーサロン堀込
グランマ（熟食）
小川書店（舊書）
戸越パック
斉藤青果店
桑鶴歯科医院
CUT CLUB NATURAL
アシガル屋〔腳底按摩〕
ニック戸越銀座薬局
三和エステート
（服飾）
BLACKBERRY
（服飾）

戸越銀座商店街商栄会

無論何時經過都排滿紙箱。

原本是沖繩甜甜圈的專賣店，但可惜已在2023年3月歇業。

トリイナリ

主打無麩質烘焙的麵包店。呈現出食用米好風味的方塊吐司194日圓～約有5種口味。

米魂

カルディコーヒーファーム
ほっとスポッド戸越銀座〔戸越銀座商店街会館〕
トリイナリ
中国料理百番
カフェベローチェ
加納煙草店
三友社戸越銀座店
七輪焼肉牛繁
すし処伊勢家
肉の雲野
音更きょうざの宝永
三都市アース（不動産）
ポニー美容室
中沢歯科医院
ZACK（二手店）
たばこショップ
わたなべ
文具・OAサプライM.A.C.
watts（百圓店）
鶏&デリ
TANTONTAN（童装）
明光義塾
猿や（居酒屋）
アジアンダイニング＆バー ナマステ
じゅげむ（章魚燒）
ベクトル（舊物收購）
茶雑貨
瀬尾商店
カットファクトリー
サントラック
ドラッグストアスマイル
Family Mart
LA PAN（吐司）
足道楽（腳底按摩）
龍輝（小籠煎包）
そば処敷島屋
もりそばスマイル
ペットショップ
米魂（麵包）
ここから
地域起点ショップ
YAO-Q808（蔬果）
野本鍼灸
大東京信用組合
ぷらちな整骨院
アルビノ（窗簾）
アルカヤ靴店
美容室ちゃぶだい
イタリア厨房
EVAH FACE（髪廊）
おにぎり戸越屋
若王子（B1）
なごや金物店
松本歯科医院
帯広豚丼
とんたん
炭火焼
戸越銀座バル・戸越銀座
HITAI
NEKO-NO 温泉
深圧整体・足つぼ
FOOTMAN
Docomo
ZACK（二手店）
明昭歯院
とぐし銀座店
Photo Kanon
LAWSON＋スリーエフ
ミネ薬局
Prix（髪廊）
ビタットハウス
Re:Ra:Ku
新宿とんかつさぼてん
クリーニングぴゅあ
お肌の専門店十字屋
大衆酒場 十八番や
いただき 丼丸
SEASON（髪廊）
Tommy's Pudding
Walnuts（美式服飾）
寿々木（木吴）
クリーニングほんま

接續右頁上段內容

戸越銀座商店街

麺や美風
FOOD STORE キシフォート

以超優惠的價格販售日本少見的海外糖果餅乾、飲料，以及日本國內知名廠牌的即期商品。

商店街一共有3隻小銀吉祥物，撫摸彩球能讓心願望成真。

或店原創的小銀吉祥物

健康長壽
炒勝祈願
戀情順利

蒲田站西口站前

池上・蒲田

池上為日蓮聖人的聖地、蒲田則是黑色錢湯與冰花煎餃大本營

當地名人

鈴木 雅之先生

名曲〈若能在夢中相會〉是京急蒲田站的列車進站音樂

RATS & STAR成員。老家在蒲田經營中小型工廠,出道成為歌手後,仍持續在工廠工作了一段時間。後於1986年單飛,因歌聲動人而被譽為情歌天王。

在地特色知多少?

池上是因為池上本門寺而發展起來的市鎮。為了運送池上本門寺香客而於大正11年(1922)開業的池上電氣鐵道則是東急池上線的前身。這裡的參道上有好幾間販售名產葛餅的店鋪,池上本門寺周邊還有許多與日蓮聖人相關的寺院,因而形成了寺町。

蒲田是JR京濱東北線、東急池上線和東急多摩川線,以及稍遠的京急本線和京急機場線交會的大城鎮。車站周邊不但大型店林立,車站前還有一條拱廊商店街,相當繁榮熱鬧。

成為蒲田代名詞的則是被稱為黑湯的溫泉,溫泉地周邊也有很多黑湯大眾澡堂。在小吃方面,據信源自「你好本店」的冰花煎餃相當有名。

↔ 約5.0公里

⧗ 約1小時20分

🚶 約6700步

也上本門寺此經難持坂

Goal

從雜色站搭乘京急本線至京急蒲田站為1分鐘,140日圓;至品川站為27分鐘,200日圓

京急本線
雜色站

5 雜色商店街 ←5分/0.3 km

4 輪胎公園 ←5分/0.3 km

3 蒲田調車場 ←10分/0.6 km

2 東急Plaza蒲田
空中蒲田園 ←12分/0.8 km

1 池上本門寺 ←35分/2.4 km

池上站 ←9分/0.6 km

東急池上線

Start

從五反田站搭乘東急池上線至池上站為18分鐘,230日圓;自蒲田站搭乘為4分鐘,140日圓

池上梅園
本殿
佐伯山緑地
品川

本門寺公園
大田文化の森
大森赤十字病院
入新井二小

318

古民家カフェ
蓮月
大森四中

① 池上本門寺

池上通り

寶屋
（瓦片煎餅）
池上小
古賀（蕎麥麵）

421

大森八中

萬屋酒店（葛餅）
藤乃屋（葛餅）
② 池上 池田屋

内川

喜久屋纏店
浅野屋本舗
花見せんべい吾妻屋
ファミリーマート
道そ神（壽司）
ミスタードーナツ
椿屋珈琲店

池上二小

大田区

JR京浜東北線
JR東海道線

浅野屋老舗（葛餅）

香川

池上駅
Start

大森高

五反田

徳持小

セブン-イレブン

おなづか小

大森高

大森三小

桜館

ファミリー
マート

東急池上線

はすぬま温泉
（P.111）

改正湯（銭湯）

東邦大医療センター

安方中

インディアン本店

相生小

蒲田中
蒲田福の湯（銭湯）

梅屋敷駅

京急本線

ブランジェ コルセ
（麵包）

つくば
（蕎麥麵）

宮元（沾麵）
セブン-
イレブン
ファミリーマート

ゆ〜シティ蒲田

梅屋敷・体

蓮沼駅

セブン-
イレブン

矢口東小

香取屋（蕎麥麵）
上むら（蕎麥麵）

鳥万本店（P.155）

多摩堤通り

11

大正
（銭湯）

15

環八通り

サンロード

矢口渡駅

東急多摩川線

多摩川

311

②

蒲田駅

金春本館
蒲田八幡神社

京急蒲田駅

セブン-
イレブン
東急プラザ蒲田 屋上かまたえん

大田区役所

大田区民ホール・
アプリコ
妙安寺

MEAL MAN
（便當）

歓迎本店

你好本店

諏訪神社

金剛院

産業プラザ
ピオ

宮元通り
道塚神社
道塚小

蒲田陸橋

蒲田高

環八通り

京急空港線

富士通

311

大田区

蒲田操車場 ③

12分

新宿小

蒲田高

有7條道路交會的七辻交
岔路口。雖然沒有紅綠
燈，卻很少發生事故。宣
傳標語為「日本第一互相
禮讓的模範交岔路口」

志茂田小

蒲田温泉

10分

タイヤ公園 ④

ヌーランド
さがみ湯

伊勢屋餅菓子店

仲六郷小

第一京浜

糀谷

竹沢商店（烤雞串）

すずき（鰻魚飯）
セブン-イレブン
恵比寿鮨

神奈川県
川崎市

雑色商店街 ⑤

5分

Goal
雑色駅

七辻入口

太平湯（P.111）

肉のいのせ
肉のミゾグチ
COCOFURO たかの湯

出雲小

每月第4個週日的12〜17
點，會在雜色站前與水門
通商店街舉辦市集

水門通り商店街

六郷工科高

多摩川六郷緑地

京急本線

川崎

下町コーヒー

セブン-イレブン

N

0

🍴 古民家カフェ 蓮月

建於昭和 8 年（1933）的民宅翻修成咖啡館

這棟建築在戰後原本是蕎麥麵店，於2015年翻修成為古民宅咖啡館。午餐拼盤套餐、焗烤咖哩飯各1690日圓。漢堡1650日圓起。

🕐 11:30～17:30（週六、日、假日11:00開始）
㊡ 不定期公休
🏠 大田区池上2-20-11
☎ 03・6410・5469

上／由第2代將軍德川秀忠捐款建造的五重塔為國家指定重要文化財　下／於昭和39年（1964）重建的大堂（祖師堂）

名產

☕ 池上 池田屋

創立於江戶時代的甜品店

將麵粉中的澱粉靜置發酵後製成的久壽餅，售價600日圓，能同時享受Q彈麻糬與香甜黃豆粉搭配濃醇黑糖蜜所滋出的好滋味。店內還販售餡蜜750日圓與熱紅豆湯550日圓。

🕐 9:00～18:00（懷舊咖啡區10:00～16:30）
㊡ 無休　🏠 大田区池上4-24-1
☎ 03・3751・0154

❶ 池上本門寺

氣氛莊嚴的日蓮宗聖地

建於日蓮聖人圓寂之地的日蓮宗大本山。池上因受戰禍殃及，戰前建築只剩下五重塔、藏經閣、總門、多寶塔倖存。仁王門、大堂、本殿等建築也很雄偉，在在呈現出大寺院的風範。

🕐 自由參拜
🏠 大田区池上1-1-1
☎ 03・3752・2331

街 探險 冰花煎餃

在蒲田說到煎餃，一定是指由八木家族發揚光大的冰花煎餃

如今已成為賣場常見冷凍食品之一的冰花煎餃，最初是由蒲田一家小小中華料理店「**你好本店**」的創始人八木功先生發明。

將豬絞肉、大白菜、白蔥以豚骨高湯調味後，包成餃子狀油煎，在起鍋前淋上拌勻的麵粉水，使其形成一層薄皮。酥脆的薄膜、彈牙的外皮，以及豚骨高湯肉汁交相融合所形成的新口感煎餃一炮而紅，大受歡迎。

此食譜也傳到經營「**歡迎本店**」的八木功胞妹跟開設「**金春本館**」的胞弟手上，冰花煎餃的銷路因而擴大。目前除了這3家店被封為蒲田煎餃御三家外，其子女們亦紛紛跟進開店，蒲田因此成為冰花煎餃大本營。

歡迎本店的冰花煎餃

你好本店
冰花煎餃 5顆300日圓
🕐 11:00～23:00　㊡ 無休
☎ 03・3735・6799

歡迎本店
冰花煎餃 5顆300日圓
🕐 11:30～14:00・17:00～23:00（週日到22:00）　㊡ 無休
☎ 03・3730・7811

金春本館
冰花煎餃 6顆330日圓
🕐 11:30～22:30LO　㊡ 週一（遇假日為翌日休）☎ 03・3737・5841

❸ 蒲田調車場

推理小說《砂之器》的開頭場景

擁有27線，線路總長達6公里的電車車庫。一字排開的京濱東北線列車無比壯觀。松本清張的小說《砂之器》描述在這裡發現了一具男性屍體而發展出一連串的故事。

🕙 僅能從護欄外參觀
🏠 大田区蒲田5-13-20

❷ 東急Plaza蒲田 空中蒲田園

應當地人要求而再重開的摩天輪

設有充氣型遊樂設施，以及仿照東急電車配色的迷你環狀雲霄飛車的空中遊樂園。東京都內唯一一座位於購物中心頂樓的「幸福摩天輪」，單趟300日圓。

🕙 10:00～18:00（12～2月到17:00）
🈺 依東急Plaza蒲田公告為準（天候欠佳時休） 🏠 大田区西蒲田7-69-1
☎ 03‧3733‧3281

🍴 インディアン本店

拉麵與咖哩飯為兩大招牌

招牌上寫的是「武田流 古式咖哩飯 拉麵 印地安總店」。換句話說，咖哩飯和拉麵即為招牌料理。大部分的客人會點拉麵佐半份咖哩飯售價1200日圓的套餐。

🕙 11:00～17:00（週六、日、假日到15:00。售罄即打烊） 🈺 週四 🏠 大田区西蒲田6-26-3 ☎ 03‧3738‧1902

❺ 雜色商店街

充滿活力的大田區最大商店街

約有200間店家分布、大田區規模最大的商店街。這裡以個人商店為中心，聚集了許多生鮮食品以及熟食店。販賣炭火烤雞串的「竹沢商店」、現炸可樂餅的「肉のミゾグチ」、豬肉燒賣的「肉のいのせ」都是人潮不斷的熱門店家。「伊勢屋餅菓子店」的飯糰也擁有一群粉絲。

🏠 大田区仲六郷

❹ 輪胎公園

獨樹一幟的輪胎怪獸與鞦韆

昭和44年（1969）開園，正式名稱為西六郷公園。除了高8公尺的怪獸外，還有各種利用廢輪胎製作的遊具，多到甚至讓園內顯得黑壓壓一片，因而被稱為輪胎公園。

🕙 自由入園 🏠 大田区西六郷1-6-1
☎ 03‧5713‧1118（大田區地域基盤整備第二課）

蒲田為黑色錢湯激戰區

在蒲田只須銅板價就能在大眾澡堂泡黑湯溫泉

大田區座落著34家大眾澡堂，是東京都內錢湯數量最多的區域。其中有14家為溫泉錢湯，在蒲田周邊則以黑湯溫泉居多。

黑湯是過去這一帶還是海洋的時期，堆積於地心深處的海藻、草、樹葉等分解後的成分溶於地下水所形成的冷礦泉。浸泡後肌膚會變得滋潤滑溜，還能讓身體維持在暖呼呼的狀態，是很優質的溫泉。

在池上的**桜館**，可在觀景風呂與露天風呂享受泡黑湯的樂趣。在蒲田的**ゆ～シティ蒲田**泡完黑湯露天風呂後，則能在休息區喝啤酒、用餐，甚至唱個卡拉OK。位於雜色商店街尾端的**ヌーランドさがみ湯**有8種浴池，在泡湯後還可以唱卡拉OK、用餐、玩遊戲機等等，娛樂項目相當豐富。

桜館
🕙 12:00～翌日1:00（週六、日、假日10:00開始） 🈺 無休 ¥沐浴500日圓 ☎ 03‧3754‧2637

桜館的露天風呂

ゆ～シティ蒲田
🕙 11:00～24:00 🈺 週二 ¥沐浴500日圓 ☎ 03‧5711‧1126

ヌーランドさがみ湯
🕙 11:00～23:00 🈺 週二 ¥沐浴500日圓 ☎ 03‧3739‧1126

みますや [神田]

東京歷史悠久的老字號居酒屋之一

創立於明治38年（1905），昭和初期的建築別有韻味。能品嚐以味噌熬煮馬肉的「櫻花鍋（冬季限定）」3000日圓及「燉泥鰍」800日圓等江戶、明治時代口味。約有20種地酒可選擇。

🕙 11:30～13:30・17:00～22:30左右
🈶 週日、假日　🏠 千代田区神田司町2-15-2　☎ 03・3294・5433　MAP P.021

もつ焼 大統領 [上野]

用招牌燉馬內臟配白天的啤酒

位於阿美橫丁高架橋下，一開店就座無虛席的熱門店。選用馬內臟燉得軟爛入味的燉煮料理，售價420日圓。牛舌、豬生腸、牛皺胃等種類豐富的烤內臟拼盤450日圓。

🕙 10:00～23:30
🈶 無休　🏠 台東区上野6-10-14
☎ 03・3832・5622　MAP P.005

伊勢藤 [神樂坂]

位於石板路上，掛著草繩暖簾的店家。靜靜地飲酒是此店的風格

於昭和12年（1937）創立，為神樂坂小巷內、散發沉穩氣息的獨棟酒館。1320日圓的開胃菜為一道當日小菜加味噌湯。下酒菜有豆腐、魚乾、臭魚乾等內行料理。酒僅提供白鷹上撰，售價550日圓。

🕙 17:00～最後收客時間19:00（週五19:30）
🈶 週六、日、假日
🏠 新宿区神樂坂4-2
☎ 03・3260・6363
MAP P.055

三州屋 銀座本店 [銀座]

擁有超過半世紀歷史的平價割烹

1樓為原木餐桌座位區與吧檯區，貼滿整面牆的菜單為昭和樣式。店內招牌料理為：以每日從豐洲直送

的海鮮切製之生魚片拼盤1200日圓，及搭配柚子醋享用的水炊風雞肉豆腐580日圓。

🕙 10:30～22:00（週五、假日前日到22:30，週六、假日到21:30）　🈶 週日　🏠 中央区銀座2-3-4　☎ 03・3564・2758　MAP P.031

岩金 [東向島]

由女老闆張羅打點的大眾酒館

除了嫩烤豬肉、鹽烤鯖魚、馬鈴薯沙拉等居酒屋菜色外，還提供洋食以及中華料理，餐點相當多元。不妨來一份售價350日圓的火腿肉餅或韭菜雞肉丸子，並搭配售價380日圓的High ball調酒，好好享用一番。

🕙 17:00～23:00（週日、假日到22:00）
🈶 週一、二　🏠 墨田区東向島6-13-10
☎ 03・3619・6398　MAP P.082

くじらの店 捕鯨舩 [淺草]

能盡情大啖鯨魚料理與燒酎調酒

被寫進北野武所演唱的〈淺草小子〉歌詞裡，有許多搞笑藝人光顧的店。鯨魚瘦肉搭配魚皮的「魚皮生魚片雙拼」售價1600日圓、燉牛肉680日圓。口感偏甜且熱門的元祖燒酎調酒480日圓。

🕙 16:00～22:00（週六、日、假日15:00～21:00）　🈶 週四　🏠 台東区淺草2-4-3
☎ 03・3844・9114　MAP P.065

鰻 カブト [新宿]

新宿回憶橫丁名店

自昭和23年（1948）創立以來，只專做烤鰻魚串。燻得發黑的天花板訴說著歷史。先來一份2000日圓的精選綜合7串（一套）。下巴2串、臀尾鰭2串、肝1串、胃1串、蒲燒鰻1串會陸續上菜。

🕙 13:00～20:00　🈶 週日、假日　🏠 新宿区西新宿1-2-11　☎ 03・3342・7671
MAP P.047

千登利 [池袋]

池袋名產牛肉豆腐

創立於昭和24年（1949）的烤豬肉名店。售價650日圓、最熱門的牛肉豆腐，是使用特製的一整塊豆腐搭配牛頰肉與獨門高湯所燉煮而成。各式烤豬肉串每枝160日圓。

🕐 16:00～23:00（週日到22:00） 🈺 週一 🏠 豐島區西池袋1-37-15 西形ビル1F
☎ 03‧3971‧6781　MAP P.113

大はし [北千住]

享東京三大燉煮料理美譽的佳餚

創立於明治10年（1877）。招牌牛肉豆腐380日圓，是將豆腐放進燉煮牛筋與牛頰肉的滷鍋內，滷得鹹香入味的料理。其他像是生魚片、串炸等居酒屋菜色也很豐富。

🕐 16:30～20:30LO 🈺 週六、日、假日 🏠 足立區千住3-46
☎ 03‧3881‧6050　MAP P.107

山利喜本館 [森下]

加了葡萄酒的極品燉煮料理

大正14年（1925）開業的老店。招牌燉煮料理加滷蛋770日圓，是以八丁味噌加葡萄酒熬成的西式風味。可搭配售價770日圓起的葡萄酒享用。新鮮內臟製成的烤豬串2枝330日圓也熱門。

🕐 17:00～21:40LO 🈺 週日、假日 🏠 江東區森下2-18-8 ☎ 03‧3633‧1638
MAP P.099

丸健水産 [赤羽]

來杯關東煮高湯兌日本酒

關東煮立飲店。甜不辣種類約有20種，售價100日圓起，所有配料都在鍋中吸飽了高湯，非常入味。將售價400日圓的一口杯清酒喝到剩下1/3，再付50日圓加入關東煮高湯的「高湯調酒」是這家店的特色飲品。

🕐 10:30～19:00 🈺 週三 🏠 北區赤羽1-22-8 ☎ 03‧3901‧6676　MAP P.131

平澤かまぼこ 王子駅前店 [王子]

站著喝酒配現煮的關東煮

這是由製作關東煮配料與魚板的店家所經營的立飲店。除了自家的魚漿製品外，還有鱈寶、魚丸、高麗菜捲等多元菜色。價格親民且可輕鬆享用也是其魅力之一。各種關東煮100日圓起。

🕐 11:00～22:00（週六、假日到20:30）
🈺 不定期公休 🏠 北區岸町1-1-10
☎ 03‧6884‧9546　MAP P.127

埼玉屋 [東十條]

和老闆暢聊、大啖烤豬肉串

一開店就立即客滿的店家。牛五花肉和豬肝等9枝（每枝各210日圓）串燒，會以套餐形式提供。烤豬脾則是以香蒜奶油醬調理成西式風味。以冷凍燒酎調製的生檸檬沙瓦，售價600日圓。

🕐 16:00～20:30（週六到18:00）
🈺 週日、假日 🏠 北區東十條2-5-12
☎ 03‧3911‧5843　MAP P.131

いせや総本店 [吉祥寺]

位於井之頭恩賜公園附近的老店

於昭和3年（1928）創立的這家店原是肉鋪，因肉質鮮美而吸引許多人排隊購買。豬舌、豬心、豬腸等烤豬肉串品項大約有11種，每枝100日圓。還可以再點一份清淡爽口的醬滷料理360日圓來當下酒菜。

🕐 12:00～21:00LO
🈺 週二
🏠 武藏野市御殿山1-2
☎ 0422‧47‧1008
MAP P.168

鳥万 本店 [蒲田]

料理幾乎都不超過500日圓

散客會被安排在1、2樓，團客則在3、4樓，總共有170個座位的大型店。貼滿一整面牆的菜單十分壯觀。各式烤雞串1枝100日圓、滷雞皮280日圓。招牌巨無霸唐揚炸雞售價500日圓。

🕐 16:00～23:00（週日、假日15:00～22:00）
🈺 無休 🏠 大田區西蒲田7-3-1
☎ 03‧3735‧8915　MAP P.151

媲美迷宮的中野百老匯

當地名人

大槻 健治先生

多才多藝的音樂家。
裂痕妝令人留下深刻印象

出身中野區野方。於昭和57年
（1982）組成前衛搖滾樂團「筋
肉少女帶」。現在則身兼搖滾歌
手、作家、詞曲創作者、演員等
多重身分。

在地特色知多少？

走在直通中野站前的中野 Sun Mall 商
店街，會看到中野百老匯彷彿張開
大口般，將行人一個接一個地吸納進去。1
樓空間彷若一座小市街，如此與在地景觀融
為一體的賣場實不多見。

提到中野百老匯就會令人想到這裡是次
文化聖地。光是次文化二手商品專賣店的領
導品牌「MANDARAKE」就有超過30家的店
面，整座賣場擁有100多家各類特色商店。
若一不小心被吸引住可是會逛到走不出來。
中野的魅力就在於這種什麼都有、什麼都不
奇怪之處。

離開喧囂的中野，來到新井藥師參拜，
莊嚴靜謐的寺內令人肅然起敬。每月第1週
之週日為歷史悠久的骨董市集，逢8之日則
有廟會，皆為當地盛事。

西部
34
中野・新井藥師

從雜亂紛陳的宅文化天堂中野，漫步到新井藥師門前町

約 **4.0** 公里

約 **1** 小時

約 **5400** 步

新井藥師

Goal

站為10分鐘，190日圓
場站為6分鐘，160日圓；至西武新宿
從新井藥師前站搭乘西武新宿線至高田馬

西武新宿線
新井藥師前站

7 童謠「篝火」發祥地
5分／0.4 km

6 新井藥師 梅照院
12分／0.8 km

5 新井天神 北野神社
2分／0.2 km

4 CAPIC中野商店
5分／0.4 km

3 MANDARAKE中野店
12分／0.8 km

2 中野百老匯
14分／1.0 km

1 中野中央公園
5分／0.4 km

JR中央線、
地下鐵東西線
中野站

Start

鐵東西線為6分鐘，180日圓
鐘，170日圓。從高田馬場站搭乘地下
從新宿搭乘JR中央線至中野站為4分

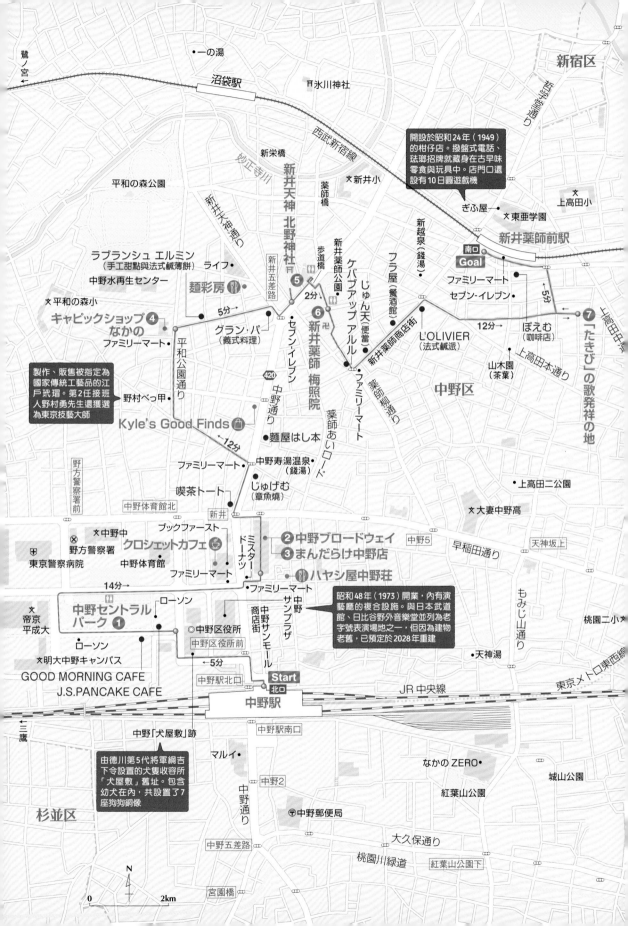

熱門

☕ クロシェットカフェ

主打新鮮花草茶與格子鬆餅

由中野老字號蔬果店老闆所經營的咖啡館。現點現做的熱騰騰格子鬆餅，搭配沁涼爽口的冰淇淋，再加上新鮮水果的三重奏，譜出絕妙好滋味。蘋果肉桂格子鬆餅（L），售價1230日圓。

🕙 10:00～19:30　㊡ 週六
🏠 中野区中野4-3-1 サンクオーレ 1F
☎ 03・5343・5088

① 中野中央公園

誕生於警察大學舊址的中野新地標

有咖啡館、便利商店、企業辦公室進駐的東棟，以及設有餐飲店和大型會議廳的南棟，這2棟建築彷彿環繞著中野四季之森公園般聳立外圍。腹地內還有大學校園，除了啤酒花園、戶外烤肉區、行動餐車擺攤外，這裡也會舉辦跳蚤市場。

🏠 中野区中野4-10-2

③ MANDARAKE 中野店

此店的訴求是「從前弄丟的寶貝都能在這裡找到」

以二手漫畫專賣店起家，現在除了經營動漫、遊戲、二手玩具外，還新增同人誌和人偶等商品，營業項目十分廣泛，並持續深耕這塊特殊領域。光是在中野百老匯內就有34間店面，還可以跟扮裝過的店員合影留念。

🕙 12:00～20:00
㊡ 無休
🏠 中野区中野5-52-15
☎ 03・3228・0007

② 中野百老匯

最新流行文化發源地

從JR中野站行經Sun Mall商店街就能直接抵達此處。這裡是知名次文化聖地，不僅有許多宅粉支持的店家，還有雜貨、衣物、餐飲店等大約300家店進駐。高樓層部分為一般住宅，附設只開放居民進入的空中庭園。

🕙 依店家而異
🏠 中野区中野5-52-15

④ CAPIC 中野商店

物美價廉！矯正機關作業出品

位於昔日中野監獄的矯正機關自營製品常設展示場。包括日用品、家具、傳統工藝品等，種類繁多。熱門的「圓圈獄字」系列，收納小袋640日圓起、書衣660日圓起、半身圍裙1350日圓起。

🕙 9:30～17:00　㊡ 週日、一、假日
🏠 中野区新井3-37-2　☎ 03・3319・0677

🛍 Kyle's Good Finds

美國家庭風味的手工甜點

出身美國賓州的凱爾先生所製作的手工餅乾，是來自故鄉媽媽的味道。紅蘿蔔蛋糕和起司蛋糕各400日圓、布朗尼260日圓。整模蛋糕須提前2天預訂。

🕙 10:00～18:00　㊡ 週一　🏠 中野区新井2-7-10　☎ 03・3385・8993

名店

🍴 ハヤシ屋中野莊

網羅了各種經典洋食

招牌圖案是頭戴廚師帽的兒童，搭配「懷古洋食」字樣，洋溢著復古的氛圍。有蛋包飯、香雅飯、咖哩飯、拿坡里義大利麵等經典日式西餐。人氣最旺的則是香雅飯900日圓。

🕙 11:00～22:00LO　㊡ 不定期公休
🏠 中野区中野5-55-15　☎ 03・3388・6446

❺ 新井天神 北野神社

新正殿與黑牛石像是兩大看點

這座神社為新井一帶的總鎮守，奉祀文武兩道之神菅原道真與掌管食物的保食神。創建年代不詳，相傳由鄰近的新井藥師開山始祖之行春僧人所開創。正殿在 2020 年 7 月完成翻新工程。

🕘 9:00～17:00
㊡ 無休　💰 免費參拜
🏠 中野区新井 4-14-3
☎ 03・3388・0135

🍴 麵彩房

從大正時代至今的製麵所直營店

彰顯麵條美味之處可說是製麵所直營店的絕活。最熱門的餐點是售價 800 日圓的「沾麵」。做工講究，彈牙有嚼勁的粗麵，能牢牢吸附熬煮超過 10 小時的濃醇雞豬骨海鮮湯汁。

🕘 11:00～15:00・17:30～21:00（週一僅午間營業）　㊡ 週一晚間　🏠 中野区新井 3-6-7　☎ 03・3386・2327

❻ 新井藥師 梅照院

民眾篤信的「治眼藥師」

相傳有信眾觸摸此地的聖水，誠心祈願後眼疾不藥而癒，因而獲得「治眼藥師」的封號，聲名遠播。每月 8 號、18 號、28 號會舉辦護摩法會；第 1 個週日則有「關東第一骨董市集」。在櫻花季還會有行動餐車擺攤。

🕘 自由參拜（授與所 9:00～16:00）
🏠 中野区新井 5-3-5
☎ 03・3386・1355

❼ 童謠「篝火」發祥地

長長的竹籬是最顯眼的標記

以「籬笆 籬笆的 轉角處～」作為開頭的童謠「篝火」。據悉是在昭和早期，由住在附近的童謠作家巽聖歌於散步途中所作的詞。至今仍保有現在已十分罕見的一大片籬笆景觀。

🏠 中野区上高田 3

探險

中野百老匯

由「MANDARAKE」點燃了「次文化聖地」之火

被喻為「**次文化聖地**」、聲名亦遠播海外的中野百老匯。在昭和 41 年（1966）開幕當時，因尚屬稀罕的住商混合大樓，以及館內能直接穿越 1 樓中央區的通道等新穎的設計，而成為眾所矚目的焦點。

然而，在 1980 年代中期至 1990 年代，商業環境起了變化，此地的客群逐漸被新宿、池袋、吉祥寺等地瓜分，空店率因而居高不下。

在這個時期崛起的，就是

成立於昭和 55 年（1980），占地僅有 2 坪的二手漫畫專賣店「**MANDARAKE**」。它們逐步壯大這家小店，擴大營業項目，諸如絕版老玩具、馬口鐵玩具、動漫、PEKO 牛奶妹玩偶等等，獨特又豐富的商品內容，吸引了大票粉絲追隨，轉瞬間成為中野百老匯的一大勢力。

隨著「MANDARAKE」的成功，各種次文化類型的店家彷彿共襄盛舉般，紛紛進駐此地，接著逐漸發展成「次文化聖地」。

MANDARAKE

目前這裡還有約 19 間販售鐘錶的店家，從最新款式到骨董錶一應俱全，使此地也成為近來備受關注的「**鐘錶聖地**」。

有很多特色商店的高圓寺PAL商店街

高圓寺

商店街宛如迷宮般錯綜複雜的草根文化&次文化重鎮

當地名人

吉田 拓郎先生

透過歌曲打響了高圓寺在日本全國的知名度

昭和46年（1971）所發行的專輯《人哪》（人間なんて）封面，攝於其當時所居住的高圓寺大樓。翌年發行的《我很好》（元気です）專輯中，還收錄了名為〈高圓寺〉的歌曲。

在地特色知多少？

聊到高圓寺在地文化時，年輕族群會想到Live House或是高圓寺搞笑藝人，民謠歌迷首推吉田拓郎，喜歡看祭典表演的人則盛讚阿波舞，足見這座市鎮具有多元面向，然而不僅如此，這裡還有好幾條商店街以車站為中心縱橫交錯分布。

在北口站前迎接遊客的拱廊是高圓寺純情商店街。再更遠一點的高圓寺庚申通商店街，則有被指定為國家重要文化財的「小杉湯」。高圓寺中通商榮會、北中通商榮會有許多餐飲店分布，其中的「抱瓶」是東京沖繩料理店始祖。

南口有二手衣物與次文化店家林立的高圓寺PAL商店街與高圓寺LOOK商店街，漫步在新舊交錯的街道風景之中也是別有一番樂趣。

↔ 約3.5公里

⧖ 約50分

🚶 約4700步

高圓寺純情商店街

Goal
從高圓寺站搭乘電車的交通資訊，請參閱右側Start內容

JR中央線 高圓寺站

← 10分／0.7km

5 南中央通

← 12分／0.8km

高圓寺LOOK商店街

← 4分／0.3km

4 高圓寺PAL商店街

← 6分／0.4km

高圓寺北中通商榮會

← 15分／1.0km

3 高圓寺庚申通商店街

← 3分／0.2km

2 高圓寺純情商店街

← 1分／0.1km

1 JR中央線 高圓寺站

Start
從新宿站搭乘JR中央線至高圓寺站為6分鐘，170日圓；從東京站搭乘為20分鐘，320日圓。

早稲田通り　中野区　大和陸橋

📖 古書サンカクヤマ

北三丁目公園
正光寺卍
こうしん通り
浜作(什錦燒)
floresta(甜甜圈)
庚申塔

(會員制澡堂)小杉湯となり
太陽軒(中菜)
大阪じゅげむ(章魚燒)

馬橋北第二公園
15分
小杉湯
(P.111)
丸長食堂

猫の額
カフェテラスごん
❷ 高円寺庚申通り商店街
ANTENDO(麵包)
ファミリーマート
山形県飯豊町アンテナショップ
IiDE(咖啡館)
元祖仲屋むげん堂八番組

高円寺あづま通り商店会

杉並区

馬橋北公園
(雜貨)未完成
(咖啡館)AIM
❸ 高円寺北中通り商栄会

高円寺中通り商栄会
なかの屋(二手家具)
ShowBoat(Live House)
Club ROOTS!(Live House)

北公園
3分
Sucre(餐酒館)
❶ 高円寺純情商店街

杉四通り商店会
座・高円寺
高円寺小

這裡有3座演藝廳,除了上演戲劇與舞蹈外,也會舉辦工作坊等活動。此外也有一座用來練習與推廣阿波舞的阿波舞表演廳

ファミリーマート
(居酒屋)抱瓶
BolBol(波斯料理・2F)
ロッキーカナイ(居酒屋)
セブン-イレブン
6分

高円寺駅北口
LIVE MUSIC JIROKICHI(Live House)
北口 Start
高円寺駅
Goal
カレー negombo33
氷川神社
在冰川神社境內,有一座全日本唯一的氣象神社。木屐型的繪馬相當獨特

JR中央線
←三鷹

高円寺パル商店街 ❹
Great White Wander

長仙寺卍

高円寺駅南口
此寺創建於弘治元年(1555)。第3代將軍德川家光前往獵鷹時,會在這座寺院休息。過去此地名稱為小澤村,但在家光一聲令下被改為高圓寺村
卍高円寺

Porta(咖啡館)
読書喫茶室 アール座読書館
Cat Cafe 空陸家
エトアール通り商店会
そば茶屋
ファミリーマート

桃園川緑道
高円寺南商店会
セブン-イレブン
高円寺HIGH(Live House)
高円寺HIGH
ZOCALO(雜貨)
S.C.D.F(甜點)

高円寺ルック商店街 ❺
高円寺南4
ローソン
高円寺 ALONE(Live House)
南中央通り
高円寺北
穂わ心cafe

Renaissance(咖啡館)
セブン-イレブン

桃園川緑道

天王(中菜)

從阿佐谷站與高圓寺站的中間地帶延伸至東中野附近,東西寬約1.6公里的長型公園。桃園川流經綠道下方後成為暗渠

高円寺図書館
光塩女子学院

大久保通り入口

西洋菓子 周五郎

環七通り

高円寺

ラーメンじゃくら
新高円寺通り
西照寺卍
宗泰院卍
燻製料理 L&Peace
珈琲亭 七つ森
ル・リアン(法式麵包)

杉並車庫前

高円寺体育館

東高円寺 U.F.O.CLUB(Live House)

東京メトロ丸ノ内線
←荻窪
新高円寺駅
五日市街道入口
青梅街道
高円寺陸橋

N
0　　　　200m

🍴 カフェテラス ごん …❷

昭和文化遺產般的裝潢值得欣賞

創立於昭和53年（1978）的懷舊咖啡店。設置著皮椅與遊戲機等擺飾的店內別有一番韻味。飯類餐點最熱門，蛋包飯佐薑汁燒肉拼盤套餐，售價1050日圓。

🕐 12:00～21:00LO ㊡ 週四、日
🏠 杉並区高円寺北3-25-26 -2F
☎ 03・3336・4481

🛍 貓の額 …❸

在滿滿貓咪的空間裡遇見獨特逸品

販售由200多名創作者以貓為主題所製作的繪畫、餐具、飾品等物。其中還有設計成貓咪模樣的吉他，保證讓愛貓人士為之瘋狂。每雙週還會舉辦一次創作者個展。

🕐 12:00～20:00 ㊡ 週四（遇假日營業）
🏠 杉並区高円寺北3-5-17
☎ 03・5373・0987

🛍 元祖仲屋むげん堂八番組 …❶

入手亞洲流行時尚最前線單品！

直接從印度、尼泊爾等的亞洲各國採購進口的衣物雜貨店。店內不僅有大象、花朵、水果等圖案花俏的衣物，還網羅了抱枕套與飾品等各類商品。售價約1000～3000日圓，親民實惠的價格也是這家店的魅力之一。

🕐 11:00～19:45
㊡ 無休 🏠 杉並区高円寺北2-7-6
☎ 03・3338・1810

🛍 古書サンカクヤマ …❷

次文化類書籍也很豐富的舊書店

店內約有5000本圖書，從漫畫到實用書、專業書籍，應有盡有。據悉有些商品是應顧客要求而新增的。這裡還有各種民俗童玩和玩具，說不定能挖到令人驚豔的寶物。

🕐 12:00～21:00
㊡ 週三 🏠 杉並区高円寺北3-44-24
☎ 03・5364・9892

高圓寺商店街

外國遊客也很感興趣！各類特色商店齊聚一堂的高圓寺商店街

高圓寺是以JR高圓寺站為中心，從地下鐵新高圓寺站至東高圓寺站坐擁14條商店街的商店街一級戰區。

位於北口的**高圓寺純情商店街**，名稱取自作家襰寢正一榮獲直木獎的同名作品。「高野青果」為這條商店街的名店，門庭若市，總是人潮滿滿。在**高圓寺庚申通商店街**與**高圓寺中通正榮會**，由年輕族群所開設的舊書店和咖啡館等店則成為備受矚目的焦點。

南口則有綿延200公尺的拱廊型**高圓寺PAL商店街**，其與位於前方的**高圓寺LOOK商店街**相連。高圓寺PAL商店街是約有60年歷史的東京高圓寺阿波舞主會場之一，將近7000名的舞者會在這裡進行表演，觀眾人數更是多達100萬人，是高圓寺的夏日風情畫。高圓寺LOOK商店街的特色是有許多二手衣物和次文化類型的店家分布，其中亦交織著「珈琲亭 七つ森」般的老牌懷舊咖啡店，形成現代風與古早味和

樂融比鄰而居的景象。

每條商店街各有不同的特色，這種雜亂紛陳的風格也令訪日外國遊客深深著迷。

下雨也不怕的PAL商店街

西洋菓子 周五郎 …❺
高圓寺新名產！新口感貓最中

加入了日式元素的西式糕餅店。夢貓一盒5入售價1700日圓，是以貓咪造型的最中餅包覆烘烤過的杏仁果與焦糖製成。還有香草、醬油、鮮奶油等5種口味可選擇。

🕐 11:00～20:00　㊡ 週二　🏠 杉並区高円寺南2-21-11　☎ 03‧3314‧9927

☕ 読書喫茶室 アール座読書館
禁止交談！透過專心閱讀來遠離現實

店面位於巷弄內的舊大樓2樓。被觀葉植物包圍的店內，主打「在森林裡看書」的概念，據悉是參考童話裡的古老教堂與學校等建物打造而成。咖啡680日圓起、茶點220日圓起。

🕐 12:00～22:00LO
㊡ 週一（遇假日為翌日休）　🏠 杉並区高円寺南3-57-6-2F
☎ 03‧3312‧7941

🍴 珈琲亭 七つ森 …❺
高圓寺出身的名人也會光顧的懷舊咖啡店

古樸的獨棟建築呈現出宮澤賢治作品的世界觀。老闆手作咖哩醬製成3種口味的咖哩飯。中辣且搭配蓮藕塊和白蘿蔔等食材的蔬菜咖哩（附湯、生菜沙拉）售價1385日圓，與585日圓起跳的咖啡很搭。

🕐 10:30～23:00
㊡ 無休　🏠 杉並区高円寺南2-20-20
☎ 03‧3318‧1393

名店

🍴 穂わ心cafe
午餐有日式套餐，夜晚則化身為酒吧

座落於高圓寺南中央通商店會六連棟長屋一隅的店家。以魚或肉為主菜，搭配3道家常菜，附白飯和味噌湯，營養均衡的今日特餐1200日圓，廣獲好評。

🕐 11:00～18:30LO（BAR會於18:00～23:00不定期營業）　㊡ 週一、二　🏠 杉並区高円寺南4-11-1　☎ 03‧3313‧0831

探險　Live House 聖地
漫步探訪在高圓寺扎根的民歌&搖滾文化

走在高圓寺會看到很多人攜帶樂器。在站前廣場可欣賞街頭表演，有時還會看到圍觀者所形成的人牆。

高圓寺在70年代初期，與吉祥寺、國分寺被合稱為「三寺」，並成為民歌&搖滾樂聖地，吸引許多音樂人前來。而帶動這股風潮的則是在昭和43年（1968）開幕的搖滾樂懷舊咖啡館「movin'」。據悉吉田拓郎與南高節也曾是這家店的常客。

接著，在昭和50年（1975）「次郎吉」（現為LIVE MUSIC JIROKICHI）於焉誕生。據說在開幕當天，坂本龍一也參與了現場樂團的伴奏。這裡至今仍被尊為傳奇Live House，是高圓寺最具代表性的店家。

現今在高圓寺一帶，還有將近20間的Live House營業，例如以龐克搖滾為中心，吸引大票喜愛高分貝音樂的粉絲聚集的「東高圓寺二萬電壓」，以及配備最新型音響和照明系統的「KOENJI HIGH」等等。此地各種類型的

LIVE MUSIC JIROKICHI

展演空間，令各路音樂人齊聚一堂，而這種多樣性亦成為高圓寺的一大魅力。

36

石神井公園・大泉學園

從石神井公園綿延至牧野紀念庭園的綠蔭步道

⟩ 在地特色知多少？ ⟨

石神井如地名所示，是以石神井公園為中心所發展起來的市鎮。三寶寺池和石神井池座落於武藏野的自然環境中，周邊則有許多文化設施與寺院神社，是一處充滿綠意的區域。

在大正4年（1915）武藏野鐵道（現為西武池袋線）開通後，有關當局開始以一日遊觀光景點的方式行銷此地，不但設立了旅館，還在三寶寺池旁蓋了100公尺長的游泳池。

這座泳池在昭和30年（1955）結束營業後，被重建成水濱生態觀察園，假若泳池仍在的話，應該是無法擁有現在這樣豐富的自然景觀。

大泉學園則是NHK晨間劇《爛漫》的主人公原型——牧野富太郎博士度過晚年之地，其故居則作為紀念庭園對外開放參觀。

石神井公園的三寶寺池

↔ 約7.3公里

⧗ 約1小時50分

🚶 約9800步

地圖標示：

谷原小
谷原
高野台1
長命寺卍
順天堂大学医学部附属練馬病院 ✚
セブン・イレブン
Start
練馬高野台駅
練馬
まいばすけっと 12分
長光寺橋公園
笹目通り
觀藏院入口
1 卍 觀藏院曼荼羅美術館
南が丘中
南が丘小
環八南田中
早稲田通り

觀藏院的曼荼羅館休館時，可以河岸步道走到石公園。春天時櫻放十分美麗

Goal
從大泉學園站搭乘西武池袋線準急至池袋站為18分鐘，260日圓

西武池袋線 大泉學園站

10 牧野紀念庭園 ←7分／0.4km

9 石神井公園鄉土文化館分館 ←23分／1.5km

8 池淵史跡公園・舊內田家住宅 ←13分／0.8km

7 石神井公園鄉土文化館 ←1分／0.1km

6 道場寺 ←4分／0.7km

5 三寶寺 ←1分／0.1km

4 石神井城遺址 ←5分／0.3km

3 石神井冰川神社 ←2分／0.2km

2 石神井公園 ←25分／1.7km

1 觀藏院曼荼羅美術館 ←16分／1.1km

練馬高野台站 ←12分／0.8km

西武池袋線

Start
從池袋站搭乘西武池袋線至練馬高野台站為16分鐘，220日圓

164

オズスタジオシティ•
東映撮影所• •リヴィン
東映アニメーション
ミュージアム

介紹「光之美少女」、「屁屁偵探」、「航海王」等東映動畫作品。館內還有拼圖與遊戲區等設施。須上官網預約參觀

×大泉中
×大泉小

Goal
大泉学園駅

←ひばりヶ丘
ゆめりあ•
フェンテ
•セブン-イレブン
ファミリーマート

大泉通り 三原台 富士の湯
24

練馬年金事務所

×大泉東小

前原

練馬区

←7分

牧野記念庭園 10
牧野庭園前

×
学芸大附属大泉小

×大泉二中

大泉南小入口

×大泉高・中

西武池袋線

光和小 ×

石神井公園駅

富士街道

划船場。划船30分鐘500日圓、水上自行車30分鐘700日圓。商店內還販售表情很俏皮的東京烤麻糬糰子

copse
(雑貨、咖啡館)
マルゼン46
(舊書咖啡店)

←23分

石神井局 ⓉⒺ

被指定為國家自然紀念物的三寶寺池沼澤植物群落。這是由睡菜、燕子花、萍蓬草等親水性植物所形成的群落

豊宏湯

パークス石神井店
30 なかや

石神井池

屋台とんとん
(拉麺)
石神井松の風文化公園

石神井公園ふるさと文化館分室 9

8

旧早稲田通り

三宝寺池

31 豊島屋

←13分

←25分

2
石神井公園

石神井川

上石神井北小 ×

石神井氷川神社 4
石神井城跡 3

←2分

8 池淵史跡公園・旧内田家住宅

7 石神井公園ふるさと文化館
エン座(武蔵野烏龍麺)
セブン-イレブン
石神井公園団地東

←1分

←4分

25

5分→

1分→

5
三宝寺

6
道場寺

井草通り

マツノ電機

←16分

早稲田大学高等学院
×

N

0   500m

當地名人

牧野 富太郎

因晨間劇而出名的植物分類學博士

被譽為日本植物分類學之父的牧野，在大正15年（1926）移居豐島郡大泉村（現為牧野紀念庭園），直到辭世前，他在此度過了約30年的歲月。其著作有《日本植物誌圖篇》、《大日本植物誌》、《牧野日本植物圖鑑》等。

🍴 なかやしき
位於石神井池畔的蕎麥麵店

時尚的水泥牆外觀,店內充滿自然光且寬敞又明亮。主打以石臼磨製日本產蕎麥的二八蕎麥麵。蒸籠蕎麥麵佐天婦羅1540日圓、佐蔬菜天婦羅1320日圓。也有許多下酒菜可配飲地酒。

🕙 11:30～14:00LO·17:30～20:00LO
㊡ 週二、三　🏠 練馬区石神井町3-3-1
☎ 03·3904·1028

❶ 觀藏院曼荼羅美術館
撼動人心的曼荼羅世界觀

於文明9年(1477)創建的真言宗智山派寺院所附設的曼荼羅美術館。展示著佛畫界第一把交椅——染川英輔所繪製的曼荼羅畫,以及日本跟尼泊爾佛畫、民俗畫等作。

🕙 10:00～15:30
㊡ 僅週六、日開館(偶有臨時休館)
¥ 門票500日圓　🏠
練馬区南田中4-15-24
☎ 03·3996·6858

❷ 石神井公園
能遊覽2座池塘的池畔步道

以石神井池與三寶寺池為中心的都立公園。在保有武藏野自然景觀的三寶寺周邊,除了有國家指定自然紀念物的沼澤植物群落外,還能觀察到許多野鳥,是一座自然寶庫。

🕙 自由入園　🏠 練馬区石神井台1·2
☎ 03·3996·3950(石神井公園服務中心)

右／5月上旬～中旬可在三寶寺池看見群生的燕子花
左／有小船和天鵝腳踏船的石神井池划船場

❹ 石神井冰川神社
地域總鎮守「石神井冰川大人」

在室町時代應永年間(1394～1428)統治此地的豐島氏,從冰川神社迎請分靈並奉祀為石神井地域守護神,是這座神社的起源。每年10月第3個週日所舉辦的祭典會以舞蹈與鄉土神樂酬神。

🕙 自由參拜
🏠 練馬区石神井台1-18-24
☎ 03·3997·6032

❸ 石神井城遺址
池畔仍留有塹壕與土壘

三寶寺池南側一帶在室町時代,是受封石神井鄉的豐島氏城堡所在地。相傳這座城建於鎌倉時代中期至末期,並於文明9年(1477)被太田道灌攻克。

🕙 自由參觀　🏠 練馬区石神井台1丁目
☎ 03·3996·3950(石神井公園服務中心)

🍴 豐島屋
創業100多年的老字號茶店

大正7年(1918)三寶寺池畔的泳池落成時,這家店也開始營業,是伴隨石神井公園歲月的老店。菜色多元,無論正餐或輕食飲品都不錯。關東煮550日圓、竹籠蕎麥麵700日圓。

🕙 12:00～17:00(夏季到18:00)
㊡ 不定期公休　🏠 練馬区石神井台1-27-19　☎ 不公開

❼ 石神井公園鄉土文化館

了解練馬的歷史、自然、傳統文化

展示與練馬區的歷史、傳統文化以及自然相關的資料。1樓介紹自然環境、名勝、傳統工藝等項目，2樓則展示出土品、練馬白蘿蔔、動漫，還有重現昭和30～40年代街景的主題區。

🕐 9:00～18:00　🏠 週一（遇假日為翌日休）
💴 免費入館　🏠 練馬區石神井町5-12-16
☎ 03‧3996‧4060

❺ 三寶寺

山門與長屋門等建築值得一看

創建於應永元年（1394），深受豐島氏、後北條氏和德川家的禮遇與保護。這座山門因為第3代將軍德川家光行經而過，所以被稱為御成門。境內的長屋門則是從勝海舟邸移築而來。

🕐 自由參拜
🏠 練馬區石神井台1-15-6
☎ 03‧3996‧0063

❾ 石神井公園鄉土文化館分館

還原重現無賴派作家檀一雄書齋

除了重現住在石神井公園附近的作家檀一雄的書齋外，並介紹與練馬區相關的文化人，以及芥川獎作家五味康祐所珍藏的音響等物品。

🕐 9:00～18:00　🏠 週一（遇假日為翌日休）
💴 免費入館　🏠 練馬區石神井台1-33-44 石神井松の風文化公園管理棟内
☎ 03‧3996‧4060（石神井公園鄉土文化館）

❽ 池淵史跡公園‧舊內田家住宅

遠古時代遺跡與明治時代古民宅

挖掘到石器時代、繩文時代、中世紀遺物之地，而且還有為了加以保存而被埋回原地的竪穴式住居痕跡。同時可以參觀建於明治時代中期，以茅葺、廡殿頂打造的舊內田家住宅。

🕐 9:00～18:00　🏠 週一（遇假日為翌日休）
💴 免費參觀　🏠 練馬區石神井町5-13
☎ 03‧3996‧4060（石神井公園鄉土文化館）

❻ 道場寺

供奉石神井城主豐島氏的祠堂

相傳此寺創建於奈良時代的天平元年（729）。後來還陸續建造了室町樣式的山門、鎌倉樣式的三重塔、仿效唐招提寺金堂的本堂等，可看到各時代不同樣式的建築。

🕐 自由參拜
🏠 練馬區石神井台1-16-7
☎ 03‧3996‧0015

❿ 牧野紀念庭園

熱愛植物的牧野博士故居

對日本的植物分類學研究做出巨大貢獻的植物學家牧野富太郎，此為他曾居住約30年的故居。園內有超過300種草木生長，館內亦展示著博士生前愛用的工具與植物畫等物。

🕐 9:00～17:00　🏠 週二（遇假日為翌日休）
💴 免費入園　🏠 練馬區東大泉6-34-4
☎ 03‧6904‧6403

右／在牧野博士銅像底邊，可看見由博士所發現、命名的「壽衛子笹」細竹
左／常設展示室則展示著宣揚博士功績的書籍與植物圖等物

吉祥寺・三鷹

綠意盎然的公園與文化氣息絕妙交融

在地特色知多少？

三鷹擁有保存良好的武藏野雜木林和美麗的自然景觀，因環境幽靜，吸引了太宰治、山本有三、武者小路實篤等一眾文豪移居此地。尤其是太宰治，由於在此地辭世，所以這裡設有介紹其生平事蹟的展示館，並有多處與其相關的景點。

坐擁井之頭恩賜公園的武藏野市吉祥寺，是年輕族群嚮往且最想居住的熱門地區。沿著吉祥寺通，主打雜貨與流行服飾的店家林立，車站周邊則有商業設施，是不折不扣的時尚購物商圈。

在這個充滿現代感的市街中，「口琴橫丁」完好無損地保留了昭和時代的風貌，另成一方天地。文學、自然、時尚，還有橫丁，足見這是一處擁有多元面向的地區。

保有武藏野昔日景致的井之頭恩賜公園

↔	約5.3公里
⌛	約1小時30分
🚶	約7100步

吉祥寺北町

成蹊学園前

成蹊學園成排的欅木，是隨著學校於大正13年（1924）從池袋遷移至現址時移植過來的。有100多棵樹齡超過80年的欅木茂盛生長，並被列為武藏野市指定自然紀念物

×武蔵野一小

西五条通り

ニシクボ食堂

●カフェ・ドゥ・クレプスキュール

大正通り

昭和通り

三鷹通り

中央通り

リッチモンドホテル東京武蔵野

成蹊通り

武蔵野市

文化会館通り

●横河電機
BlueBird

×武蔵野警察署

「BlueBird」的雞肉咖哩、綠咖哩、乾咖哩等咖哩類餐點，以及法蘭絨濾布手沖咖啡廣獲好評

成蹊通り

●LIGHT UP COFFEE

中道通り

井ノ頭通り

●紀ノ国屋

7

カフェ海猫山猫

×井之頭小

7

国分寺
Start

みたか観光案内所
セブン-イレブン

すしの新富

與太宰治殉情的山崎富榮所寄宿的野川家舊址（現為永塚葬儀社）。兩人在尋短當天從這裡前往玉川上水自盡

平沼園前

●武蔵野税務署

JR 中央線

南口 三鷹駅

野川家跡

NIKUYOROZU

三鷹市

1分

啓文堂書店
（3F）

❶太宰治展示室

みかづき酒房

6分

本町通り

すずかけ通り

玉川上水

CULTIVER
（法式料理）

❻井の頭自然文化園 彫刻園

吉祥寺通り

8分

❸「乞食学生」の碑

❹玉鹿石

むらさき橋

●ファミリーマート

井の頭自然文化園

7分

水生物館

❷太宰治文学サロン

味多香庵（蕎麥麵）
●馳走屋（居酒屋）
●らーめん文蔵

❺山本有三記念館

御殿山通り

Cafe
Orange

風の散歩道

6分

資料館

8分

7分

井の頭弁

❼井の頭恩賜公園

卍大盛寺

ISENTEI

三鷹駅前

中央通り

むらさき橋通り

いずみ通り

いずみ通り

風の散歩道

アトリエ館

萬助橋

井の頭恩賜公園西園

三鷹産業プラザ東

設於玉川上水沿岸的「風之散步道」

當地名人

太宰 治

寫下無數名作
在此度過最後的歲月

太宰治在昭和14年（1939）30歲時搬遷到三鷹市下連雀。自此之後，三鷹便經常出現在其作品裡。昭和23年（1948），他與山崎富榮相偕於三鷹市的玉川上水投河自盡。

❷ 太宰治文學沙龍

展示有關太宰治的珍貴資料

此設施在 2008 年開設於太宰治常光顧、並在小說《十二月八日》中登場的伊勢元酒店舊址。可在新開的書店咖啡廳內享用太宰咖啡 250 日圓和閱覽館內藏書。

🕙 10:00～17:30
🈺 週一（遇假日為翌日連休 2 天）
💴 免費入館
🏠 三鷹市下連雀 3-16-14 グランジャルダン三鷹 1F
☎ 0422・26・9150

❶ 太宰治展示室

重現太宰治住家的展示廳

於 2020 年開設的展覽館。每座展廳與緣廊各有不同的主題，像是介紹三鷹市歷史與太宰治生平，以及企劃展、書畫展、體驗型展示等等。

🕙 10:00～18:00　🈺 週一（遇假日為翌日連休2天）　💴免費入館　🏠三鷹市下連雀 3-35-1 コラル 5F 三鷹市美術ギャラリー內　☎ 0422・79・0033

❺ 山本有三紀念館

作家所居住的洋樓

於大正 15 年（1926）左右建成，山本有三自昭和 11 年（1936）住了約 10 年的宅邸。這棟西式建築的必看重點是石塊堆疊、彷彿渾然天成的煙囪以及 3 座暖爐。也會在此舉辦展覽會或朗讀會等活動。

🕙 9:30～17:00　🈺 週一（遇假日為翌日連休 2 天）　💴 門票 300 日圓　🏠 三鷹市下連雀 2-12-27
☎ 0422・42・6233

❸ 「乞食學生」之碑

太宰治辭世之地的文學紀念碑

昭和 15 年（1940）於雜誌《若草》進行連載的太宰治中篇小說〈乞食學生〉，是一部以玉川上水為背景的作品。此紀念碑設於太宰投水處附近，搭配了佇立於玉川上水河畔的太宰照片，並刻有部分作品內容。

🕙 自由參觀　🏠 三鷹市下連雀

❻ 井之頭自然文化園 雕刻園

在綠意盎然的雜木林中欣賞雕刻作品

製作長崎《和平祈念像》而聞名的雕刻家北村西望，此為由他捐贈給東京都的工作室與作品群。範圍包含室內外，常設展示約 200 件作品。

🕙 9:30～16:30
🈺 週一（遇假日為翌日休）　💴 門票 400 日圓（可同時參觀文化園）
🏠 武藏野市御殿山 1-17-6　☎ 0422・46・1100（井之頭自然文化園管理事務所）

❹ 玉鹿石

太宰治書迷必訪的無銘碑

設置於風之散步道的大石。玉鹿石為太宰治的故鄉青森縣金木町所產的銘石。據信這一帶是太宰於昭和 23 年（1948）6 月在玉川上水投水自盡的地點，因而在此選擇來自其故鄉的石頭作為追思文豪的石碑。

🕙 自由參觀　🏠 三鷹市下連雀

❼ 井之頭恩賜公園

保留了珍貴的武藏野雜木林

於大正6年（1917）開園的日本首座郊外公園。位於園內中心的井之頭池是江戶時代所開通的第一條自來水道——神田上水的水源地。可以透過划船等方式來遊覽池塘風光。

🕐 自由入園
🏠 武藏野市御殿山 1-18-31
☎ 0422‧47‧6900

🍴 ISENTEI

眺望池塘美景享用披薩

將原為茶館的「井泉亭」翻修改建而成。能品嚐道地的拿坡里披薩、義大利料理以及義式濃縮咖啡。2550日圓附生菜沙拉的「isentei瑪格麗特披薩」午餐很受歡迎。

🕐 11:30～14:00LO‧17:30～20:00LO
🈷 週三、第2‧4週之週二　🏠 三鷹市井の頭4-1-7井の頭公園內　☎ 0422‧26‧7667

❾ 吉祥寺美術館

以推廣「觀賞‧創作‧培育」為理念的美術館

館內所收藏的作品有日本畫、油畫、版畫等，數量多達2600件。在「濱口陽三紀念室」與「萩原英雄紀念室」則常設展示著兩人的作品與相關資料。

🕐 10:00～19:30
🈷 每月最後一個週三（遇假日為翌日休）
💴 常設展100日圓（企劃展300日圓）　🏠 武藏野市吉祥寺本町1-8-16コピス吉祥寺A館7F
☎ 0422‧22‧0385

❽ 武藏野八幡宮

寂靜到令人不覺身處繁華鬧區

因明曆大火受災居民遷移此地而發展成吉祥寺村。其後這座廟宇便被奉為吉祥寺地區的守護神而備受民眾信仰。境內有天明5年（1785）移築至此的「井之頭弁財天路標」。

🕐 自由參拜　🏠 武藏野市吉祥寺東町1-1-23　☎ 0422‧22‧5327

名店

🍴 珍來亭

以道地的日式中華料理打牙祭

位於口琴橫丁的老字號日式中華料理店。拉麵（醬油口味）650日圓，以雞骨為基底的爽口湯汁搭配彈牙的獨家麵條，著實美味。還可以再點一份450日圓的煎餃一起品嚐。

🕐 11:30～15:00、17:00～21:00
🈷 週三（遇假日為翌日休）　🏠 武藏野市吉祥寺本町1-1-9　☎ 0422‧22‧3842

❿ 口琴橫丁

小店一家挨著一家，連綿不絕

據說一整排入口狹窄的商店景觀有如口琴的形狀，因此得名。以帶脆皮鯛魚燒和糰子做出好口碑的「天音」、羊羹商品不到中午就會售罄的「小ざさ」、開業超過20年的咖啡店「ハモニカキッチン」等等，大約有100間充滿不同特色的店家在這裡營業。

38

國分寺・西國分寺

在遺跡之城徜徉於崖線地形所孕育出的水景綠意裡

在地特色知多少？

最大特徵在於由武藏野台地與國分寺崖線所形成的高低落差地形，以及保有豐富自然景觀的國分寺地區。這裡自古以來就是適合居住的土地，市內各地還發現了多處繩文時代的遺跡。在「武藏國分寺遺跡資料館」可看到部分出土文物的展示。

進入奈良時代後，聖武天皇為了借助佛教之力來鎮護國家，一聲令下催生出國分僧寺與國分尼寺。現今這2座寺院遺址都被列為國家指定史跡。

國分寺崖線的自然環境衍生出豐富的湧泉，並形成了「御鷹之道」、御鷹之道湧泉園、殿谷戶庭園等親水散步景點。這一帶亦成為一年四季都能欣賞到不同自然景觀的散步好去處。

武藏國分寺

- 約3.6公里
- 約1小時
- 約4800步

Goal

從國分寺站搭乘JR中央線至新宿站為20分鐘，410日圓；至八王子站為20分鐘，320日圓

8 殿谷戶庭園
← 20分／1.3 km

JR中央線、西武國分寺線、多摩湖線
國分寺站

7 真姿之池湧泉群
← 1分／0.1 km

6 御鷹之道湧泉園／武藏國分寺遺跡資料館
← 2分／0.2 km

直達

5 史跡之驛 御鷹咖啡館
← 1分／0.1 km

御鷹之道
← 1分／0.1 km

4 國分寺藥師堂
← 1分／0.1 km

3 武藏國分寺
← 4分／0.2 km

2 武藏國分僧寺遺址
← 6分／0.4 km

1 武藏國分尼寺遺址
← 7分／0.5 km

武藏台遺跡公園
← 11分／0.7 km

JR中央線、武藏野線
西國分寺站

Start

從新宿站搭乘JR中央線至西國分寺站為26分鐘，410日圓；從JR武藏野線南浦和站搭乘為29分鐘，490日圓

172

新秋津↑

小川

西武国分寺線

西恋ヶ窪2

相傳昔日在戀窪驛站住宿區服務的遊女們，會透過池水映照自身的倒影來梳妝打扮。這裡亦獲選為東京名湧泉57選

姿見の池

本町4

西国分寺駅北入口

JR 中央線

野三

南町3

西国分寺駅

Start 南口

ドトール

駅南入口

武蔵国分寺公園
泉地区

立川

西国分寺レガ・

クルミド
コーヒー

ホいずみルー

九州魂（烤雞串・2F）

セブン-イレブン

多摩図書館・

東京都公文書館・

Bon Mariage
（法式料理）

Bon Mariage Deli
（熟食）

JR武蔵野線

因為這條路通往武藏國分寺遺跡，從昭和48年（1973）起被稱為「史跡路」，並盡可能限制車輛進入，致力於綠化、美化環境

国分寺四小入口

多喜窪通り

西元町1

泉町1

茶々日和（日本茶咖啡館）

自宅カフェ蔵リビング

供民眾散步的「碓鷹之道」雖橫越住宅區，但途中設有指示車站與各個景點的導覽牌，不至於迷路

泉町

四小

西元地区

真福寺児童公園・

武蔵野台2

泉町3

武蔵国分寺

おたかの道湧水園
武蔵国分寺跡資料館

酒処おくら

③ 卍

⑥

⑦ 真姿の池
湧水群

府中市

武蔵台遺跡公園

国分寺薬師堂 ④

1分

⑤

うどん屋 ライトハウス

元町通り

1分

お鷹の道

史跡の駅 おたカフェ

武蔵国分僧寺跡

②

⑰

府中街道

伝鎌倉街道

多摩総合医療センター
東京都がん健診センター

黒鐘公園

国分寺四中入口

七重塔跡

国分寺市

・国分寺市文化財資料展示室

文 四中

展示著自國分寺市立第四中學等地出土的瓦片、土器、鐵製品等文物

・ANYTIME FITNSS

セブン-イレブン

武蔵国分尼寺跡 ①

N

0   300m

府中本町→

東八道路

武蔵台遺跡公園

❷ 武藏國分僧寺遺址

規模在日本全國名列前茅的國分寺遺跡

奈良時代中期，聖武天皇為了藉由佛教之力來穩固國家社會，下令在各地創建國分寺。武藏國亦聽命行事，於東山道武藏路東側建立僧寺，於西側建立尼寺。這2座寺院皆被列為國家指定史跡。

🕐 自由參觀　🏠 国分寺市西元町2-1ほか
☎ 042・300・0073（國分寺市教育委員會鄉土文化財課）

❶ 武藏國分尼寺遺址

能參觀尼寺相關遺構的公園

於2003年開園的國分寺市第一座市立歷史公園。園內有透過發掘調查所出土的金堂地基與尼庵奠基石的復元模型，可得知尼寺當時的規模。

🕐 自由參觀　🏠 国分寺市西元町4-3ほか
☎ 042・300・0073（國分寺市教育委員會鄉土文化財課）

❸ 武藏國分寺

令人遙想萬葉時代的古剎

因聖武天皇發布「國分寺建立之詔」而建於武藏國的寺院。樓門與仁王門被指定為國分寺市重要有形文化財，境內亦附設約種植了160種萬葉植物的植物園。

🕐 自由參拜　🏠 国分寺市西元町1-13-16
☎ 042・325・2211

☕ クルミドコーヒー

🏷 熱門

彷彿走入「胡桃鉗」的童話世界裡

透過木質裝潢設計營造出溫潤柔和的療癒空間。特別推薦花費5〜6小時濾出的Kurumed冷萃咖啡售價650日圓，以及包著冰淇淋的Kurumed冰淇淋麵包580日圓。

🕐 11:00〜18:30LO
🚫 週四　🏠 国分寺市泉町3-37-34 マージュ西国分寺1F
☎ 042・401・0321

❺ 史跡之驛 御鷹咖啡館

能在散步途中歇腳的街角休息站

位於御鷹之道上，販售義大利麵、咖哩飯等餐點，並兼作藝廊、交流空間的休息區。此處亦代售「御鷹之道湧泉園」門票。

🕐 9:00〜17:00（咖啡館9:30〜16:30、門票販售到16:45）　🚫 週一（遇假日為翌日休）　🏠 国分寺市西元町1-13-6
☎ 042・312・2878

❹ 國分寺藥師堂

寺內安置的藥師如來像為國家重要文化財

是相傳由新田義貞捐地而建於國分僧寺金堂附近的寺院。之後又於寶曆年間（1751〜1764）重建於現址。寺內奉祀的藥師如來坐像會於每年10月10日對外公開。

🕐 自由參拜
🏠 国分寺市西元町1-13-16
☎ 042・325・2211

⑦ 真姿之池湧泉群

留下治癒疾病的傳說

與「御鷹之道」共同入選日本環境省「名水百選」的湧泉地。相傳很久以前，絕世美女玉造小町祈求上蒼治癒其所罹患的疾病，其後獲得神諭指示，要她在這座池子沐浴淨身，最後病痛不藥而癒。

🏠 国分寺市西元町1
☎ 042・325・0111（國分寺觀光發展協會）

名店

🍴 ほんやら洞

70年代開業至今，在地人喜愛的店

由創作歌手中山Rabi女士所創立的懷舊咖啡店，至今仍保有昭和時代的氛圍。售價1000日圓的招牌餐點香辣雞肉咖哩，雞胸肉柔嫩鮮美，口味辛辣帶勁，令人吃得相當過癮。

🕐 12:00～24:00　㊡ 不定期公休
🏠 国分寺市南町2-18-3 B09
☎ 042・323・4400

⑥ 御鷹之道湧泉園／武藏國分寺遺跡資料館

接觸國分寺市的自然與歷史

園內因有國分寺崖線分布，而保有湧泉與豐富的自然景觀。園內附設的「武藏國分寺遺跡資料館」，展示著出土文物、發掘調查的成果，以及市內文化財等物。

🕐 9:00～16:45
㊡ 週一（遇假日為翌日休）　¥ 門票100日圓　🏠 国分寺市西元町1-13-10
☎ 042・323・4103（武藏國分寺遺跡資料館）

⑧ 殿谷戶庭園

活用湧泉特色的迴遊式林泉庭園

原本是由政治家兼實業家江口定條建造當作別墅的庭園，後來被三菱財閥岩崎家收購作為別邸，並增建和洋折衷的宅邸與茶室「紅葉亭」。11月下旬至12月上旬的紅葉景致無比美麗。

🕐 9:00～16:30
㊡ 無休　¥ 門票150日圓　🏠 国分寺市南町2-16　☎ 042・324・7991（殿谷戶庭園服務中心）

探險

御鷹之道

能沉浸在豐富自然景觀中的步道。還可以在民宅咖啡館稍作休息

被稱為刷毛的國分寺崖線下方有湧泉匯聚成清流，並有一條小徑沿著此清流分布。江戶時代尾張德川家指定這裡為獵鷹場，並將其命名為「御鷹之道」。現代則在此建造了一條約350公尺長的步道。

建造當時，由於部分私有地主的協助，遊客得以繞進閑靜的住宅區走走逛逛。從春天到初夏，會有海芋沿路綻放，可以欣賞潺潺流動的清澈水流與婀娜多姿的花朵相映成趣。此外，步道旁的「元町用水」水道內，則有當地市民團體飼育的川蜷，提供螢火蟲捕食。運氣好的話，夏天還能看見螢火蟲，這在大都會中實屬難能可貴的景象。

沿著步道，還有將住家改成咖啡館對外營業的店家，可在散步途中稍作休息、享用飲料。周邊則是「武藏國分寺」和「真姿之池湧泉群」等探索國分寺歷史與自然的散步路線，假日時經常能見到手持相機的遊客。

能欣賞湧泉池與清流等水濱自然景觀的御鷹之道。這也是一條很熱門的步行遊覽路線

日文版 STAFF

編輯・製作	AD・GREEN股份有限公司
採訪・撰文・攝影	AD・GREEN股份有限公司 塙 廣明、千葉香苗、 速志 淳、宮內雅子
封面設計	三浦逸平
內文設計	宮內雅子（AD・GREEN股份有限公司）
地圖製作	河合理佳
手繪地圖	さのともこ、さとうみゆき、 溝口イタル、ミヤウチマサコ
封面繪圖	伊野孝行
名人肖像畫	オギリマサホ
照片提供	新井鏡子、岡田孝雄、山出高士、 パリッコ、鎬田康則、門馬央典

東京散步地圖

從市區到近郊，達人精選深度巡禮路線

2025 年 1 月 1 日初版第一刷發行

編 著	散步達人編輯部
譯 者	陳姵君
編 輯	吳欣怡
特約編輯	劉泓葳
美術編輯	林佩儀
發 行 人	若森稔雄
發 行 所	台灣東販股份有限公司
	＜地址＞台北市南京東路 4 段 130 號 2F-1
	＜電話＞(02)2577-8878
	＜傳真＞(02)2577-8896
	＜網址＞ https://www.tohan.com.tw
郵撥帳號	1405049-4
法律顧問	蕭雄淋律師
總 經 銷	聯合發行股份有限公司
	＜電話＞(02)2917-8022

TOHAN

國家圖書館出版品預行編目 (CIP) 資料

東京散步地圖：從市區到近郊，達人精選深度巡禮
路線/散步達人編輯部編著；陳姵君譯. – 初版.
– 臺北市：臺灣東販股份有限公司, 2025.01
176 面；18.2×24.5公分
ISBN 978-626-379-729-1(平裝)

1.CST: 旅遊 2.CST: 日本東京都

731.72609　　　　　　　　　　　　113018375

SAMPO NO TATSUJIN ARUKINIST NO TAMENO
TOKYO SAMPO CHIZU
© KOTSU SHIMBUNSHA　2023
Originally published in Japan in 2023 by KOTSU SHIMBUNSHA
CO., LTD.
Chinese translation rights arranged through TOHAN
CORPORATION, TOKYO.